古代歷史文化研究輯刊

十四編

王明蓀 主編

第27冊

安徽歷史文化地理研究（1667～1949）

付勇 著

國家圖書館出版品預行編目資料

安徽歷史文化地理研究（1667～1949）／付勇 著 -- 初版 -- 新
北市：花木蘭文化出版社，2015〔民 104〕
目 4+278 面；19×26 公分
（古代歷史文化研究輯刊 十四編：第 27 冊）
ISBN 978-986-404-336-1（精裝）
1. 文化地理學 2. 安徽省
618   104014392

ISBN-978-986-404-336-1

9 789864 043361

古代歷史文化研究輯刊
十四編　第二七冊　　　　　　　ISBN：978-986-404-336-1

安徽歷史文化地理研究（1667～1949）

作　　者　付勇
主　　編　王明蓀
總 編 輯　杜潔祥
副總編輯　楊嘉樂
編　　輯　許郁翎
出　　版　花木蘭文化出版社
社　　長　高小娟
聯絡地址　235 新北市中和區中安街七二號十三樓
　　　　　電話：02-2923-1455／傳真：02-2923-1452
網　　址　http://www.huamulan.tw 信箱 hml810518@gmail.com
印　　刷　普羅文化出版廣告事業
初　　版　2015 年 9 月
全書字數　203368 字
定　　價　十四編 28 冊（精裝）台幣 52,000 元

安徽歷史文化地理研究（1667～1949）

付　勇　著

作者簡介

付勇，男，湖南常德人，1976 年生，文學碩士，史學博士。2000 年～ 2003 年，師從中國著名文藝理論家蔣述卓教授攻讀文藝學碩士學位；2008 年～ 2014 年，師從著名歷史學家陳偉明教授攻讀歷史地理博士學位。長期從事高校教學與科研管理工作，學術研究主要集中在文化史、人物史、證券史等領域，近年來發表相關學術論文近 20 篇，主持和參與國家、省市級課題 5 項，參編專著 2 部。對近代安徽歷史文化地理中的若干問題研究持續、深入，有自己獨到的見解；對中外證券史的發展、演變有深刻的理解和認識，擅長用理論指導實踐，崇尚「和氣致祥之妙，謹始慎終之絕」的人生哲學。

提　　要

　　安徽地處我國中原地區與長江流域要衝，歷史上向為戰略要地，又是南北紛爭的主要戰場，也是我國經濟、文化重心轉移的過渡地帶。安徽於清康熙六年（1667）年建省，其地形「上控全楚，下蔽金陵，扼中州之咽喉，依兩浙為唇齒。洪流沃野，甲於東南。故六代以來，皆為重鎮。」

　　本文嘗試對清代民國時期安徽歷史文化地理進行區域斷代研究，重點選取了清代民國時期安徽風俗、方言、地方戲、宗教、書院與人才等材料較為詳實的文化因子，就它們的地域差異及形成背景、演變過程進行分析，主要研究它們的空間分佈規律與歷史變遷軌跡，比較其區域間差異，首先劃分出單個文化因子的文化區，並在此基礎上結合安徽各地民風、學風特徵分析這一歷史時期安徽五大文化區——皖北文化區、廬巢太文化區、安慶府文化區、宣池文化區、皖南徽文化區的形成，穩定的行政區劃對形成文化區起到很重要的作用，但需要明確的是文化區和行政區並不能完全劃等號。

目次

緒　論

一、選題緣起與意義

（一）選題緣起

　　我最早選定的博士論文題目是《安徽戲曲劇種文化地理研究 1667～1949》，當開始查閱安徽各地方志、典籍、文集的時候才發現，眞正談論地方戲的史料並不多見，如中文學科那樣分析安徽各地方戲的劇情、劇目尚可，但是要在佔有材料的基礎上，釐清安徽戲曲劇種與地理環境（包括自然地理環境和人文地理環境）的關係等問題時則顯得捉襟見肘，寫作過程一度出現困頓。在不斷查閱資料的過程中，筆者又發現，儘管安徽各方志中關於地方戲的史料付之闕如，但對當地風俗、宗教、書院、人才、烈女等，記載卻相當詳盡，如乾隆《江南通志》、光緒《重修安徽通志》。尤其是光緒《重修安徽通志》，共 350 卷補遺 10 卷，爲吳坤修、何紹基等精於文字之學的學者修纂，因搜羅宏富、考證精覈而頗有佳譽。裏面記載了清代安徽大量政治、經濟、文化史料，這爲擴大本書研究範疇提供了良好的材料基礎。隨著對歷史文化地理學方法論與安徽省域材料的進一步理解與掌握，我覺得從歷史地理角度研究安徽文化是切實可行的，博士論文選題最終確定爲《安徽歷史文化地理研究（1667～1949）》。

　　近年來，關於安徽文化史、皖江地域文化、徽學研究、皖北災荒研究的成果已不少，如《安徽文化史》〔註 1〕、《明至民國時期皖北地區災害環境與

〔註 1〕張海鵬、王長安主編：《安徽文化史》，南京：南京大學出版社，2000 年。

社會應對研究》〔註2〕、《徽州社會文化史探微：新發現的 16～20 世紀民間檔案文書研究》〔註3〕等，但真正從歷史地理角度對這一區域文化進行研究的專著卻並不多見。安徽留存的史料浩如煙海，整理起來千頭萬緒，要想弄清歷史時期這一區域文化與自然、人文地理環境的關係，合理劃分文化區絕非易事。歷史地理學家周振鶴先生曾多次指出：中國文化區域的主導因素，一是風俗、一是方言。〔註4〕有鑒於此，筆者重點選取了清代民國時期安徽風俗、方言、地方戲、宗教、教育等五類主導文化元素，就它們的省域特徵、地域差異及形成背景、演變過程進行研究，在梳理總體特徵的基礎上，重點瞭解各文化元素在不同區域間的差異和成因，首先劃分出婚俗、喪葬、歲時、方言、戲曲劇種、佛教、書院、人才等單個文化因子的文化區，在此基礎上論證清代民國時期安徽綜合文化區的形成，並找到合理依據。

本文以清代民國時期安徽省域為主要的研究區域，研究時段為 1667 年～1949 年，選擇這一時期主要基於兩個方面的考慮：一是因為 1667 年是安徽正式建省的時間，這是中國疆域建制史上的一件大事。就是從這個時間點開始，正式奠定了安徽省的版圖，結束了安徽在清以前多個一級政區分割分治的歷史；二是因為這一歷史時期安徽方志的修撰較為完善，如光緒《重修安徽通志》，裏面就包含了大量豐富的史料，自清康熙六年（1667）建省以來，安徽地名和所管轄範圍沒有很大變化（除去英山 1932 年析出劃歸湖北、婺源 1934 年析出劃歸江西、盱眙 1954 年析出劃歸江蘇，原屬徐州府的蕭縣、碭山 1995 年劃歸安徽），這為研究安徽省內各文化因子的時空變遷和區域差異提供了兩維的可能，但在單個文化因子的分析上，因受制於特定時空環境的影響，時間界限會有所不同，如：安徽各地方戲曲劇種因具有很強的傳承和延續性，很多資料都來自建國後，所以研究下限就擴大到建國以後；而書院和進士人才的地域分佈問題，因是封建制度下特定的產物，則截止到清末科舉制度廢除之時（1905）。魏晉南北朝是安徽佛教高僧的一個重要發展時期，本應納入關照的範疇，可惜因為時間界限和精力所限，只好暫時割捨，留待以後完善。

〔註2〕 陳業新：《明至民國時期皖北地區災害環境與社會應對研究》，上海：上海人民出版社，2008 年。

〔註3〕 王振忠：《徽州社會文化史探微：新發現的 16～20 世紀民間檔案文書研究》。上海：上海社科院出版社，2002 年。

〔註4〕 周振鶴：《中國歷史文化區域研究》。上海：上海人民出版社，1984 年。

（二）選題意義

1. 歷史意義

就選題的歷史意義而言，本文一方面可以較爲全面梳理清代以來安徽各文化因子的省域特徵、空間分佈與地域差異；另一方面也可在此基礎上尋找到特定的文化面貌與演變規律，進而發現劃分綜合文化區的規律。周振鶴先生曾說：「我們的想法是以今天的省區作爲研究區域文化地理研究的基本範圍，經過實證研究，弄清每個省區在歷史時期的文化面貌，而後在此基礎上勾勒出在全國範圍內，不同歷史時期的形式文化區的大致範圍。」〔註5〕在周先生的倡導下，已先後有多位學人對湖南、湖北、陝西、河南、江蘇等省域的綜合文化區進行了劃分和研究，筆者亦希望本文對安徽歷史文化地理的初步研究能夠爲全國綜合文化區的呈現貢獻綿薄之力。

2. 現實意義

本課題研究的重點雖然是清代民國時期安徽各文化因子的省域特徵與地域差異，但弄清楚歷史時期這些文化因子的特點和差異，對於如今的我們吸取歷史經驗教訓、認清皖地的文化特徵和文化優勢、促進區域經濟、文化可持續發展等都具有重要的現實意義。我相信，如果不熟悉風俗、方言、宗教等本土文化因子的空間分佈與演變規律，諸如旅遊經濟開發、人文景觀重建、非物質文化遺產的保護等等，一定會走很多彎路。今日安徽，傳統藝術——各種地方戲不僅逐步退出城市舞臺，在農村的演出市場也日益縮小，儺戲、目連戲等一些稀有劇種已經消亡和正在逐漸消失，如何以史爲鑒，推陳出新，保護好當地的戲曲和非物質文化遺產，也是當前文化工作者的一項緊迫任務，從這點上看，本文的研究亦具有重要的現實意義。

二、學術史回顧

學術研究的每一步前進與發展，都離不開前人的辛勤耕耘和汗水，在此，有必要對本文的相關學術史進行回顧與梳理。

（一）歷史文化地理研究回顧

歷史文化地理學作爲歷史地理學的一門分支學科，經歷了波浪式不斷向

〔註5〕周振鶴等著：《中國歷史文化區域研究》，復旦大學出版社，1997 年版，第 5 頁。

前發展的過程，最早的學術源流可以追溯到 20 世紀初。當時的前輩學人曾就中國文化地理及文化與地域關係撰寫過多篇論文：如丁文江的《歷史人物與地理的關係》〔註6〕（1911），他通過制定歷史人物分佈表，對二十四史中專門列傳的 5700 多位人物進行了詳細的考證研究、分析了其地理分佈狀況和成因，但因為其是用民國省別來歸納人物數量，計算其百分比，得出各省歷史文化的盛衰狀況而受到傅斯年的詬病：「把現在的省拿來作單位，去分割元明清三朝的人物是大略可以的；拿省作單位去分割前此而上的人，反而把當時人物在當時地理上的分配之真正 perspective 凌亂啦。」〔註7〕但丁文作為中國人才地理研究的開篇之作，功績不可抹殺；另有梁啓超的《近代學風之地理分佈》〔註8〕（1915）論及地理環境對文化的影響時，接連提出 10 個追問：1.何故一代學術，幾為江，浙，皖，三省所獨佔？2.何故考證學盛於江南，理學盛於河北？3.何故直隸，河南，陝西，清初學者極多，中葉以後則闕如？4.何故湖南，廣東，清初學者極少，中葉以後乃大盛？5.何故山西介在直隸，陝西之間，當比爾省學風極盛時，此乃無可記述？6.何故湖北為交通最便之區，而學者無聞？7.何故江西與皖，浙比鄰，而學風乃絕異？8.何故文化愈盛之省份，其分化愈複雜——如江南之與江北，皖南之與皖北，浙東之與浙西，學風截然不同？9.何故同一省中，文樸截然殊致，如江蘇之徐，海一帶，安徽之淮，泗一帶，可述者遠遜他郡？10.何故同一郡縣，而文化或數百年綿延不絕，如皖之桐，歙；蘇之常，揚，……等，或極盛而驟衰；如之博，鄃；浙之姚，鄞，……等，梁著很早就注意到了地理環境是造成各地區文化差異的重要原因，並進行了合理的分析與解釋；另有陳寅恪的《天師道與濱海地域的關係》、史念海《秦漢時期關西人民的尚武精神》等也是這一時期歷史文化地理研究方面的力作。

1949 年以後，受意識形態影響，歷史文化地理的研究進入了斷層和冰凍期，在「一切以階級鬥爭為綱」的政治口號下，文化地理學的相關論著銷聲匿跡，直到譚其驤先生《中國文化的時代差異與地區差異》（1986）〔註9〕一

〔註6〕丁文江：《中國歷史人物與地理的關係》，載《東方雜誌》二十卷五期，1923年。

〔註7〕載《國立第一中山大學語言歷史研究所周刊》第一集第十期，1928年。

〔註8〕梁啓超：《近代學風之地理分佈》，刊《清華大學學報（自然科學版）》，1924年。

〔註9〕譚其驤：《中國文化的時代差異與地區差異》，《復旦大學學報》（社會科學）1986年第 2 期，第 4 頁。

文的出現，才開啓近 30 多年來歷史文化地理研究方興未艾的局面。譚其驤先生的《中國文化的時代差異與地區差異》（1986）一文以詳實的史料論證了幾千年漢文化不斷變化的過程，在其推動和引領下，近 30 年來，歷史文化地理學的研究跨越到新的階段，富有代表性的論著、論文接連出現，新的見解、方法和理論充實、豐富著這門學科的發展，根據所見，筆者對這些成果做了一次系統性地梳理和闡釋如次：

陳正祥的《中國文化地理》（1983）無疑是開山之作；90 年代以後，趙世喻、周尚意的《中國文化地理概述》（1991）、王恩湧的《中國文化地理》（1992）、張永福的《中國南北文化反差》（1992）、張步天的《中國歷史文化地理》（1993）陸續湧現，張著《中國歷史文化地理》從方言地理、民俗地理、學校與人才地理、宗教地理、藝文地理等方面對中國歷史文化作了較爲全面的歸納總結，被認爲有體例開創之功；陳振祥的《中國文化地理》是這一時段港臺學術界的重要成果，還有鄒逸麟主編《中國歷史人文地理》（2001）等，全面考察了歷史時期文化景觀的地域差異及其變遷，對文化重心區的分佈、轉移與政治、經濟關係、方言的地域差異及其變遷的地理背景、社會人群的地域差異等問題做出了總括性的分析與總結，爲我們進行分區文化地理研究提供了思路和範本。

在斷代歷史文化地理研究方面：盧雲的《漢晉文化地理》〔註10〕（1991）多次爲權威學者肯定和後學者傚仿。該書以《漢書・地理志》「風俗篇」爲綱，用疏證的形式，爬梳經史子集，遍檢文集金石，完成了漢晉時期宗教文化、婚姻形態、士民風氣、音樂藝術、城市文化、文化區等諸多方面的研究工作，此書一致被公認爲首部系統研究斷代歷史文化地理的著作，至今能與其相提並論的斷代文化地理著作還不多見；當然，程民生的《宋代地域文化》（1997）；王子今的《秦漢區域文化研究》（1998）；雷虹霽的《秦漢歷史地理與文化分區研究——以《史記》、《漢書》、《方言》爲中心》（2007 年）也是這方面較爲突出的著作；雷文將《史記》、《漢書》、《方言》幾種不同文獻所述不同視角的文化分區與考古學文化分區結合起來，進行綜合研究，途徑新穎，有創造性。該文在進一步明確了「經濟文化區」、「風俗文化區」、「方言文化區」以及「考古文化區」的基礎上，通過系統的分區研究，對諸漢文化區域內的文化面貌進行了多方面的考證。至於程著《宋代地域文化》，本

〔註10〕盧云：《漢晉文化地理》，陝西人民教育出版社，1991 年。

是一部宋史研究方面的專著，有其可圈可點之處，卻因一篇《宋代文化地理研究的一部力作》的評介引起了張偉然先生的注意，並就這篇評介的若干讚譽之處進行了詳盡的考證與商榷，直接給後學者以警示：他不認可該著作談文化要素竟然可以沒有方言地理——對歷史文化地理而言這是第一等重要的文化要素，從文化地理問題來看，文化區劃、文化生態這些第一等重要的問題，該著作也沒有涉及，對於能否算得上嚴格意義的歷史文化地理著作張偉然還心存疑問；該文研究了各地風俗的特點及影響，張偉然指出：雖然研究思路比一級標題是清晰了不少，但仍不敢奉獻太多的恭維，因其所謂「各地」，只不過停留在「南方」和「北方」的尺度，他認為這樣的「風俗特點」很好談，第一節所述北方基本特點為「質直忠厚」、「勁勇強悍」、「勤勞節儉」，第二節所述南方基本特點為「靈巧輕揚」、「柔弱」、「奢侈」、「好訟」、「趨利重商」，僅此而已。南、北方各自既沒有進一步的地域分異，衣食住行、婚喪嫁娶、歲時、經濟各項民俗習慣在各地分佈的具體情形也沒有區分〔註11〕。筆者認為，張偉然先生的批評是有道理的，他一貫主張在充分閱讀和掌握材料的基礎上進行學術創作，本文在研究清代民國時期安徽風俗文化地理時，盡量避免了大而不當的一些提法，嘗試著用方志材料說話，雖筆力有所不逮，理論功底不足，但盡量朝著細緻、紮實的方向努力；至於文化分區，無論是單個文化元素的分區，還是綜合文化區的形成，可以說都是本文研究沒有偏廢之處，一直貫穿始終。

在區域歷史文化地理研究方面：司徒尚紀先生著《廣東文化地理》（1993）是論述廣東文化地理的第一本著作，也是我國第一部區域文化地理研究專著，該書從廣東文化的形成因素開始談起，就廣東文化起源、發展和傳播進行了梳理和分析，用文化景觀將農業文化、聚落、方言地理、風俗、宗教等等貫穿起來，他認為：「文化地理除了研究文化過程，重點還在於研究文化景觀，即人類依託自然背景所創造的各種人文現象，也就是被改造了的自然景觀，包括各種可視或可悟的文化景觀。……，對每種文化景觀，盡可能追溯其淵源、演變、現狀特點與地域分佈規律。最後，各種文化景觀及其組合，都歸結於區域，即劃分文化區。」〔註12〕司徒先生的功績在曾昭璇為其書所

〔註11〕張偉然：《也談宋代地域文化的學術定位》，載《學術界》，2001 年，第 128 頁。

〔註12〕司徒尚紀：《廣東文化地理》，廣東人民出版社，1993 年。

作序中已充分體現：「計全書十章囊括文化地理學之主要內容，亦表明作者對文化地理學學科體系的思想，是亦本書爲文化地理學創一良好體系，使後來者有所參考也。」本書的基本框架也從司徒先生的著作中獲益不少，在此是必須加以說明的。另有周振鶴主著的《中國歷史文化區域研究》〔註 13〕（1997），張偉然著《湖南歷史文化地理研究》〔註 14〕（1995）、《湖北歷史文化地理研究》〔註 15〕（2000）；藍勇著《西南歷史文化地理》〔註 16〕（1997）張曉虹著《文化區域的分異與整合》〔註 17〕（2004）均是區域歷史文化地理研究的經典之作；張力仁《文化交流與空間整合──河西走廊文化地理研究》〔註 18〕（2005）一文對河西的農牧業景觀的分佈與演變、方言的交錯分佈、濡化的民風、多元的民俗、歷史人才的時空分佈與流動等問題上都有自己的歸納與理解，「尤其值得稱道的是，書中對河西走廊地名的研究頗具匠心，也是最出色的一項研究成果」〔註 19〕。

　　在專題研究方面，周振鶴、游汝傑的《方言與中國文化》〔註 20〕一書（1986）首先從方言角度出發，就方言與移民、歷史方言地理的擬測、語言化石、地名透視、方言與戲曲、民俗等關係進行了深入研究，開創了用方言研究中國歷史文化地理的先例，司徒尚紀先生在他的《廣東文化地理》一書中專闢一章，重點研究了廣東方言地理的分佈與文化景觀情況，開創了墨漬式移民、版塊轉移式和閉鎖式移民、雜劇式移民等形象表述方式，語言精鍊，形象生動，如書中所舉一例：「西漢在今廣東境內建立的七郡二十六縣治所即屬其例，而周圍地區仍是古越人天下。但南下漢人數量不少，並擁有政治、經濟和文化優勢，必然慢慢地對周圍地區發生影響，其語言正像白紙上滴下墨汁一樣向附近浸潤，於是漢越語言進一步交流。只是這點時間畢竟有限，未能深刻改變嶺南文化原貌。」〔註 21〕這也成爲後學研究不同文化因子傳播擴散

〔註 13〕周振鶴：《中國歷史文化區域研究》，復旦大學出版社，1997 年。
〔註 14〕張偉然：《湖南歷史文化地理研究》，復旦大學出版社，1995 年。
〔註 15〕張偉然《湖北歷史文化地理研究》，湖北教育出版社，2000 年。
〔註 16〕藍勇：《西南歷史文化地理》，西南師範大學出版社，1997 年。
〔註 17〕張曉虹：《文化區域的分異與整合》，上海書店出版社，2004 年。
〔註 18〕張力仁：《文化交流與空間整合──河西走廊文化地理研究》，北京：科學出版社，2006 年。
〔註 19〕同上。
〔註 20〕周振鶴、游汝傑：《方言與中國文化》，上海人民出版社，1986 年。
〔註 21〕司徒尚紀：《廣東文化地理》，廣東人民出版社，1993 年，第 184 頁。

方式時的經典表述。據筆者所見，就有吳慧平在論及書法文化地理、吳康在論及戲曲文化的空間擴散及其文化區演變時採用了此方法而顯得思路清晰，讓人一目了然；文學地理研究以南京大學胡阿祥的《魏晉本土文學地理研究》〔註22〕（2001）一書較見功力。他對一個時代（魏晉時期）綜合文學地理（又分爲相對靜態的本土文學地理、相對動態的文學局面地理與文學活動中心地理）進行了較爲充分的研究，他由文學作品入手確定文學家，再從對文學家籍貫的考定，製作出相應的籍貫分佈表與籍貫分佈圖，復由文學家籍貫的地理分佈，認定各別時期、各別地區本土文學的發展程度及彼此間的差異，進而揭示出各地區本土文學成長的歷史背景與現實過程。介永強的《西北佛教歷史文化地理研究》〔註23〕（2008）認爲，歷史宗教文化地理研究的主要內容有歷史時期宗教發源地的形成，宗教傳播的途徑，宗教物質景觀的分佈、宗教的區域特徵，以及歷史時期地理環境與宗教發展的相互關係等，本文亦從其中吸取了部分行文和分析的方法；還有香港嚴耕望的《戰國學術地理與人才分佈》、曾大興的《中國歷代文學家之地理分佈》（1995）等等也是這一時期歷史文化地理研究專題的典範。曾文重點探討了中國歷代文學家的分佈格局、分佈重心、分佈成因和分佈規律等問題，指出以往的文學研究大多只注重史的探索，而沒有注意其空間組合規律；只注重編年，而不注意繫地；只注重時代性和民族性的闡述，而不注意地域性或地域風格的考察，雖然只是一篇短文，但是研究路數另成一格，很有新意。本文在皖籍進士人才、戲曲人才地理分佈與成因研究上，多有借鑒其方法。另有王洪瑞《清代河南學校教育發展的時空差異與成因分析》〔註24〕（2007）一文對清代河南教育文化地理作了整體性考察，並以傳統的官學、社學、義學、書院等教育機構和普通學堂、師範學堂、女子學堂等各類新式學堂爲例分析了清代河南學校的時空分佈及影響因素，爲我們呈現了清代河南教育的總體發展特點，這也是近年來在歷史教育文化地理方面較爲紮實的一本論著。

（二）安徽歷史文化地理研究回顧

雖然安徽建省比較晚，但是其今日統轄的地區自古以來也是中國重要文

〔註22〕 胡阿祥：《魏晉本土文學地理研究》，南京大學出版社，2001年。
〔註23〕 介永強《西北佛教歷史文化地理研究》，北京：人民出版社，2008年。
〔註24〕 王洪瑞《清代河南學校教育發展的時空差異與成因分析》，陝西師範大學博士論文，2007年。

化區域，關於安徽歷史的研究有很多，不過這些研究主要是通史類的著作，如《安徽省志》、《安徽通史》等，歷史文化地理方面的研究匱乏。即使已有的研究，一般也是側重於某個文化專題領域的研究，要不就是傾向於某些地區文化表徵與特點的研究，比較全面的安徽歷史文化地理研究專著並沒有出現。

宗教與民間信仰方面：有陶明選的論文《明清以來徽州民間信仰研究》（2007）〔註25〕，主要研究了明清以來徽州主要民間信仰的發展過程以及不同地區之間的信仰差異問題；

學術文化地理方面，有周曉光《徽州傳統學術文化地理研究》〔註26〕，該文依據文化地理學的相關理論和方法，從空間和區域的角度，分別探討了徽州傳統學術文化區的形成與變遷、徽州區域傳統學術文化的歷史變遷、徽州傳統學術文化的區域表徵、徽州傳統學術文化的空間傳播以及徽州傳統學術文化景觀等問題，得出了幾個基本觀點：一，徽州傳統學術文化區形成於12世紀中葉，形成的主要標誌一是與同時代的其它區域相比，它是學術文化的發達地區；二是出現了統一的學術文化理念；三是具有相對穩定的區域範圍。徽州傳統學術文化區的形成，與該區域相對封閉、完整、獨立的自然地理環境有關，也與南宋徽州人文地理環境發生重大變遷密切相聯。這種變遷主要包括徽州從越文化圈到漢文化重心區的演變、從崇武到尚文的風尚變遷、從鄙野到富州的經濟地位的變化等等。

教育與人才地理方面：有姚娟的論文《安徽歷史人才地理分佈研究——以列傳人物、進士爲考察對象》（2007），通過對正史列傳記載的皖籍人物以及安徽進士進行統計分析，概括出安徽人才分佈的地域特點，並得出宋朝以後徽州、安慶和鳳陽成爲安徽地區的人才中心的結論，並分析了導致這種情況出現的原因。還有張曉紀的論文《明清時期安徽人才地理分佈研究——以政治、科舉人才爲例》（2009），與姚娟的碩士論文研究的方法和結論基本一致。林家虎《安徽近代文化人物的地理分佈與特徵》（《中國歷史地理論叢》第4輯）；吳建華的論文《明清蘇州、徽州進士數量和分佈的比較》（2004），對明清蘇州、徽州的進士數量重加考訂，在兩地進士的數量比較中揭示其分佈特徵和互動關係，從而爲進行蘇州、徽州兩地進士的文化素質和社會發展

〔註25〕陶明選：《明清以來徽州民間信仰研究》，復旦大學博士論文，2007年。
〔註26〕周曉光：《徽州傳統學術文化地理研究》，安徽：安徽人民出版社，2006年。

特性比較提供了一個可以把握的基礎。在文化分區研究方面，有《安徽省文化區劃初步研究》一文，曾將安徽省劃分爲皖北、江淮、江南三個文化區，阜陽、淮北爲皖北文化區的兩個文化亞區、皖西、皖中爲江淮文化區的兩個亞區，銅太、廣寧、徽州爲江南文化區的兩個亞區〔註 27〕；而周運中《蘇皖歷史文化地理研究》一文指出：「該文在實際劃分中，沒有嚴格執行自身提出的標準，文中表 1『安徽省各文化區特徵及指標表』的江南區幾乎是徽州區，而長江以南鮮明的江淮文化特徵居然在此處被隱去。雖然當地安徽文化區劃分較難，但是歷史時期的研究更難，不能因此草率劃分」，周文提出的意見是中肯的，也給本文的研究開拓了視野。

從總體情況看，關於安徽區域斷代歷史文化地理的研究還是比較缺乏的，這也是筆者將此作爲研究範疇的重要理由。更多還原

三、本文的相關概念、研究方法、創新之處

（一）本文的相關概念

1. 安徽

安徽地處我國中原地區與長江流域要衝，歷史上向爲戰略要地，又是南北紛爭的主要戰場〔註 28〕，也是我國經濟、文化重心轉移的過渡地帶。春秋時分屬吳楚，漢代置淮南國，三國六朝時爲衿喉重地。清康熙六年（1667）建省，取安慶、徽州兩府之首字爲名，始稱安徽。淮河、長江橫亙其間，無論是山川河流、平原丘陵等自然地理環境，還是人口移民、語言文化等人文社會條件，安徽都是我國區域差異非常明顯的省域。秦嶺—淮河一線作爲我國重要的地理分界線，其南北兩側的地形地貌、氣候土壤、水文條件等自然地理要素均顯著不同，因而歷來被視爲我國南北方的自然分界線，不但南船北馬、南稻北麥由此線而判然，就是分裂時期南北政權的相持往往也以此線爲界。從歷史文化地理的角度看，安徽是非常具有研究特色的一個省域。

由於康熙 1667 年安徽建省以後其政區建置基本固定，直至現在未有很大變化，故本文在研究過程中一般以清代以來的安徽政區爲區域框架。

〔註 27〕張飛、崔郁《安徽省文化區劃初步研究》，《雲南地理環境研究》2007 年，第 4 期。

〔註 28〕參看《安徽古戰場形勢圖》。安徽：安徽教育出版社，1999 年。

2. 文化

20 世紀末，在各類學術著作中收集到的關於「文化」的定義有 200 種之多，文化的內容主要體現在器物、制度和觀念三個方面，如語言、文字、習俗、思想等等均可囊括在內。廣義上所有人類的活動，都可以稱之爲「文化」。由於廣義的「文化」概念太過寬泛，因此本文采用主導文化因子的辦法，主要研究這些文化要素在地域空間上的特點與差異，略去一些非主導性的文化因子，盡可能去復原和把握建省後安徽文化地理的特質。

西方的宗教觀念相當強烈，所以源自西方的文化地理學往往以語言、宗教爲主導因子，而在我國情況卻有不同，周振鶴先生曾說：「在中國，宗教地理似不如風俗地理重要。因爲一方面，中國人宗教觀念比較淡薄；另一方面，在歷史上政治體制從來就凌駕於宗教組織之上。因而，就國家宗教而言，在我國，區域性並不顯著，往往只能就同一宗教的不同特徵進行點狀的分析。相反，在民間信仰方面，地域差異卻是十分明顯的。」〔註 29〕此外，風俗在中國傳統文化中一直是非常重要的一個觀念，「千里不同風，百里不同俗」，千百年來，風俗已「成爲制約一個地區人們思維模式和行爲方式的重要因素，研究文化地理的論著，也大多都將風俗作爲一地的主導因子」〔註 30〕這是中西方文化地理學研究範疇中差異最大的一個方面。隨著桐城派的興起，清代以後安徽的學術文化地理本應是一個重要的主導因素，因周運中的論文《蘇皖歷史文化地理研究》〔註 31〕在重點論述江蘇歷史文化地理的基礎上，對安徽學術文化地理的變遷進行了較爲紮實的研究，材料詳實，敘述充分，讀者可以參考。

基於上述考慮，本文采用了風俗、方言、地方戲、宗教、教育五項內容作爲研究清代民國時期安徽文化地理的主導因子。

3. 地域差異

長江、淮河流經安徽，很自然的將其劃分爲淮北、江淮、江南三大自然區域，淮北是一望無垠的平原，江淮之間是綿延不斷的丘陵，江南是高峰聳立的山區，並有星羅棋佈的河流湖泊鑲嵌其中，在長期的歷史演進過程中逐漸形成了不同的自然、經濟、文化區域，不僅地形地貌有差異，民風民俗也

〔註 29〕周振鶴：《中國歷史文化區域研究》，復旦大學出版社，1997 年。
〔註 30〕張偉然：《湖南歷史文化地理研究》，復旦大學出版社，1995 年。
〔註 31〕周運中：《蘇皖歷史文化地理研究》，復旦大學博士論文，2010 年。

相去甚遠，這種地區與地區之間的不同就是地域差異。

本文主要考察安徽主導文化因子在不同地區間的時空特徵與差異。總體上看，皖南、皖中、皖北三大區域之間的文化差異較爲明顯。其實各文化因子差異的程度到底如何？具體體現在哪些方面？用什麼指標去衡量？不同歷史時期這些文化因子的差異有何變化？安徽東西兩翼的文化差異又是怎樣？一系列較爲複雜的問題都需深入的去瞭解，發掘和熟悉材料，形成自己的理解與判斷，才能得出較爲準確且具有說服力的答案。

4. 風俗

今日風俗的概念與民俗已經是同一含義，就是指民間風俗。而古代風俗比今天民俗的內涵要更大一些：「凡民函五常之性，而其剛柔緩急，音聲不同，繫水土之風氣，故謂之風；好惡取捨，動靜無常，隨君上之情慾，故謂之俗。」〔註32〕古代風俗並不止於民間，而是朝野上下，雅俗共有的風氣與習尚。《漢書‧地理志》有朱贛的《風俗》專門來討論風俗區域的劃分，後來學者依據其風俗地理資料加以重新組合，將西漢時期的疆域由北到南分爲了三大風俗區域，即：塞上塞外風俗區域，黃河中下流風俗區域，淮漢以南風俗區域。在這三大區域裏又劃分了次一級的如塞上、塞外、秦地（關中）、魏地、周地、趙地、楚地、吳越等近二十個風俗區，本文研究清代民國時期的安徽風俗地理，雖因歷代移民等因素影響而演變出很多不同的區域差異，但在《風俗》中仍可發覺一脈相成的若干特徵。

5. 戲曲劇種與「花雅之爭」

戲曲是中國傳統的戲劇形式。是指包含了文學、音樂、舞蹈、美術、武術、雜技以及表演藝術等各種因素綜合而成的一門藝術，它的根源可以追溯到先秦到漢代的巫祇儀式，但是直到宋代南戲，才有了完備的戲劇文本創作，眾所周知，現存最早的中國古代戲劇劇本是南宋時的《張協狀元》。元代時以大都、平陽和杭州爲中心，元雜劇大放異彩。明代的崑曲經過發展，首先得到士族大夫的追捧和喜愛，他們大量創造劇本，不斷修改曲譜，同時修正崑曲的戲劇理論，並使得傳奇劇本成爲一種新的主流文學形式。隨後崑曲又得到晚明和清代宮廷皇室的喜愛，成爲貴族生活的一部分，成爲獲得官方肯定的戲劇藝術，故稱「雅」；而以各地方言爲基礎的地方戲，廣受民間喜愛，則

〔註32〕班固：《漢書‧地理志》，中華書局，1962年，第123頁。

稱「花」。在清代乾隆年間形成了「花雅之爭」，最終花部得以勝出。

　　我國龐大的戲曲體系在世界上是獨一無二的。地域遼闊，民族眾多，語言複雜，民俗豐富，長時間封閉的經濟體系，是我國劇種斑斕多彩的原因。自古以來，我國戲曲便有地域差異，清朝初葉，時稱「南昆、北弋、東柳、西梆」。戲曲劇種如今特指在不同地域形成的單聲腔或多聲腔的地方戲曲和民族戲曲，它是根據各地方言語音、曲調音樂的異同以及流佈地區的不同而形成的各種戲曲藝術品種的總稱。據不完全統計，我國各民族地區的戲曲劇種，約有三百六十多種，傳統劇目數以萬計。本文研究的清代以來的安徽地方戲曲劇種曾經達到 37 種之多，總體具有「南柔北剛」的藝術風格。

6. 文化區

　　王恩湧先生所著《文化地理學》〔註 33〕一書將文化區、文化擴散、文化生態、文化整合與文化景觀歸納為文化地理學要研究的五個主要方面，其中文化區的劃分又往往被認為是文化地理研究的歸宿。

　　文化區的劃分一般分為機能文化區與形式文化區。機能文化區往往受到政治、經濟和社會功能影響而形成，如安徽府州縣各級行政區，就是一個個機能文化區，它往往有一個中心點，如各府州縣治，在機能上起著指導或者協調的作用。本文不研究機能文化區，而是從形式文化入手，所謂形式文化區，是指某種文化特徵或具有某種特殊文化的人群的地域分佈。我們根據安徽風俗、方言、地方戲、宗教、書院與人才等多項主導因子的空間分佈特點而劃分出不同的文化區，對各項單獨文化因子的區域分佈特徵進行研究的一個整體性總結，這才是本文的目的。但是由於採用了不同的文化要素來劃分文化區，各項指標的邊界很難完全一致，而且由於受收集資料所限，有些地方的指標因素闕如，這樣確定安徽各文化區的邊界其實是一件很困難的工作，也是本書的重點與難點所在。

（二）本文的研究方法

1. 文獻法

　　文獻法是歷史地理學最為常用的研究方法。因為參考資料除了一些可從田野調查中獲得，多數還要從各種歷史文獻中得來。文獻法主要通過查閱有關古籍、報刊、方志、手稿以及其它記載進行學術研究的方法。本文的許多

〔註33〕王恩湧：《文化地理學》，南京：江蘇教育出版社，1995 年，第 42 頁。

資料都來自於歷史文獻，還有學界前輩與本選題相關的論著和論文；清代民國時期的安徽府、州、縣志，以及安徽經濟史、人口史、文化史、宗教史等與安徽歷史文化地理有關的各種資料等。因此文獻法是本文最爲重要的一種研究方法。

2. 歷史比較法

歷史比較法是對同一種文化現象的同一時期或不同時期的有關要素進行比較研究的方法。如本文第六章通過對清代不同歷史時期安徽新建、重建書院指標數的分析、比較，進而分析出其時空分佈的各種特徵。

3. 圖表法

圖表法是歷史地理學中運用得比較廣泛的一種方法。地圖的製作和圖表的繪製能夠使研究的對象更加直觀可視，本文充分運用了圖表和地圖來揭示安徽歷史文化地理現象及其空間分佈與差異。如第四章對清代民國以來安徽戲曲劇種的地理分佈圖表、第五章對清代安徽寺院和宮觀的統計表、第七章所做的安徽綜合文化區分佈圖等等，都讓論文更富有說服力和表現力。

4. 田野調查法

田野調查法也稱野外調查法，是在文化研究中，進行直接觀察並獲取資料的一種方法，也是文化地理學家極爲重視的研究方法之一。本文中戲曲文化景觀、書院、寺廟的考察、方言的調查等也運用了此法，以彌補文獻資料之不足。

5. 統計法

統計法主要是通過對所收集到的數據資料進行整理、分類、統計和分析，然後得出結論的方法。它能在定量的基礎上，讓結論更有說服力。如第四章安徽地方戲的地理空間分佈格局、第五章清代安徽寺院、宮觀的地理分佈、第六章清代安徽書院、進士人才的地理分佈與變遷、皖籍戲曲家籍貫的分佈等等都運用到此法。

（三）本文的創新之處

1. 從文化地理學方興未艾的研究現狀看，區域歷史文化地理的研究成果層出不窮，關於安徽單個文化要素的研究論文也出現了不少，但是真正從歷史文化地理角度出發，較爲全面綜合的分析清代民國時期安徽各主導文化因子的省域特徵與區域差異的論著，目前還沒有見到，本文在這點上有創新之處。

　　2. 本文從文化地理學角度全面梳理和分析了清代民國時期安徽婚俗、喪葬、歲時三類文化因子的省域特徵與地區間差異情況，第一次使用了「親迎」等指標比較、復原了清代民國時期安徽多姿多彩的民間風俗活動。

　　3. 除了零星的單篇文章，以往的學術著作一般都是從戲曲史的角度來分析戲曲劇種的發展與變遷，本文則從空間的角度，運用文化地理學的若干方法和理論，重點把梳清代民國以來安徽戲曲劇種的地理分佈與文化景觀情況，深入挖掘出安徽不同地方戲的源流與區域分佈、差異特徵，並對安徽戲曲人才的地理分佈首次進行了比較研究。

　　4. 皖北地區歷來有重武輕文的傳統，從常規推論清代武進士人才皖北淮河流域應該興盛過江南，但我們將清代安徽文武進士地域分佈與數量情況進行了對比研究後首次發現，清代安徽武進士人才的絕對數和相對數均以皖南、皖中的徽州府、寧國府、廬州府爲前三鼎甲，本文也分析了造成這種現象的原因，糾正了以往的一些經驗認知。

四、本文的基本框架

　　根據所選取文化要素的省域特徵與區域差異，本文的框架與研究擬按照以下七個章節進行：

　　第一章重點介紹了清代民國時期安徽自然地理環境與社會發展情況。從地形地貌方面來看，安徽有長江、淮河橫貫其中，而且還有大面積的平原和山地丘陵地形，地形差異比較大，整個安徽省主要劃分爲淮河平原區、江淮丘陵臺地區、皖西山地丘陵區、沿江平原區、皖南丘陵山地區。不同的自然地理環境決定了每個地區各自的特色。安徽境內有眾多的江河與湖泊，同時連綿不斷的山地以及一望無際的平原，並差別明顯的氣候條件，導致清代民國時期安徽內各地區之間的社會風氣、文化和經濟形成了巨大的差異。另有人爲因素的影響：如官方通過行政手段對安徽省內進行行政區劃，這種措施對區內各文化要素起到一種規範作用，導致區域之間的文化走上不同的發展道路，從而產生了區域分異。除此之外，國家政策、文化教化、戰爭、移民等都成爲地區文化特色形成的重要機制。

　　第二章全面分析清代民國時期安徽各地風俗地理的省域特徵與區域差異。以這一時期安徽婚俗文化、喪葬文化以及歲時文化爲例，通過對相關史料、方志的整理和解讀，找出其中較爲明顯的區域差異，並劃分單因子的文

化區，力求找到清代民國時期安徽各不同地域獨特的風俗文化景觀。

主要瞭解清代民國以來安徽方言地理分區的相關問題。安徽橫跨江淮兩岸，東連江蘇、浙江，北靠山東，西接河南、湖北，南鄰江西一帶，爲我國南北的過渡地帶。複雜的地理條件加之歷史戰亂、宗教、政治、經濟、人口遷移等因素影響，造成了安徽方言複雜而多樣的特徵。方言具有穩定性，總的來說，清代以來安徽方言基本是以淮河、長江爲界，淮河以北爲中原官話，江淮之間及沿江江南爲江淮官話，以徽州爲核心的江南以吳語爲主，但包括皖南方言島的形成與分佈情況等都需詳細考證、分析才能合理劃分出方言區。

第四章主要研究清代以來安徽地方戲曲劇種的地理分佈與文化景觀分異等問題。清以前，包括「弋陽、崑山、餘姚、海鹽」等南戲四大聲腔都曾流傳到皖南，清以後，各種地方戲如雨後春筍爭相登臺，各種大小戲班層出不窮。據筆者考證，清代以來在安徽境內存在或流行過的地方戲曾達 37 種之多〔註 34〕。其中一些劇種是其獨有或發源於安徽的，另有一些則是由外地傳入的，那麼建省以前安徽戲曲文化的演變規律是怎樣的？清代建省以後安徽地方戲的分佈格局如何？這一時期安徽戲曲文化景觀該如何分類？南北分異的原因有哪些？這都是本章要重點解答的問題。

第五章主要研究清代安徽宗教文化地理的空間分佈情況。本章共分爲四部分，第一部分重點分析了佛教在安徽傳播和發展、變遷的歷史過程，同時也注重分析國家政策對安徽佛教發展的影響；選取了衡量佛教發展的一個重要指標——寺院作爲分析對象，通過對地方志中關於寺院的記載進行耙梳和分析，得出其地域分佈情況，並劃分清代安徽佛教文化區；第二部分主要選取了衡量道教發展的重要指標——宮觀作爲分析對象，通過對地方志中關於宮觀的數量記載進行耙梳和分析，分析安徽各地區道教的分佈特點，並劃分清代安徽道教文化區；第三部分主要尋找清代民國時期安徽民間信仰的全省性特徵以及不同地區所偏重的信仰對象及其差異，剖析背後成因。第四部分梳理了民國時期其他外來宗教在安徽的地域分佈情況。

第六章主要瞭解和分析清代民國時期安徽學校與人才地理分佈、變遷等問題。第一節主要闡述清代安徽學校教育的類型與特點；第二節，研究清代

〔註 34〕清代是各種地方戲曲劇種勃興的時期，安徽的很多地方劇種就產生在這個時期，另外還有一些是在民國時期正式形成的，有的甚至是到解放後才定名，因此本章的時間斷限定爲明末清初至解放初期。

安徽書院的地域分佈問題。首先力圖就清代書院的發展歷史進行復原，並勾畫出全國書院發展的脈絡，然後對清代安徽地方志裏的書院記載進行數據統計，並從時間和空間兩個角度進行分析，從而總結出清代安徽書院的時空差異和成因。第三部分重點考察皖籍戲曲家的分佈與身份問題。筆者認爲，清至民國時期，安徽藝術人才的重心是皖籍戲曲家的出現，對皖籍戲曲家的界定可以有兩類：一類是以創作戲曲劇本和品評劇本優劣而見長的皖籍戲曲劇作家或理論家，第二類是以登臺獻藝且舞臺藝術成就能得到公認的皖籍戲曲表演人才，清代「花部」地方戲興起後，戲曲的重心從文本轉向了演員，清末民初一直到解放前後，全國和安徽又湧現了不少戲曲表演家（舊稱名伶），其中尤以京劇名伶最爲世人所關注，如京劇三鼎甲〔註35〕，同光十三絕〔註36〕中不少人就是皖籍的，從京劇的開山創始人——程長庚（安徽潛山人）開始，晚清民國究竟有多少皖籍身份的京劇名伶？他們的分佈和成因又是如何？體現了怎樣的規律？本章對這些問題都一一做出解答。

　　第七章爲結語部分。根據前面幾章對安徽若干主導文化因子的分析和研究，劃分出安徽五個主要文化區：皖北文化區、廬巢太文化區、安慶府文化區、宣池文化區、皖南徽文化區，比較和總結了各文化區的差異特徵，並從自然環境、行政區劃、經濟方式、外來移民、交通條件等方面梳理和總結安徽文化區的形成機制。

〔註35〕特指程長庚、張二奎、余三勝。

〔註36〕特指程長庚、盧勝奎、楊月樓、張勝奎、譚鑫培、徐小香、梅巧玲、時小福、劉趕三、余紫雲、郝蘭田、朱蓮芬、楊鳴玉。

第一章　安徽歷史文化地理研究背景

　　歷史時期文化現象的發生、發展及其地理格局的形成，都會受到自然地理環境、政區沿革、人口與移民、商業經濟貿易等因素的影響。在主要研究清代民國時期安徽文化地理之前，我們需要對上述有關內容做一個基本的瞭解，爲在後面的論述中有助於認識其歷史文化現象發生、發展及其地域差異形成的原因之所在。

第一節　安徽的自然地理環境背景

一、地形地貌

　　安徽省地處我國華東地區，南接江贛，東連蘇浙，西鄰豫鄂，北毗魯蘇。長江、淮河橫貫其中，自然地形地貌主要分爲平原、丘陵和山地幾種類型，《大清一統志》曾記載了安徽地形的特徵和重要性：「上控全楚，下蔽金陵，扼中州之咽喉，依兩浙爲唇齒。洪流沃野，甲於東南。故六代以來，皆爲重鎮。其名山則有皖山、龍眠、大鄣、黃山、齊雲、敬亭、九華、青山、梁山、采石、霍山。其大川則有大江、皖水、涇水、丹陽湖、巢湖、淝水、滁水、淮水、潁水、渦水。其重險則有集賢關、馬領關、陡岩關、清流關、昭關、石門關、柳林關、金雞關。作藩南服，據吳上游，誠江界之要衝，淮南之雄鎮也。」〔註1〕

　　總的來看，安徽的自然地形地貌主要分爲以下五個地形區域：

〔註1〕嘉慶《重修一統志》，卷一百八《安徽統部・形勢》。

（一）淮河平原區

該區位於華北（黃淮海）平原的南部，南以臨水集、宋店、劉府、門臺、舊縣一線爲界，東、北、西與蘇、魯、豫 3 省接壤。淮河平原在大地構造上屬淮河臺坳，是地質歷史上的長期沈降區，尤其新生代下降更顯著，接受了深厚的第三系、第四系堆積。近代因黃河多次南泛，有歷史記載的，黃河自西漢武帝元光三年（前 132 年）起，就開始南泛，後經多次南泛過程，在汴堤以北地區和澮、渦、潁、西淝河流域，形成厚薄不等黃泛沉積。導致平原的南部、中部地面組成物質，由淮河及其流挾帶的泥沙堆積而成，北部以黃泛物質爲主，堆積物的厚度，在縱向上由西北向東南減薄，在橫向上河岸帶沉積厚度大於河間地。從地面組成物質和地貌形態組合可將淮河平原進行二級分區：

第一是蕭、碭黃泛平原亞區，位於安徽省的最北部，包括碭山縣的全部和蕭縣的西部。第二是宿北丘陵平原亞區，位於蕭、碭黃泛亞區以東，濉河以北，包括蕭縣東部、宿縣、靈璧、泗縣的北部、淮北市的全部和濉溪縣的一部。第三是潁、渦河黃泛平原亞區，位於淮河平原的西北部，由潁、渦河中游黃泛平原組成，包括亳州市、界首市、太和縣、蒙城縣、阜陽市等的大部或一部。第四是洪、潁河河間平原亞區，位於淮河平原西南部，包括阜陽、阜南、界首、潁上市縣的大部或一部以及臨泉縣的全部。第五是潁東河間平原亞區，位於潁河以東的淮南、蚌埠兩市，阜陽、宿縣兩地區的一些市、縣的全部或一部分。第六是沿淮沖積平原亞區，位於淮河南北兩岸，包括淮南、蚌埠兩市，以及阜南、潁上、鳳臺、懷遠、五河、霍邱、壽縣、鳳陽、嘉山等市縣的沿淮地區。地貌類型以河漫灘、窪地、湖泊爲主，局部分佈零星河間平原和孤丘。第七是淮南階地平原亞區，位於淮河南岸的西段，包括霍邱、壽縣北部，淮南、蚌埠兩市的南部和鳳陽縣的一部分。

（二）江淮丘陵臺地區

該區在長江與淮河之間，南達大白畈—施橋—崗集—黃集—滁州市一線，北至淮河平原區的南界，包括霍邱、壽縣、金寨、霍山、六安、舒城、肥西、肥東、長豐、定遠、鳳陽、嘉山、來安、全椒諸縣和六安、蚌埠、滁州等市的全部或大部。該區在大地構造上大部屬江淮臺隆，東南小部分地區屬淮陽臺隆。全區以呈近東西向延伸的江淮分水嶺，地勢爲最高，由此向兩側地勢逐級下降。江淮分水嶺東、西段地貌形態組合不同，東段以丘陵爲主，

局部有兀立丘陵之上的低山和玄武岩方山；西段主要為沖積、洪積高臺地，僅局部分佈零星丘陵。從整體上看江淮地區東部和西部地貌類型組合也不同，約以淮南線作為東、西部的界線，東部分佈大片丘陵，臺地位於丘陵的周邊地區，沿池河、滁河兩岸，則分佈較寬廣的平原，最寬處可達2～3公里；西部多臺地，地面由分水嶺向兩側，由高臺地、過渡到低臺地，且為汲河、淠河、杭埠河、豐樂河和東淝河等的主支流切割，呈波狀起伏狀態，起伏度雖不大，但頻度較高，沿河地區分佈寬度不等的河谷平原。

第一是嘉山、來安臺地丘陵亞區，位於江淮丘陵臺地區的東北隅，包括嘉山縣東部和來安縣北部，地貌類型組合上丘陵和臺地面積各占50%左右，丘陵多為平頂狀丘陵，即方山，由玄武岸經流水切割而成，海拔多為100～250米；臺地大部為剝蝕堆積臺地，下為基岩，上部亞黏土，經流水長期沖刷，呈帶狀臺、沖相間分佈。

第二是滁西臺地丘陵亞區，位於滁州市以西地區，包括滁州市的大部和嘉山、全椒、定遠的一部。由石灰岩、淺變質岩等組成的丘陵、剝蝕堆積臺地和沿河狹長平原地貌類型組合而成。丘陵海拔100～200米，坡度和緩。

第三是定鳳嘉丘陵臺地區，位於池河以西，包括定遠、鳳陽兩縣的絕大部分，嘉山縣的西北部和蚌埠一部分。地貌類型組合以沖積、洪積臺地為主，臺間有寬廣沖谷發育，沖、塝、臺面積之比為1:3:2，大部由棕黃色亞黏土組成。

第四是江淮分水嶺臺地亞區，位於皖東丘陵與皖西丘陵山地間的寬緩臺地分水區，包括肥西、長豐、肥東等縣的部分地區。地貌類型組合單一，以沖積、洪積等地為主，海拔60～90米，東高西低，地面經流水切割，呈波狀起伏狀態，臺間為寬廣沖谷、兩者比高10～20米，由土質黏底而有黏盤的亞黏土組成，降水後下滲力低，易形成地表徑流，對地面產生輕度剝蝕作用。

第五是大別山東北麓丘陵臺地亞區，位於大別山脈的東北麓，包括舒城、霍邱、六安、壽縣、金寨、霍山等市、縣的全部或一部。從山麓向外緣，地貌類型分佈有一定規律，依次為高丘、低丘和臺地。丘陵和臺地間有河流通過地帶，分佈一定面積的河谷平原

（三）沿江平原區

位於長江安徽段的南北兩岸，是長江中下游平原的組成部分。南以香隅—殷家彙—青陽—南陵—宣州市—廣德一線為界，北以宿松—太湖—潛山—

桐城—老和尚包—崗集—梁園—滁州市—來安—汊澗一線爲界，東北與江蘇接壤，西南與湖北、江西毗連。包括安慶、銅陵、蕪湖、馬鞍山、滁州等市和池州、宣州、六安、巢湖等地區所轄諸縣的全部或大部。長江及其支流攜來大量泥沙在此堆積，形成了沿江平原，由河漫灘和三級階地組成。平原上有帶狀或片狀分佈的丘陵低山，尤其繁昌、銅陵、樅陽和含山、和縣等市縣丘陵低山面積較大。平原的東西部地貌類型組成不完全相似，如銅陵市以東，平原以河漫灘、一級階地爲主，二級階地比較零星，而銅陵市以西，平原以河漫灘、二、三級階地和湖群爲主，且二、三級階地，經流水切割，已成臺、沖相間的分佈狀態。

第一是大別山東南麓山前平原亞區，位於桐城—潛山—太湖—宿松一線的東南，包括宿松、太湖、潛山、桐城、懷寧、樅陽諸縣的部分地區。受大別山前掀斜運動的影響，平原自西北向東南傾斜。源於大別山的河流，出山口後至此比降大大減小，攜來大量泥沙沉積於河床，各河河床普遍高出兩岸地面 3～5 米，汛期堤岸潰決，易釀成洪澇災害。

第二是江北低山丘陵亞區，位於安徽省長江北岸，西起宿松，東止和縣，呈北東向展布的狹長狀低山丘陵帶，以海拔 100～250 米的丘陵爲主，海拔 400～500 米的低山面積較小，由石灰岩、砂岩、葉岩等組成爲主，僅樅陽、懷寧境內有一定面積火山岩組成的丘陵。因可溶性碳酸鹽類岩層分佈廣泛，在其組成的低山丘陵中，常發育有小型溶洞。另外，沿山地邊緣的斷裂帶常有溫泉出露，其中最有名的是巢湖半湯和和縣香泉。

第三是西部沿江平原亞區，位於銅陵市以西，地跨長江南北，包括宿松、望江、太湖、安慶、樅陽、懷寧、東至、貴池、銅陵諸市縣的全部或一部。地貌類型組合，以江心洲、河漫灘、二、三級階地爲主，一級階地分佈較零星，大都沒入湖中。本亞區水系密集，湖泊眾多是地貌格局上的特點，有長江及其支流皖河、秋浦河、長河、青通河、九華河等，面積萬畝以上的湖泊有龍感湖、泊湖、黃大湖、武昌湖、破罡湖、白蕩湖、升金湖等。

第四是銅繁低山丘陵亞區，位於西起大通，東至繁昌，南達南陵—青陽一線，北界長江。包括銅陵、青陽、南陵、繁昌等市縣的部分地區。地貌類型組合以低山丘陵爲主，東、西、北有沖積平原環繞，南部以河谷平原與皖南丘陵山地相毗連。海拔 250～300 米丘陵所佔面積最大，500～800 米的低山僅零星兀突丘陵之上。其成因多係斷塊抬升而成，故山丘坡度都較陡峻，呈

北東向延伸，主要由石灰岩、白雲岩、砂岩、葉岩組成。

　　第五是巢湖平原亞區，位於巢湖周邊地區，包括舒城、肥東、肥西、巢湖、廬江等市縣的大部或一部。地貌類型組合以湖濱平原、三角洲和入湖河流沿岸的沖積平原為主，河間分水地帶有波狀起伏臺地和低丘的分佈。巢湖南岸入湖河流短促，水量小，所挾泥沙不多，形成平原狹窄，而西北岸入湖河流，大部源自山丘區的杭埠河、豐樂河、上派河、南淝河、店埠河、柘皋河等流域面積大，水量豐富，攜來大量泥沙在下游和入湖河口帶堆積，形成了廣闊平原。

　　第六是和無平原亞區，位於銅陵市以東的長江北岸，包括無為、和縣的大部和含山縣的一部分。地貌類型組合，以沖積平原、湖積平原為主體，臺地呈狹長狀分佈平原的後緣，地面海拔 7～10 米左右，地勢低平坦蕩，水網密佈，溝壙率高。汛期長江水位高出堤內地面可達 4 個月之久，常因降水後無法外排，釀成洪澇災害。

　　第七是宣蕪平原亞區，位於長江與青弋江、水陽江、漳河等交匯地帶，包括蕪湖、馬鞍山兩市及所轄縣以及宣州市和郎溪縣的全部或大部。地貌類型組合，以平原和臺地為主，南部是一片坦蕩平原，水網密度高，地面多在海拔 7～15 米左右，平原上有渾圓狀低丘分佈。

　　第八是滁天平原亞區，位於沿江平原的東北部，西北以滁州～來安～汊澗一線為界，東和東南至省界與江蘇省相連。包括全椒、滁州、天長等市縣的全部或大部。東部主要由滁河、白塔河、來安河等河流沖積平原組成。地面海拔 10～20 米左右，河網密度大，溝塘率高，整個地勢微微向東傾斜。西部、北部邊緣分佈大片剝蝕堆積低臺地。〔註2〕

（四）皖西、皖南山區

　　安徽省的山地主要也分為兩類，一是大別山山區，地處安徽西南部，與鄂、豫兩省交界，包括金寨、霍山、岳西三縣全境和六安、舒城、桐城、潛山、太湖、宿松等市縣的一部分。這一區域為大別山的主體部分，地勢險要，山脈呈西北一東南走向，海拔一般在500～1000米之間，有多座海拔 1700 米以上的山峰。大別山山區是安徽省重要的木材、茶葉產區。第二類山系位於皖南古徽州的西北部，屬黃山山系，南部屬天柱山山系，主峰海拔均在 1000

〔註2〕主要來源：《安徽省志自然環境志》。

米以上。山川形勝是清初人們認識安徽的一個重要標尺：「江北之山，潛嶽為大脈，自桐柏東來至霍山縣西之金鈎山入境，岡巒連屬，逶邐而東，循安廬界經多智、雷公諸山，廬鉦、北峽諸隘，又東入廬州府境，盡於濡須水之西，是為幹脈，而省城鉦山，實惟大龍由潛山幹脊分支南迆，東至懷、桐界，迭起崇巒，兀峙於省城之北，餘支盡於樅陽河之西，而省北之南山集賢關，亦其南出餘支也。其餘江淮之間及與鄂豫交界諸山，皆幹脈南北分支，而以霍山北出一支為最遠，入六安境，轉東為龍穴山，東入廬州府境，為大潛山，迆北三十餘里，起將軍、雞鳴、大蜀諸山（淝水所出）。雞鳴而東，土岡岐出，北抵淮南及江東，接江蘇境。鳳臺之八公、峽石，定之喜羊，懷之荊塗，滁之清流關，滁、泗界之嘉山，和之昭關、小峴、大峴、夾山皆其岡脈分迆者也。」〔註3〕另有清人趙吉士詩載：

「徽之為郡，在山嶺川谷崎嶇之中，東有大鄣山之固，西有浙嶺之塞，南有江灘之險，北有黃山之厄。即山為城，因澳為院，百城襟帶，三面距江。地勢斗絕，山川雄深。自睦至歙，皆鳥道縈纖，兩旁峭壁，僅通單車。」〔註4〕

徽州地區群峰聳立，山川秀麗，風景宜人，但除少量山間盆地外，農業生產條件較差。加之水一旱頻仍，尤其是夏季的暴雨，宜泄不易，容易成災。

二、氣候特點

安徽省淮河以北屬暖溫帶半濕潤季風氣候，淮河以南屬亞熱帶濕潤季風氣候。這種過渡帶氣候型，它的顯著特點是四季分明，季風明顯，氣候溫和，雨量適中，光照充足。氣溫的時空分佈及隨高度的變化比較明顯，有南部高、北部低、崗丘高、山區低的特點。降水量南部多於北部，山區大於崗丘地區，全年降水量在 770～1670 毫米之間，夏季降水量占全年降水量的 40～60%。從氣候方面來看，全省氣候資源豐沛，且雨熱同步，有利於各種作物的種植和生長。但由於地處中緯度地帶，冷暖氣團交鋒頻繁，天氣形勢多變，且地貌類型比較複雜，常有乾旱、洪澇、暴雨、大風、冰雹等自然災害出現。

全省平均氣溫在 14～17℃之間。其中淮北碭山縣僅 14℃，為全省年平均氣溫最低的地方，而沿江的宿松、望江兩縣達 16.6℃是全省年平均氣溫最高

〔註3〕 《安徽輿圖表說》卷一。
〔註4〕 （民國）許承堯：《歙事閒譚》，黃山書社 2001 年版，第 635 頁。

的地方。淮北和皖西山區年平均氣溫在 15℃以下，而沿江西部和皖南南部平原和盆谷地區在 16℃以上，全省南、北約差 2℃左右。

全省各年平均降水量 773.0～1670.1 毫米之間，地域差異明顯，其中淮北和沿淮地區爲 773.0～905.4 毫米，碭山縣 773.0 毫米，爲全省年平均降水量最少的縣。沿江江南 1169.8～1670.1 毫米，祁門縣爲 1701.6 毫米。黃山光明頂 2394.1 毫米，爲全省降水量之首。1000 毫米等雨量線通過巢湖市，橫貫江淮之間中部。此線以北年平均降水量少於 1000 毫米，居半濕潤地區；以南在 1000 毫米以上，屬濕潤地區。皖西山區與同緯度皖東丘崗平原相比，年平均降水量多 200 毫米左右。〔註5〕

三、水系特點

安徽境內河網縱橫，自北向南分屬淮河、長江、新安江三大水系，見圖 1-1。古代淮河與黃河、長江、濟水齊名，並稱爲「四瀆」，獨流入海，這是歷史上對黃淮海平原人們生產、生活產生了巨大影響的大河：「淮水自河南來，東北徑固始縣北，又東北徑潁州府南，入安徽境合汝水，東徑霍邱、潁上兩縣，過正陽關，至壽州西北合淝水，又東過懷遠縣合渦水，又受濠水、澮水、潼水，其勢始盛，遂出於荊山之左、塗山之右，過故臨淮縣，徑五河縣南、盱眙縣北，古之所謂洪澤鎮者，今瀦爲大湖……而其勢極矣。自此出安徽，入江蘇清河縣境，與黃河合流而入海。」〔註6〕

淮河兩岸支流眾多：左岸有洪河、谷河、潤河、潁河等，右岸有史河、灃河、汲河、白塔河等，均源於江淮分水嶺北側，流程較短，具山區河道特徵。沿淮多湖泊，分佈在支流彙入口附近，湖面大但水不深，左岸有焦崗湖等；右岸有瓦埠湖等。

皖境淮域，歷史上水利發展較早，如壽縣的芍陂（今安豐塘），始建於 2500 多年前的春秋時代，灌田萬頃；橫貫宿、靈、泗三縣的通濟渠，建於 1300 多年前的隋朝，上溯汴梁，下接運河，溝通江淮，是當時的漕運孔道，12 世紀起，經歷了 600 餘年的黃河奪淮，終至湮廢。清咸豐元年（1851 年）大水，淮河衝破了洪澤湖蔣壩的三河，向東南於江蘇省三江營注入長江，經常決口南泛，皖境淮北、沿淮深受其害。

〔註 5〕 主要來源：《安徽省志自然環境志》。
〔註 6〕 道光《安徽通志》卷五《輿地志‧淮水》。

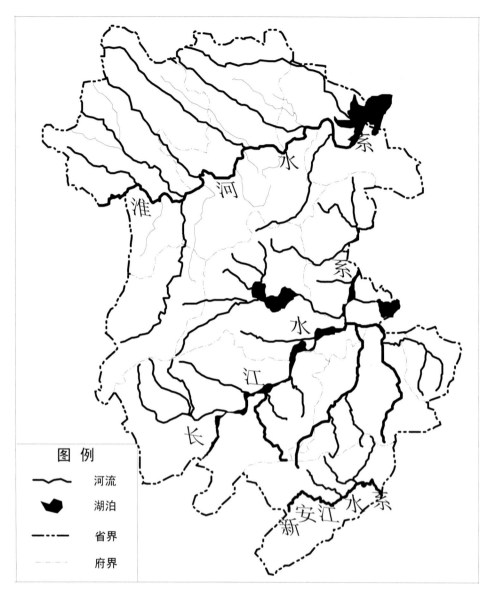

圖 1-1 安徽主要水系分佈圖

底圖來源：中國歷史地圖集編輯組：《中國歷史地圖集》（第七冊）《清時期·安徽》，
上海：中華地圖出版社，1975 年，第 35 頁

　　長江安徽段處於長江的下游，幹流河道自鄂、皖交界處段窯起，向東流
經安慶、銅陵、蕪湖、馬鞍山等主要城市，至皖、蘇交界的駐馬河口、駟馬
山引江水道口止，長 416 公里，流域面積 6.6 萬平方公里。主要支流有華陽河、

皖河、樅陽河、裕溪河、得勝河等。沿江平原區水網交織，港汊縱橫，田疇相望，是著名的魚米之鄉。境內長江江面寬闊，一般在 2 公里左右，流量充沛，終年不凍，堪稱中國歷史上的黃金水道。

新安江位於皖境最南端，發源於休寧縣內，屬錢塘江水系，居流域的上游。新安江以率水爲正源，從源頭起流經祁門、屯溪、歙縣，至皖、浙省界街口，注入新安江水庫，出庫後匯入錢塘江，皖境江道長 242 公里。兩岸支流眾多，具山區河流特徵，源短、坡陡、流急，各河集水面積除橫江、練江大於 1000 平方公里外，其餘均在 100～500 平方公里範圍，左岸有橫江、練江等；右岸有小源河、新嶺水等。眾多河流提供的水運，成爲皖南經濟、文化對外傳播、交流的主要途徑。〔註7〕

第二節　政區沿革與區域劃分

夏、商、周三代，安徽現轄地域，屬豫、徐、揚三州。春秋戰國，現安徽境內分封爲許多小國，除皖、巢、蕭、宿等，還有地跨今皖、豫兩省的陳、蔡、宋。

安徽經歷元末明初的區域統一，清初行政區劃演習明制，只是南直隸降格，改爲江南行省，管轄現在安徽和江蘇地區。

順治十八年（1661 年），在江南省設置左、右布政使司，右布政使司的治所在蘇州，左布政使司的治所在南京。其中左布政使司的轄區包括安慶、徽州等九府和滁州、和州等四州，主要在今安徽境內。

康熙六年（1667 年），安徽正式建省；乾隆二十五年（1760 年），省會定在安慶。安徽建省是中國疆域建制史上的一件大事。它首先奠定了安徽版圖，結束了歷史上多個一級政區分割分治的歷史。其次，地跨淮河、長江「二水」南北，地分淮北、江淮、江南地區 3 個片，使南北自然地理條件和地上地下豐富的自然資源優勢互補，便於統一規劃、建設、發展經濟和加強宏觀調控、協調發展。再次是地理、戰略地位重要，爲歷代加強治理軍事設防的要地，安徽省名由明清時期的安慶、徽州 2 個府的首字合成。簡稱「皖」，是以古皖國爲名。別稱「八皖」，清朝建省後，今境內先後設有鳳陽、潁州、廬州、安慶、太平、寧國、徽州、池州 8 府。因大部分地區地處長江、淮河流域，故

〔註7〕閔煜銘《安徽省地理》，第 47 頁。

雅稱江淮大地。因明、清時期，安徽地區所屬府、州位南直隸、江南省西部地區，位於長江上游，故又稱上江地區清代實行道、府（直隸州、廳）、縣（州、廳）三級管理體制。

今省境內共設 54 個州縣（4 個散州，50 個縣），除碭山、蕭縣屬江蘇省直隸徐州（後升爲徐州府）外，其餘分屬鳳穎六泗道的有鳳陽、穎州 2 個府及六安、泗州 2 個直隸州；屬安廬滁和道的有安慶、廬州 2 個府及滁州、和州 2 個直隸州；屬徽寧池太廣道的有徽州、寧國、池州、太平 4 個府及廣德直隸州，計涉及 2 個省 9 個府 5 個直隸州。太平天國在安徽境內佔領區建政是採取省、郡（州）、縣三級管理體制，改清代的府爲郡，餘不變。

第三節　各區域的社會環境

一、經濟狀況

明末清初，由於圍剿南明政權的戰爭一直未停、自然災害也異常頻繁，給安徽人民帶來了巨大災難，江淮大地出現了百姓逃亡、田地荒蕪的景象。如亳州，據記載原來有熟地 7299.55 頃，到順治十年，竟然有 5306.63 頃成爲無主荒地，土地拋荒率達到 70% 以上。〔註8〕另一方面，隨著清朝統治的漸趨穩定，人口大量增加，而仍有大量尚未開墾的土地，因此，爲了恢復經濟，清前期非常注重招撫流民、墾殖荒地。

清統治者入關不久，即制定和頒佈丁墾荒興屯的政令，規定對於無主荒地，分給流民和官兵墾種，並採取免費提供牛具和逐年增加賦稅的政策吸引荒墾。順治五年（1648）詔曰：「各處無主荒地，該地方官察明呈報，撫按再加察勘，果無虛捏，即與題免錢糧，其地仍招民開墾。」〔註9〕順治六年，爲鼓勵墾荒，清政府正式頒佈較爲具體的墾荒法令：

> 凡各處逃亡民人，不論原籍副籍，必廣加招徠，編入保甲，俾
> 之安居樂業。察本地方無主荒田，州縣官給以印信執照，開墾耕種，
> 永准爲業。俟耕至六年之後，有司官親察成熟畝數，撫按勘實，奏
> 請奉旨，方議徵收錢糧。其六年以前，不許開徵，不許分毫僉派差

〔註 8〕王鑫義，《淮河流域經濟開發史》，合肥：黃山書社，2001，第 678 頁。
〔註 9〕《清世祖實錄》卷四一，「順治五年十一月辛未」條。

徭。如縱容衙官、衙役、鄉約、甲長藉端科害，州縣印官無所辭罪。
務使逃民復業，田地墾闢漸多。各州縣以招民勸耕之多寡爲優劣，
道府以責成催督之勤惰爲殿最，每歲終，撫按分別具奏，裁入考成。
〔註10〕

　　順治之後的康熙、雍正、乾隆等皇帝都非常注重開墾荒地，在朝廷墾荒政策的刺激下，安徽開墾的荒地面積不斷增加，例如順治十四年 3000 頃、康熙二十五年 388 頃、雍正六年 2285 頃、乾隆五十一年 4227 頃。〔註11〕這些措施促使安徽大片荒地得到開墾，耕地面積不斷增加，從而爲人民從事社會生產提供了基礎條件，極大地提高了民眾參加社會生產的積極性，大大降低了安徽民眾對清政權不滿的情緒。

　　清代前期一系列有利於社會穩定和農業生產的政策措施，促進了安徽經濟的恢復和發展。康熙六年安徽剛建省時，全省耕地面積 3300 萬畝，，康熙二十四年，全省耕地面積達到了 3540 多萬畝。不到 20 年的時間裏，耕地就增加了 200 萬多畝。乾隆三十一年，全省耕地爲 3640 餘萬畝。到嘉慶十七年（1812），安徽耕地則達到 4140 餘萬畝。〔註12〕

　　社會的安定和人口的發展帶來了安徽省人口的迅速增長，如康熙六年全省人口約 600 萬，乾隆十四年增至近 1157 萬，乾隆四十五年（1780）增至近 2810 萬，乾隆五十九年突破 3000 萬。到了嘉慶十七年，全省人口達到 34168 萬。在傳統農業社會，耕地和人口的增長既是社會安定和經濟發展的反映，也是經濟進步發展的基礎。土地和人口的增長必然會爲安徽社會政治、經濟文化、思想等各方面的發展提供必備的條件。

　　清代，安徽由於農村經濟商品化，傳統手工業的發展，水陸交通完善，使區域經濟有所發展，促進了以農業爲主的傳統自然經濟的繁榮，傳統小農經濟對市場依賴加強，加之清代前期安徽人口大量膨脹，在此背景下，安徽集鎮迅速發展，一些州縣形成較爲密集的市鎮網，如懷寧縣有 36 市鎮，六安州有 64 鎮，平均約 10 里即有一鎮。〔註13〕市鎮的大量湧現又進一步促進了經濟、文化的發展。明代即已商賈輻輳的蕪湖，此時又成爲了長江沿岸的重

〔註10〕　《清世祖實錄》卷四三，「順治六年四月壬子」條。
〔註11〕　據陳振漢等《清實錄經濟史資料（順治—嘉慶朝）農業編》之《歷朝各省（區）開墾田地統計表》。
〔註12〕　梁方仲，《中國歷代戶口、天地、田賦統計》，上海人民出版社 1980 年版。
〔註13〕　巴兆祥：《明清時期江淮地區經濟開發的初步考察》，《安徽史學》1999 年第二期。

要都會，淮河岸邊的壽州也是傳統重鎮，康熙以後，「車馬往來，帆檣下上」，〔註14〕壽州的瓦埠諸鎮，「米麥豆穀貿遷者皆集」。〔註15〕

二、人口情況

戶口作爲古代中國徵收賦役的基礎和來源，戶口的統計和編修一直受到歷代統治階級的重視。而清代的戶口統計方法則比前代更爲詳細和完善，清代「編審人丁」的方法沿襲明代的制度，一般的情況就是命令該縣的縣官稽查自己所轄境內的「人丁數」，並規定凡是男子歲數是 16～59 的列爲「丁」，進行登記並造爲黃冊，而超過 60 歲就不登入黃冊。清朝政府一開始規定每三年編審人丁一次，後來又改爲五年一次。康熙皇帝認爲五年編期時間太長，使地方官吏容易從中作弊，所以於二十五年命令地方按年份上報人數，並且要與五年編審相輔進行。而到了康熙五十二年（1713 年）後，又頒佈政令規定滋生人口永不加賦。乾隆三十七年（1772 年）又規定每年只調整滋生人口，依照保甲門牌登記，仍循順治、康熙以來慣例，由戶部令各直省督撫按年於十月內同谷數造報。

從乾隆到道光時期，我國歷史人口發展速度快，增長率高。乾隆朝安徽人口增長將近 800 萬，嘉慶朝又越過 3000 萬大關達到 3500 餘萬，道光末年又在很大的基礎上增長了 200 萬，使人口數量達到歷史上從未有過的水平，三朝人口邁了三大步。這一時期人口繁衍、持續增長的主要原因：

其一，是自清統一中國後，採取與民休息政策的結果。康熙五十一年（1712 年）清政府宣佈，此後無論人口如何增長，永不加賦。康熙五十五年（1716 年）清政府在廣東試行「攤丁入畝」，雍正二年（1724 年）在北京正式實行，後在全國推廣。這項制度將丁銀全部攤入地畝中徵收，這樣，無土地或少土地者就不負擔丁稅或少負擔丁稅。人民不再需要用隱匿人口和其他辦法來逃避丁銀，因而有利於人口統計和人口增長。

其次，我國自漢代始迄於清初，人口數字一直停留在五、六千萬之間，安徽人口也常在幾百萬之間擺動，除了人口增長緩慢的原因外，人口統計不實是一個重要方面，地丁合一使得過去暗中積澱下來的人口集中釋放出來，人口得實，加上社會相對穩定，人口增長加快，所以人口數大大增加。由是

〔註14〕乾隆《壽州志》卷二《關津》。
〔註15〕乾隆《壽州志》卷一一《風俗》。

觀之，這一時期的人口統計數是較爲可信的。各地官吏一方面很少可能在人口問題上做文章以謀私利，另一方面各地還將人口增長情況如實上報以邀功。

第一次鴉片戰爭後，帝國主義用武力打開了中國大門，改變了中國社會的性質，但封建社會的經濟基礎並未改變，五口雖已通商，但中國的市場仍未能打開，中國封建社會小農業和家庭手工業相結合的自然經濟對外國資本主義工業品進行了頑強的抵抗。第一次鴉片戰爭對中國龐大的人口並沒有多少危害，特別是安徽地處內陸，人口損害更是微乎其微。所以，自 1840 年到 1852 年，全國人口仍呈上升趨勢，安徽省人口也一直穩定增長。

咸豐三年後與同治年間難以稽考，縱觀歷史人口的變化，無不與兵禍凶荒有關。清自順治至道光，中歷康、雍、乾、嘉先後六朝近二百年，東南不見兵革，政在與民休息，使民安居樂業，人口滋生自繁。至咸豐、同治間，東南九省戰爭迭起，達十餘年。咸豐三年（1853 年）3 月始，安徽省以長江中流屏蔽太平天國，受兵禍特重，在清軍絞殺太平軍與捻軍起義的十餘年戰爭中，本省成爲太平軍與清軍搏鬥的主要戰場，人口受到極大的損失。曾國藩駐皖南徽州數年，殺戮無常，致使「萬山之中，村落爲墟」，「皖北則益以苗捻之役，又大兵後累有凶年，人民死喪無數」。〔註 16〕曾國藩在其奏摺中提到中說：「惟安徽用兵十餘年，通省淪陷，殺戮之重，焚掠之慘，殆難言喻，實爲非常之奇禍，不同偶遇之偏災」。〔註 17〕又「咸豐間兵事，歙人受禍，實爲奇酷，……全縣人口十損七、八」。〔註 18〕由於人口銳減，田地荒蕪，農民大起義失敗後，外省農民向安徽省遷移，時省內「生者寥寥，昔日良田美園，變成荒原曠場，無復有人過問矣。因此客籍農民遷入墾荒者，接踵而至。貴池縣因是項原因而移入之農民，約占全縣百分之七十」。「宣城縣因是項原因而移入外籍農民，估計約有百分之七十」。〔註 19〕

戰爭、瘟疫、飢餓使安徽遭受嚴重破壞，最甚者爲皖南，其次是皖北滁州、全椒、來安、天長、眙盱等屬和淮北的鳳陽、潁州、泗州等屬，稍輕的是沿江的安慶、池州、太湖、廬江、和州、六安各屬。從安慶往皖北的宿縣、亳州一帶「千餘里間，人民失業，田廬蕩然」。由上觀之，太平天國、捻軍失

〔註 16〕安徽通志館編纂，《安徽通志稿·民政考稿》。
〔註 17〕曾國藩，《曾文正公全集》卷二十一《豁免皖省錢漕糧摺》。
〔註 18〕民國《歙縣志》卷十一《人物志烈女》。
〔註 19〕金陵大學農業經濟系，《豫鄂皖贛四省之租佃制度》，1936 年版，第 7 頁。

敗後，歷經同治、光緒宣統三朝，僅五十餘年，人口凋敝，很難恢復，元氣盡喪，又加上鴉片之禍，農村經濟衰敗，這就形成了安徽人口史上的一個低谷。

自民國元年至 38 年（1912～1949 年）的 38 年中，全省人口增至 2786 萬，比民國 9 年（1920 年）的 1632 萬增長了 71%，年平均增長率爲 1.4%，與咸豐二年（1852 年）相比，仍少 979 萬人。所以，民國 38 年安徽人口發展的總特點呈補償性低速恢復特徵。形成這一特徵的原因是：

第一，社會經濟制度的性質是決定這一階段人口補償性低速恢復的根本原因。道光二十年（1840 年）後，中國開始一步一步淪爲半殖民地半封建社會。從 19 世紀 60 年代起，安徽開始出現近代工業。以後又逐漸出現少量近代農業、林業等。據《皖政輯要》統計：到光緒三十四年（1908 年）止，全省設立農、墾林、蠶桑公司、工廠、研究所、試驗場等 47 個，其中官辦 13 個，官商合辦 3 個，商辦 31 個。第一次世界大戰時期，中國出現了一個民族資本主義發展的黃金時代。民國 7 年（1918 年），全省工廠達 400 餘家，刺激了全省資本主義的發展。但是，帝國主義入侵中國的目的並非要幫助中國發展資本主義，他們的企圖是變中國爲完全殖民地，所以，儘管中華民國的成立推倒了中國數千年帝王統治，但並未改變中國半殖民地半封建社會的性質，反而使帝國主義勢力在中國擴張，劃分勢力範圍，使中國陷入四分五裂的狀態。本國的封建主義和官僚資本主義亦不允許民族資本主義的生長，在這一點上與帝國主義具有一致的目標。所以，在中華民國時期不可能建立起一個優越於封建社會的資本主義體系，封建經濟仍占主導地位，土地和社會財富高度集中在少數豪族手中。如北洋軍閥時期，軍閥、官僚吞併土地，「張敬堯（霍丘）、倪嗣沖（阜陽）佔地都在七、八萬畝以上」。[註20] 軍閥下面的各級軍官也分別佔有相當多的土地，也有許多土地集中在一般地主手中。

土地的高度集中和封建地主的超經濟剝削，再加上士紳敲詐、官吏苛暴、軍隊勒索、外資壓迫，使農民日益貧困化。霍山縣，「歲所收，不足十分之四。……然使貧富相恤，猶有望也，乃盤剝之苦，抑又甚焉。蓋近年銀錢絕無所出，雖傭工莫酬半值，負擔不獲一錢。向年困苦，尤可典衣裳質農器，今則典質而已空矣。向年飢寒，猶可賣田宅，鬻兒女，今則鬻賣而莫售矣，

〔註20〕章有義，《中國近代農業史資料》第二輯，第 14～15 頁。

惟是稱貸豪家」。〔註21〕貴池縣，「合邑花戶，凡四萬餘家。除世家殷實及點猾豪橫因緣爲奸之人不計，其負窘不能自存者度不下三萬家」。〔註22〕安徽「饑民乏食，家室流離，而各處匪徒遂從中捎販婦女，貪利昧良，不可究詰。沿至今日，若視爲故常。此風於皖南各屬爲尤甚」。〔註23〕

　　總之，民國時期的社會性質與經濟狀況同清末並無二致，這就決定在這種生產方式之下，人口只能在數量上略有上升，但不可能上升較快，人口素質只能略有提高，而不可能提高較快。第二，帝國主義、封建主義和官僚資本主義的政治、軍事活動加劇了全省人民的死亡和流徙。民國 12 年（1923 年），軍閥倪嗣沖憑藉軍事實力，禍皖近十年，實行血腥的軍閥統治，橫征暴斂、濫殺無辜、鎮壓革命。第三，自然災害的影響。自然災害對人口的正常發展起莫大的衝擊作用，既抑制人的數量增長，更影響人的素質提高。歷史上安徽是自然災害較多的省之一，自然災害的頻發，造成安徽人民大量外逃，如當時泗州地區，「據里民開報被災糧，累逃亡一萬二千六十七丁」。〔註24〕中華民國期間，全省的自然災害仍接連不斷。民國 7 年（1918 年）8 月水災，殃及全省。民國 21 年（1932 年）《安徽省民政報告》中記載，民國 20 年（1931 年）安徽有 48 縣遭災，災民達 10696944，占當年全省人口 21715396 的 49.3%。

　　正如晚清思想家王韜所言：「江、浙、皖三省被賊揉蹭之地，幾千百里無人煙，其中大半人民死亡，室廬焚毀，田畝無主，荒齊不耕」〔註25〕。爲了迅速恢復經濟，清政府採取了大量措施，其中一項就是招致大量外來移民墾荒。據葛劍雄、曹樹基統計，安徽近代以來接受移民較多的一次是在清光緒十五（1889）年，高達 463 萬人。〔註26〕

　　飽受戰爭和自然災害摧殘的安徽流民甚至不遠千里，長途跋涉地遷往江南地區，如蘇州、南京、鎮江、常州、無錫等地。陶豐相曾有詩云：「淮徐大水鳳穎旱，千人萬人爭逃荒。逃荒卻欲往何處，聞道江南多富庶。鎖門擔釜

〔註21〕光緒《霍山縣志》卷十三《藝文志》。
〔註22〕李文治，《中國近代農業史資料》第一輯，第 916 頁。
〔註23〕李文治，《中國近代農業史資料》第一輯，第 928 頁。
〔註24〕袁象乾，《申請蠲豁荒沈田糧公移》，載乾隆《泗州志》卷一八《藝文志》。
〔註25〕（清）王韜，《弢園文錄外編》，北京：中華書局，1959 版。
〔註26〕葛劍雄、曹樹基，《中國移民史·清民國時期》，福州：福建人民出版社，1997年版，第 459 頁。

辭親鄰，全家都上黃泥路。」〔註 27〕光緒三十二年，淮北「饑民紛紛外出，群集清江，亦有散往揚州、江寧、鎮江等處者」〔註 28〕。

三、商貿活動

安徽的商貿活動主要以皖南徽州商人的經營業績與口碑而名動天下。徽商即新安商人，是中國古代的十大商幫之一，在歷史上與晉商齊名，有著深遠的影響力。徽商於明代中葉崛起後，其活動範圍更為擴大、經營行業更為廣泛、財力更為雄厚。經歷明末清初戰亂之後，社會經濟遭受嚴重破壞，徽商的經營活動也遭受極大影響，其發展受到嚴重挫折。清初順治年間，清廷採取了「恤商」政策，繼續實行綱運制，使得徽商取得了經營鹽業的壟斷地位，進而促使徽商逐漸達到鼎盛。到了清代中前期，徽商的活動範圍之廣、經營行業之多、商業資本之巨，為其他商幫所無法比擬，成為「十大商幫」之首，足跡幾遍天下。徽商的社會構成大致有以下幾種情況：

一是出身寒微，家庭清貧，迫於生計不得不外出經商的小商小販。他們在從事商貿活動伊始雖然是小本經營，但卻有著艱苦創業和善於把握商機的靈敏嗅覺。所以他們其中的很多人能夠在商品經濟日趨發展的情況下，逐漸將自己的生意越做越大，從而躋身富商大賈行列。從下表中，可以清楚看出當時部分徽商功成名就前後的地位變化：

姓　名	籍　貫	從商之前的身份	從商之後的簡況	資料來源
章定春	績溪	極貧，放牛為生	賈於孝豐，致富，捐資賑災修路所費甚多	績溪《西關章氏族譜》卷 24
佚名	休寧	家貧，行乞度日	得同邑人資助經商致富，累資 2000 餘金	康熙《徽州府志》卷 15
倪尚榮	祁門	家貧，採薪以奉親，嗣習操舟業	賈於鄱湖閶水間，家道日隆。後以五品銜授奉直大夫	《祁門倪氏族譜》續卷
汪光球	婺源	初家貧，習縫工	業木蘇州，積貲 2 萬兩	同上，卷 35
程鳴岐	婺源	幼時極貧，傭趁木簰	貸貲販木，漸致饒裕，捐銀興義舉，動以千百兩計	同上，卷 35

〔註 27〕 張應昌編，《清詩鐸》下冊，中華書局，1960 年。
〔註 28〕 （清）端方，《江北工賑平糶辦理完竣摺》，載《端忠敏公奏稿》卷八，臺灣文海出版社，1967 年。

王學煒	婺源	少貧爲人傭工	業木於泰州致富，捐資修橋築路賑災「不惜鉅資」	同上，卷 34
李士葆	婺源	家貧傭工蕪湖	貸本經商，家道隆起，捐銀千兩建造會館	同上，卷 34
江應萃	婺源	家貧住浮梁爲傭	積累資金開瓷窯	光緒《婺源縣志》卷 28

　　另一類徽商的來源是士子仕途謀取功名艱難無望，轉而從商；還有一類就是子承父業，本身就是商賈之家。如江鶴亭等。鹽業是明清時期徽商經營的第一主業，徽人常說：「吾鄉賈者，首魚鹽，次布帛」，可見徽商對經營鹽業非常重視。

　　舊時，鹽商運銷食鹽，必須向鹽運司衙門交納鹽課銀，領取鹽引（一種運銷食鹽的憑證），然後才可以去到指定的鹽產地向灶戶買鹽，販往指定的行鹽地區銷售。但領取鹽引則須憑引窩，即能證明擁有運銷食鹽特權的憑證。鹽商爲了得到這種特權，須向政府主管部門認窩。認窩時，要交納巨額銀兩，握有引窩的鹽商就有了世襲的運銷食鹽的特權。道光以前的 200 餘年，是徽州鹽商的極盛時期。清代徽州鹽商主要在揚州，據記載，當時在揚州的著名客籍商人共 80 名，其中徽商獨佔了 60 名，在清代揚州的八大總商中，徽人就常占其四。乾隆年間，徽人汪應庚、汪延璋、江春（即江鶴亭）、鮑志道等都是顯赫一時的兩淮總商，其中江春爲兩淮總督前後 40 餘載，多次率領眾商捐資助賑、助餉，深得乾隆帝器重，清廷對他也屢賜宴賞，優禮有加並授以布政使之銜，其「以布衣上交天子」的現象，充分反映了徽州鹽商的商貿實力。〔註29〕

　　其實清代安徽除了有徽商之外，還有一個重要的商業群體——寧國商幫，這裡所說的寧國商幫，是指清代安徽寧國府籍的商人團體。清代的寧國府下轄寧國、宣城涇縣、旌德、南陵、太平 6 個縣。因寧國府歷史上係古宣州地，故寧國商人通常又被稱爲宣州商人。寧國商幫是明代中後期在皖南地區出現的一支小商幫，它是在人地矛盾的尖銳、謀生觀念的轉變、徽州商幫的影響等背景下興起的，並與當時的徽商等大商幫一起共存，對當時商品流通的發展和地方文化的繁榮，作出了自己的貢獻。

〔註29〕高敬編著：《徽州文化》，時事出版社，2012 年版。

四、自然災害

從古到今，中國都是自然災害多發並深受災害之苦的國家，所以著名經濟史學家傅築夫先生就曾指出「一部二十四史，就是一部中國災荒史」。本文研究的主要時間是集中在清代民國，而清代是處於著名的「明清宇宙期」以及「清末宇宙期」，這兩個時期是中國歷史上自然災害最爲頻繁的「宇宙期」之一，據有關學者的統計，清代全國自然災害總數爲 5097 次，其中水災 1772 次、旱災 436 次、地震 490 次〔註30〕。而清代的安徽也是深受影響，據統計，有清一代，安徽省有水災 93 次、旱災 29 次、風災 14 次、霜凍 12 次、蟲災 22 次、雹災 8 次、地震 26 次、疫病 8 次，這麼多的災害導致安徽省成爲清代全國自然災害次數最多的省份之一，〔註31〕而這些數據還只是作者根據《清史稿》的統計得到的，如果是利用清代方志進行統計的話，清代安徽的自然災害數量是遠遠不止於此的。

從上文的數據可以看出，清代安徽省的主要災害是水災和旱災，這兩個災害也是影響最大的災害。從氣候類型來看，安徽的全省範圍都是屬於季風氣候，但是無論是從氣溫還是降水等方面來看，安徽省的南北差異還是非常大的，而降水的差別更是明顯，其中淮北和沿淮地區降水量爲 773～905.4 毫米，而沿江江南地區降水量爲 1169.8～1670.1 毫米，南北差距非常大，總體看來有由南向北遞減的趨勢。因此，安徽省江淮兩大流域（新安江流域包括在長江流域之內）的氣候就表現出較大的差異性，而反映在水旱災害上，有時一域被災，有時二域皆災；有時南水北旱，有時北水南旱。

我國歷史上的水災，主要有雨水型災害和江河洪水災害兩大類，雨水型水災是指長時間大雨或短期暴雨、驟雨所形成的水澇災害；江河洪水災害是指江河缺口、漫溢所導致的洪澇災害。〔註32〕從地方志來看，清代安徽的這兩種水災都有不少的記載：

皖中地區：舒城縣「（康熙）三十八年六月二十五日，舒城大水，漂沒民舍」；無爲縣〔註33〕「（康熙二年）秋九月初二日無爲江壩破，城中水深丈餘」

〔註30〕袁主亮，《中國災害通史・清代卷》，第 233 頁，鄭州：鄭州大學出版社，2009年。

〔註31〕袁主亮，《中國災害通史・清代卷》，第 233、234 頁。

〔註32〕袁主亮，《中國災害通史・清代卷》，第 48 頁。

〔註33〕光緒《續修廬州府志》卷九十三《祥異》。

〔註34〕；又如蕪湖縣在乾隆年間就遭遇了多次水災「乾隆二十年水災……二十九年邑被水災，三十一、三十二、三十四俱水災，……四十三年水災……五十三年被水成災，五十四年十二月十八日夜大雷雨，五十八年夏秋水溢田禾被淹沒」；〔註35〕太湖縣「（咸豐）二十八年戊申秋大水害稼。二十九年己酉大水，江湖泛溢為前所未有，濱、泊、湖、田、房淹沒無算。五月霪雨，縣北山水大作，沿河沖斃人畜甚眾，決縣東北隄，旋破古善慶門城數丈，城中水暴溢，復沖決西南城及大西門，水勢始平」。〔註36〕

皖南：石埭縣「（順治）十四年六月，石埭大水，崩山、決堤、壞廬舍」〔註37〕，又「（康熙）四年五月池州雨至六月，二十日出蛟，水溢十餘丈，多溺死者」〔註38〕；祁門縣「（乾隆）五十一年丙午六月二十一日，大水深丈餘，平政橋沖斷，兩硐城垛圮塌計二十餘丈，城廂屋宇損壞甚多……五十三年戊申五月大水，初六日夜間烈風雷雨大作，初七日清晨雨止，東北諸鄉蛟水齊發，城中洪水陡起漲三丈餘，縣屬前水深二丈八尺餘……死者六千餘人」；〔註39〕廣德州「（康熙）三十七年五月梅雨大作，忽夜震雷，有蛟自山出，溪水暴漲，漂沒廬舍，多溺死者。諺云『五月壬子，破水在山頭』，過是歲五月壬子日雨，果有此應」。〔註40〕

皖北主要受到淮河的威脅：例如五河縣「（順治）十二年夏四月淮漲，麥苗盡沒……（康熙）八年五月雨雹，淮水泛漲……十一年夏秋河水兩次泛濫害稼……三十五年淮水溢……四十四年大雨水，淮河漲，漂溺禾稼……（乾隆）六年淮水漲……二十五年淮水溢，二十六年同……四十三年五河等州縣先被寒戰，嗣因淮水下注黃河頂漲田稼淹沒復成水災……四十六年五河因淮睢各水同時並漲，低地被淹成災……四十七年淮水漲，成災七八九分……五十一年二月二十三日至二十七日，大雨傾盆，晝夜如注，濠淮二河上承六安諸山之水，彙歸洪澤湖，五河濱臨淮湖，田畝盡被淹沒，房產倒塌無算……五十二年黃水決入，淮漫溢，田畝被災……五十四年淮水漲……嘉慶二年因

〔註34〕光緒《續修廬州府志》卷九十三《祥異》。
〔註35〕民國《蕪湖縣志》卷五十七《雜識·祥異》。
〔註36〕同治《太湖縣志》卷四十六《雜類志·祥異》。
〔註37〕乾隆《池州府志》卷二十《祥異》。
〔註38〕乾隆《池州府志》卷二十《祥異》。
〔註39〕同治《祁門縣志》卷三十六《雜誌·祥異》。
〔註40〕乾隆《廣德直隸州志》卷四十八《雜誌·祥異》。

淮河泛漲，又毛城鋪減黃下注，田稼被淹成災七八分……三年睢州黃水漫口，由渦如淮，沿淮地方被淹，五河災……四年淮水泛漲，又因啓放天然諸閘減黃下注，被淹成災」。〔註41〕

　　雖然這些例子只是某些地區的水災情況，但不可否認，清代安徽的水災是既有廣泛性，也有極大的破壞力。除了降雨因素以外，還與安徽的地形因素有關，因為長江和淮河橫跨安徽，而且皖北地區還會受到黃河的影響，再加上安徽省境內有多個湖泊與河流，導致一到降雨時節，這些江河湖泊就會泛濫，從而造成嚴重的水災。這也是安徽省水神信仰具有廣泛性和多樣性的原因。除了水災之外，其他自然災害也會對安徽省的社會的經濟產生重大的影響，例如桐城縣「康熙十年秋大旱，災傷田地二千七百五十頃七十九畝」〔註42〕又來安縣「（乾隆）五十年大旱，自冬及次春，餓殍相望於道，繼以大疫。」〔註43〕持續的乾旱會造成赤地千里的局面，從而導致大面積的饑荒和人口死亡，這就必然地會帶來大規模的社會動蕩，甚至引起戰爭，文化的停滯或倒退，也就成為一種必然。

小　結

　　本文所研究的安徽省地處我國華東地區，南接江贛，東連蘇浙，西鄰豫鄂，北毗魯蘇。清初置江南省，康熙六年（1667），分為江蘇、安徽二省，安徽省的名稱才正式出現，清代安徽省下轄八府（安慶府、徽州府、寧國府、池州府、太平府、廬州府、鳳陽府、潁州府）五州（滁州、和州、廣德州、六安州、泗州），共六十個縣。

　　從地形地貌方面來看，安徽省有長江、淮河橫貫其中，而且還有大面積的平原和山地丘陵地形，地形差異比較大，整個安徽省主要劃分為淮河平原區、江淮丘陵臺地區、皖西山地丘陵區、沿江平原區、皖南丘陵山地區。氣候方面，安徽省淮河以北屬暖溫帶半濕潤季風氣候，淮河以南屬亞熱帶濕潤季風氣候，這種過渡帶氣候型，它的顯著特點是四季分明，而南北降雨的差異也比較大，淮北最低年降水量為 773 毫米，而沿江特別是江南山區的降水

〔註41〕 光緒《續修五河縣志》卷十九《雜誌・祥異》。
〔註42〕 道光《續修桐城縣志》卷二《田賦志》。
〔註43〕 道光《來安縣志》卷四《食貨上・蠲賑》。

量則基本達到 1500 毫米以上。而在自然災害方面，安徽省的自然災害具有多樣性和頻發性，安徽省深受水災、旱災、地震、冰雹、蝗災等災害的影響，而且這些災害接連發生，清代民國時期，安徽省基本上是無年不災，從總體上來看淮北以及沿淮地區遭受自然災害的破壞最大，常年的災害導致皖北地區社會動蕩、流民四躥，皖北的社會經濟、文化遭受了巨大的重創。

　　自然地理環境是一個地區的社會、文化和經濟發展的基本條件，不同的自然地理環境決定了每個地區各自的特色。安徽境內有眾多的江河與湖泊，同時也有連綿不斷的山地以及一望無際的平原地區，再加上差別明顯的氣候條件，導致清代民國時期安徽省內各地區之間的社會風氣、文化和經濟形成了巨大的差異。當然，除了自然條件的影響，還有人為因素的影響，例如統治者通過行政手段對安徽省內進行行政區劃，這種措施對區內各文化要素起到一種規範作用，導致區域之間的文化走上不同的發展道路，從而產生了區域分異。除此之外，統治者的政策態度、文化教化、戰爭、移民等等都是影響地區文化特色的重要因素。

　　以上是本文研究清代民國時期安徽歷史文化地理的一個總體背景，因為正是有了這些區域的差異，我們才能對安徽省的不同文化元素進行劃分，然後再綜合各種文化因子的特徵，探討安徽綜合文化區的形成。

第二章 清代民國時期安徽風俗文化地理

　　風俗、方言、地方戲是歷史文化地理研究中三個重要的研究對象，也是體現地域文化差異的三個重要指標要素。在傳統中國，風俗體現出區域間文化的差異比宗教更勝。俗話說：「十里不同俗，百里不同風。」中國古代對待風俗的認識，甚至上升到國家存廢的高度：「國家之所以存亡者，在道德之淺深，而不在乎強弱；曆數之所以長短者，在風俗之厚薄，不在乎富與貧。道德誠深，風俗誠厚，雖貧且弱，不害於長而存。道德誠淺，風俗誠薄，雖富且強，不救於短而亡。」〔註1〕清代民國時期，風俗在安徽不同地區的特徵差異較爲明顯，具體體現在婚俗、喪葬、歲時等多個方面，結合所見方志資料，此章筆者主要就這三種文化要素的省域特徵和區域差異進行論述。

第一節　安徽婚俗文化地理

　　每個地方有每個地方的風俗傳統，婚俗亦是如此。作爲社會風俗的一種，婚俗文化長期以來一直受到上至達官貴人、下至平民百姓的重視。《禮記》云：「昏禮者，將合二姓之好，上以事宗廟，而下以繼後世也，故男子重之，所以敬愼重正昏禮也，敬愼重正而後父子有親，父子有親而後君臣有正，故曰昏禮者，禮之本也」。自清代建省以後，安徽省境內自然地理環境、人文社會條件與經濟發展水平各異，加上沿習傳統，在此基礎上形成了不同的風俗習

〔註 1〕 《蘇東坡集》卷五十一《上皇帝書》。

慣，而婚俗作爲其中一項，則是體現風俗文化分佈的一個重要方面。本節主要選取清代民國時期安徽婚俗文化作爲研究的對象，通過把梳各府州縣志，結合前人研究，對安徽婚俗的地理分佈與特徵做出分析，進而尋找出婚俗的區域差異與原因，以期對此一歷史時期安徽婚俗文化地理有一個全面瞭解。

一、清代民國時期安徽婚俗地理的省域特徵

封建時期在中國締結婚姻，都會有一套嚴肅、繁瑣的禮節程序，一般歸納爲「納采、問名、納吉、納徵、請期、親迎」等六個環節，安徽地區很早就有婚行六禮的傳統，不過清代建省以後，安徽部分地區對於「六禮」的步驟逐漸無法堅持，「六禮」往往多有缺略和合併，如《道光巢縣志》：「婚重六禮，邑所尚，僅問名、納采數事。若告祠、親迎、醮禮儀制，缺略恒多」，〔註2〕又如《乾隆六安州志》：「婚禮，古禮有納采、問名、納吉、納幣、請期、親迎六禮，今止用納采、納幣、親迎，以從簡便」。〔註3〕

儘管如此，媒妁之言卻是不能少的。清代安徽方志對此均有相關記載，如《乾隆太湖縣志》：「婚禮，始通以媒妁」、《乾隆東流縣志》：「結婚姻之始通以媒妁」，再如《雍正廬江縣志》：「廬俗議婚先置酒央媒往婦家求親」等等。

媒妁央定之後，由媒人出面向女方議親，得到同意，才能夠正式行納采禮。《乾隆六安州志》：「媒氏通名之後，別致納采之禮，就以問名繼行，納幣之禮就以請期」〔註4〕。

納采是要帶上禮物的，《儀禮·士昏禮》云：「昏禮，下達納采，用雁」，《乾隆太湖縣志》：「男像具啓柬求婚，女家答焉，大率如家禮。致詞以束帛定禮，謂之『過鞋樣』，即古納采之儀」，〔註5〕古時各地納采的禮物主要是雁，至清代以後安徽各地納采的禮物各有不同，如皖中和州「攜金銀鐲墜爲定禮」，沿江平原繁昌縣：「至於奠雁之禮，以生鵝代之，爲雁不時獲也」，因大雁難捕，於是用家養之鵝來替代的情況也是常見的。

納采之後，媒妁需向女方詢問姓名、行次、生辰等，稱之爲「問名」。《光緒直隸和州志》：「言定之日，媒將男家庚帖至女家，亦書女生年月日」〔註6〕，

〔註2〕 道光《巢縣志》卷三《輿地志三·山水·風俗附》。
〔註3〕 同治《六安州志》卷四《山川下·風俗》。
〔註4〕 同治《六安州志》卷四《山川下·風俗》。
〔註5〕 同治《太湖縣志》卷三《輿地志·風俗》。
〔註6〕 光緒《直隸和州志》卷四《風俗》。

晚至民國之後亦如此：「五河習俗，男女定婚時，所寫庚帖，較爲詳細，所有男女出生年月日時，兩家姓名及媒證姓名，並訂婚之年月，逐一備載，惟無男女兩家，及媒證之花押，是其缺點。」〔註7〕

雙方換庚帖之後，男方將卜婚的吉兆通知女方，並送禮表示要訂婚的禮儀，稱之「納吉」。納吉之後，始行納徵、請期禮。納徵即男方向女方送聘禮，俗稱大聘或者過大禮。乾隆《太湖縣志》：「次行聘禮，名曰『下茶』，即古納吉、納徵之義，聘儀自金帛以外，用彩盒二，盛茶一、籃一，謂之海誓山盟；繼行報日禮，即古請期之意」。〔註8〕清代以後，皖北部分地區的納吉和請期之禮混入納幣禮中，而問名之禮併入納采禮中，如光緒《宿州志》：「古有六禮，《家禮》略去問名、納吉、請期，止用納采、納幣、親迎，以從簡便。今以問名併入納采，而以納吉、請期併入納幣，以備六禮之目，然惟於書辭之間附列其名而已，其實無所增益也。」這一從簡風格的轉變，筆者認爲與皖北地區這一時期戰亂、災荒頻繁有著較大的關聯。

六禮中最後一項——親迎。就是指在婚期商定之後，女婿要親自到娘家迎娶媳婦。親迎作爲六禮中最隆重的一環，包括了一系列的細禮：如奠雁禮、添箱等。當然，由於親迎這個環節過於繁瑣，清代安徽各地區對待親迎的態度並不一致，而且細禮有相同，亦有差異。

除了六禮合併，安徽省在婚俗上還有以下幾點共同的省域特徵：

第一、實行冠婚合一。清代以後，安徽地區的冠禮基本廢棄，除個別士紳外，基本沒有人施行此禮。雍正《廬江縣志》：「冠者，成人之道也。此禮久廢不行，非獨廬俗爲然矣」〔註9〕又民國《宿松縣志》：「古三加禮久廢，大抵髮可束則加帽，髻可合則加笄云」。〔註10〕但受正統封建禮制影響的安徽，舉行冠禮這種儀式雖已不存，但是冠禮的意思還是有所留存的，即結婚時實行冠婚合一。一種形式是男子於結婚前幾日或者是前一天加冠，另一種形式則是女子在臨嫁前「上頭」，當作笄禮。民國《全椒縣志》：「冠禮久廢，鄉間尚有行之者。新婚前一夕，設筵召親友，由外家尊長爲其所自出命以字。禮成，然後授室。諺謂之『賀號』，但與古人父醮子不同耳。」〔註11〕康熙《安

〔註7〕　《中國民事習慣大全・第四編婚姻》第17頁，庚帖（安徽五河縣習慣）。
〔註8〕　同治《太湖縣志》卷三《輿地志・風俗》。
〔註9〕　嘉慶《廬江縣志》卷二《疆域・祥異風俗附》。
〔註10〕　民國《宿松縣志》卷八《民族志二・風俗》。
〔註11〕　民國《全椒縣志》卷四《風土志》。

慶府志》：「女子臨嫁始笄」，康熙《望江縣志》：「女臨嫁始笄」，《太湖縣志》也有記載：「笄，女十五以上將嫁，父母命之笄，取吉日告於寢廟，父母、兄弟以歡拜，成禮。」

第二點、大多崇尚節儉。安徽多數地區在成親各個環節中都視家庭之貧富來決定婚禮的花費。乾隆《無爲州志》：「今凡納采、問名，大抵從宜從俗，稱家有無焉」，有些地方甚至不用聘金，如乾隆《潁州府志》：「六禮之中，問名、納采猶合古儀，不論聘財，隨女家之力以備資妝」，〔註12〕光緒《五河縣志》：「婚禮，必用媒灼，而不言財帛」。〔註13〕不過婚禮也不是完全沒有的，有的地方雖然不重聘金但是很講究門當戶對，如民國《太和縣志》：「婚禮，重門第輩行，不論聘財。髫齡通媒灼，用釵環數件爲下定禮，豐儉視家有無。」〔註14〕

第三點、厭勝活動頻繁。厭勝，《辭海》釋義：古代方士的一種巫術，謂能以詛咒制服人或物。「厭」通「壓」，有傾覆、抑制、壓制的意思。「厭勝」一辭最早出於《後漢書·清河孝王慶傳》的記載：「因巫言欲作蠱道祝詛，以菟爲厭勝之術。」指的是一種武術行爲，後來則被引用在民間信仰上，轉化爲對禁忌事物的克制方法。

如清代太湖縣，在新娘上轎之前都會有厭勝活動並請巫祝參加，道光《太湖縣志》記載：「娶日，奠雁以迎，輿四角綴以繪綵，懸以明鏡。登輿，婿先歸以俟。巫祝於門，名『回嫁神』。太湖有「回嫁神」，而廬江則有「退家神」，雍正《廬江縣志》有云：「臨日，扮結花轎，鼓樂掌燈，婿往親迎，行四拜禮先歸。俟轎至，婿中門立，設香案，用道士禱祝，謂之『退家神』。」〔註15〕而蕪湖縣則有另外一種「傳代」儀式，民國《蕪湖縣志》記載：「新婦入門，以氈袋藉地（今多用紅氈），令新人踐之，不令著土，謂之『傳代』。」〔註16〕新娘結婚當天有「頭不見天，腳不著地」之說，這是自古以來的習俗，頭不見天是反映頭上披紅布，腳不著地是指上轎。一些神話傳說認爲如果新娘的腳踩在地上，就會被土地神之類的搶走作爲新娘，而且以布袋輪番墊地，讓其踏袋而行，寓意「傳宗接代（袋）」，後世改鋪紅氈。

〔註12〕乾隆《潁州府志》卷一《輿地志·風俗》。
〔註13〕光緒《五河縣志》卷二《疆域志·風俗》。
〔註14〕民國《太和縣志》卷一《輿地志上·疆域·風俗》。
〔註15〕嘉慶《廬江縣志》卷二《疆域志·祥異風俗附》。
〔註16〕民國《蕪湖縣志》《地理志·風俗》。

　　六禮合併、冠婚合一、崇尙節儉、厭勝活動等等，都是安徽地區婚俗文化的一些共同點，而瞭解清代民國時期安徽婚俗文化的地區差異，對於弄清楚這一時期安徽風俗文化分區更爲重要，以下筆者試論之。

二、安徽婚俗文化的地域差異——以親迎爲指標

　　由於省內新安江、長江、淮河由東向西橫貫，西部、南部山區，中部丘陵，北部平原，自然地理環境差異明顯，這種差異性也造就了安徽婚俗細節的各種差異。如在上文中提到成親的「六禮」，在安徽不同的地區稱謂就有所不同：納采、納徵禮在潛山縣叫「茶禮」，在鳳陽名爲「下定」等等，除此之外，此一時期安徽省內各地的婚俗細節還有很多特色和差異，這些特色是什麼？差異有哪些？如何形成的？是值得分析的問題。

　　如前所述，婚姻從納采到親迎，中間會有一整套繁瑣的儀式，限於時間關係，筆者沒有辦法窮盡每個部分的差別，因此重點選擇其中最能體現區域差異的一環——親迎作爲分析的對象。清代民國時期，由於經濟的貧富差別以及受國家禮制教化程度高低的不同，是否親迎，在安徽有著明顯的區域差異。筆者以是否親迎作一個指標，對安徽省的史料文獻進行爬梳比對，將安徽省劃分爲皖西南親迎區、皖北混合親迎區、皖東南不親迎區等三個區域。皖西南親迎區包括安慶府、六安州以及池州府的東至縣；皖北混合親迎區包括穎州府、鳳陽府、泗州府（今天的阜陽市、亳州市、宿州市、淮南市以及蚌埠市等）；皖東南包括滁州府、廬州府、徽州府、寧國府、太平府（今天的滁州市、巢湖市、蕪湖市、宣城市等）。

1. 皖西南親迎區

親迎分區	府縣名	親　迎　情　況	資　料　出　處
皖西南親迎區	安慶府	其納采、問名、委禽、親迎，多循古道。	康熙安慶府志
	懷寧縣	親迎。	道光懷寧縣志
	桐城縣	屆期，主人揖媒妁先往婦家，婿告娶於廟，並告於父母，使人執雁，具綵輿（或鼓吹）親迎。	民國《續修桐城縣志》
	望江縣	婚，納采、納徵，委禽、親迎多循古道。	康熙《望江縣志》
	太湖縣	娶日，奠雁以迎，輿四角綴以增彩，懸以明鏡。	道光《太湖縣志》

潛山縣	親迎奠雁。	康熙《潛山縣志》
六安州	婚禮，宜依朱文公《家禮》行。	乾隆《六安州志》
霍邱縣	親迎禮，士大夫家間有行者。	同治《霍邱縣志》
壽州	婚，縉紳行親迎。	嘉靖《壽州志》
舒城縣	凡民間婚娶，並依朱文公《家禮》行。	康熙《舒城縣志》
東流縣	婚始聘問名、納采、將娶納吉、納徵，親迎至則合巹。	乾隆《東流縣志》

從上可見，清代民國時期皖西南地區的婚禮都保持有親迎這一環節，筆者將這些地區劃分在同一個婚俗區內。那麼，此一區域內的婚俗文化又有何特點和差異呢？

一般來說婚嫁前的禮儀有問名、納采、納吉和納徵之禮。而在問名中，交換庚帖是非常重要的。所謂的「交換庚帖」就是男女雙方互換「八字帖」，帖上寫明姓名、生辰八字、家庭情況等，通過更換庚帖就可以瞭解雙方大致的家庭和個人情況。如此區的懷寧縣：「凡婚禮，初請庚，兩家各具酒食以款媒氏。」又康熙《潛山縣志》記載「婚禮，始行問名禮，男傢具羊酒、肴餅付媒氏行之，女家回庚帖，俗謂之取年庚問名。」〔註17〕在交換庚帖之後，如果雙方都沒有異議，男方家庭就要請媒人去女方家裏求婚，在求婚的時候男方需要帶上女士的服飾等東西，而女方也要回禮，懷寧縣：「及將婚，婿家先爲酒食以召媒氏，日『起媒』，媒氏告於女家，女家許諾。婿家諫日以女之服飾往，日『報日』。」而潛山縣與桐城縣的習俗與此也非常相近，康熙《潛山縣志》：「復間行看禮，男傢具儀帖，羊酒、肴果隨宜，或用女妝、女衣之類，女家亦具儀帖，回覆鞋襪之類」，〔註18〕道光《續修桐城縣志》：「詹吉日，主人具啓柬求婚，或具衣裳、簪珥屬媒送至女家，女父拜受，答以啓柬」。〔註19〕

至於納采、納吉和納徵之禮，前文提到在清代安徽已經發生了一些變化，此區有些府縣已把它們併入其他環節。例如安慶府太湖縣：「以束帛定禮，即古納采之義。次行聘禮，名日『下茶』，即古納吉、納微之義。聘儀自金帛以

〔註17〕乾隆《潛山縣志卷二《民事志‧風俗》。
〔註18〕乾隆《潛山縣志卷二《民事志‧風俗》。
〔註19〕道光《續修桐城縣志》卷三《學校志‧風俗附》。

外,用彩盒二,盛茶一、鹽一,謂之『海哲山盟』」。潛山縣「納采禮有金銀幣帛,俗謂之『定親』。納徵禮儀倍納采,俗謂之『茶禮』。」

婚嫁的第二個部分就是婚嫁舉行儀式,這個部分主要包括親迎、拜堂以及行合巹禮等,關於這個部分的習俗,皖西南各縣又各有異同,例如道光《續修桐城縣志》對這些禮節記載頗詳,擇錄如下:

屆期,主人揖媒灼先往婦家,婿告娶於廟,並告於父母,使人執雁,具綵輿(或鼓吹)親迎。婿至婦家,揖讓升堂,再拜奠雁,主人揖婿及媒灼坐,三獻茶,婿替花,披排帛。媒灼起,出,主人拜送之,乃導婿入內堂。婦冠被坐於房,婿至起立,揖,婿以錦蒙婦首退立於堂。使轉甋粄,客吉服送婦人綵輿。婿鍵鑰乃出,升輿還,俟婦綵輿至啓鑰。使轉拼能,客捧浩軸、香滬迎婦坐於床,婿並坐,以尺挑蒙首錦,即古之舉蒙。三獻茶,婿起,出,客取盒具添婦妝。乃設筵,婿西向,婦東向坐,進肴饌酒醴,即共牢而食之義。撤筵,客燃齊眉燭,合巹而飲,交拜(或擲果以中新郎君,謂之「打喜」。有誦吉語、詩章、詞曲,擲果帳中者,謂之「撤帳」)。〔註20〕

從這些記載可看出婚嫁舉行時禮節的繁瑣,每一環、每一步都有明確而且嚴格的規定,懷寧縣婚俗基本與桐城縣相同,其中「退嫁神」也是兩個地方所共有的:

及期,一以嫁裝先女之,兄若弟以一人送,曰「送鋪陳」。至,適婚者房陳任,主人侑之以幣,曰「鋪床禮」。輿將及門,主人具酒果祀而餕之,曰「退嫁神」。女入中堂下輿,女贊者簇女與婿交拜。拜畢,簇女入於房,婿入房為女去面障,曰「舉蒙」。女贊者導婿與女合巹,曰「交杯」。親戚撮米撒於帳之四方,取方俗鄙俚之語以相嘲謔,曰「撤帳」。客退,女贊者為女卸首飾,請婿釋服,曰「除花解帶」,有賫焉。〔註21〕

引文中提到的「送鋪陳」其實就是先由新娘的兄弟先把嫁妝送到男方家裏,由於嫁妝多係房內用品,在新婦到達男家之前將其中的被褥枕帳、傢具器皿陳設整齊,可使新房更加美觀,而且可以避免新婦到達之後再鋪設妝盒的慌亂。此外,抬送嫁妝有很多儀節,以男家而言,要迎妝、點妝、酬謝送妝人、安置妝盒等,特別是富家大戶陪送豐厚,要有不少時間和精力花費在

〔註20〕道光《續修桐城縣志》卷三《學校志・風俗附》。
〔註21〕道光《懷寧縣志》卷九《風俗》。

嫁妝上。婚娶當日禮儀事務繁忙，如果先把嫁妝先送到安置好，就可以避免了很多麻煩了。而所謂的「退嫁神」，即爲「請退嫁神」的意思，之所以要請退嫁神，是因爲傳說新娘在乘轎時是有嫁神護衛著的，所以必須在新娘進入男家之前就要「請退嫁神」，而在請退嫁神的時候還要唱「「退嫁神歌」，歌詞爲：「嫁神嫁神，護駕來臨，三牲酒禮，送駕回程。車來車駐，馬來馬停，一把喜果，撒開轎門，吉星高照，福壽康寧」。〔註22〕

第三部分是婚嫁後的習俗活動，在婚嫁禮儀中，婚後的禮節主要有兩個，一個是「廟見舅姑」，另一個就是「回門」，一般的習俗是「三日廟見舅姑」、「滿月回門」。懷寧縣志有記載：

> 新婦見舅姑，新郎並肩立，四拜，以次拜諸舅、諸姑、小姑、伯叔、娣姒及他眷屬，曰『拜堂』。皆以錢幣規，曰『拜見錢』。是日，舅姑饗新婦，母家亦以果餌饋焉。……滿月，婦歸母家，曰『回門』，夫偕之往。

不過也有例外。如桐城縣是「廟見舅姑」和「回門」都是在第二天，而且桐城縣的城鄉之間關於「廟見」和「回門」的習俗也有所不同，見於道光《續修桐城縣志》：

> 厥明，婦盥洗，饋舅姑以次，復以針線、茶食爲贄。婿一率婦見於廟，並見於舅姑。客至，亦以尊幼見（族黨皆賜新婦，或銀、或錢、或簪珥。）舅姑乃設筵於寢以饗婦，謂之「待新婦」。又明日至婦家，謂之「回門」。亦見於廟，主人亦設筵於堂以饋婿。三日後，庭除庸然如常（俗謂「分大小」，蓋三日內族戚於閨中喧鬧，看新婦，三日廟見後乃分尊卑。鄉間娶婦三日乃見於廟，舅姑乃設筵享婦。一月，婿乃率婦至婦家，路近著本日即還夫家。餘與城中同。）〔註23〕

而在懷寧縣和宿松縣，新娘在新婚第三天就要下廚房煮羹湯以奉舅姑，道光《懷寧縣志》：「三日夙興，女贊者以新人適廚，曰『參廚』。唐王建《詠新緣娘》詩曰：『三日入廚下，洗手作羹湯』，蓋自古相承之遺俗也。」宿松縣「三日入廚拜灶執作羹於是始焉」。〔註24〕除了懷寧和宿松外，望江一帶，

〔註22〕轉引自葉瀕編著，《桐城風情》，合肥：安徽美術出版社，2011.第 12 頁。
〔註23〕道光《續修桐城縣志》卷三《學校志・風俗附》。
〔註24〕轉引自葉瀕編著，《桐城風情》，合肥：安徽美術出版社，2011.第 12 頁。

新娘三朝下廚上灶添柴，茅柴中故意夾入幾根細鐵條，以刁難新娘。其實，新娘三朝下廚的目的是要考驗新娘做家務的能力，不過有些地方的目的則是爲難新娘。

在安徽省的幾個地區中，皖西南這個地區的婚俗相對來說是比較遵循傳統的規定的，即使是很多地區都已經廢棄的「親迎禮」，本區還是基本保留了，只是對儀式進行了簡化，就如康熙《安慶府志》中的記載：「結婚姻之始通以媒妁，其納采、問名、委禽、親迎多循古道，邇來敦尚儉樸，稍簡略矣，竹笥練裳以畢婚嫁者，十常六七焉」。〔註25〕

2. 皖北混合親迎區

親迎分區	府縣名	親　迎　情　況	資　料　出　處
皖北混合親迎區	阜陽縣	親迎前三日始行聘禮	乾隆《阜陽縣志》
	亳州	《傳》有納采、問名、納吉、納微、請期、親迎，謂之六禮。	乾隆《亳州志》
	渦陽縣	納吉、請期、親迎者少。	民國《渦陽縣志》
	穎上縣	親迎者十不二三	光緒《穎上縣志》
	太和縣	惟昔年士大夫有作親迎者，今罕見。	民國《太和縣志》
	宿州	止用納采、納幣、親迎，以從簡便。	道光《宿州志》
	蕭縣	鄉城嫁娶必親迎。	嘉慶《蕭縣志》
	泗縣	士人猶納吉、親迎	光緒《泗虹合志》
	五河縣	次迎婚（無納采、奠雁、親迎蘭禮）	光緒《五河縣志》
	鳳臺縣	縉紳有親迎者	光緒《鳳臺縣志》
	來安縣	親迎時即拜女父母	天啓《來安縣志》
	全椒縣	婚禮，無親迎者。	民國《全椒縣志》
	鳳陽縣	繼此則請期、親迎，亦有不親迎者。	光緒《鳳陽縣志》

從以上表格可見，皖北混合親迎區的特點是有些地方親迎，而有些地方則沒有親迎。關於皖北婚俗文化的特點，早在明代萬曆年間的《帝鄉紀略》就有比較完整準確的記載：

婚禮，惟論門閥及所交遊，然州衛人民亦有互相擇而不爲婚者。男

〔註25〕康熙《安慶府志》卷六《風俗》。

家請媒妁，如有成言，則初行問名禮，謂之『討帖』，繼行納采禮，謂之『下定』。此後，歲時或有饋遺，謂之『追節』。及至婚期則亦行一禮，謂之『通信』。請得吉期，則行納幣禮，謂之『下大禮』。至期，或婿親迎，或男家女眷往迎之。六禮亦略備矣，禮視人家富貧以爲豐儉，然女家絕不論財，男家亦無過侈者。女家嫁女資妝，亦視其家何如，亦未有過厚者。近亦從省，頗有古風。〔註26〕

　　這段記載除了介紹皖北地區婚嫁禮制的基本步驟和過程外，還提到了本區婚俗的兩個特點：一是「女家絕不論財，男家亦無過侈者」，也是說婚禮豐儉都要看家境如何，並不是一味地攀比奢侈；二是注重「門閥」，也就是講究門當戶對。關於第一個特點，皖北的大部分地區一直都保留著，直到民國時期也是如此，例如乾隆《潁州府志》有記載：「六禮之中，問名、納采猶合古儀，不論聘財，隨女家之力以備資妝。」〔註27〕其他各縣都有相同的記載，而大部分地區貧困之家的嫁妝只有幾件首飾，《阜陽縣志》「貧家下定禮用釵環首飾數件，不行聘禮」，民國《渦陽縣志》「婚姻不論財髻料通媒妁，用釵環首飾數件，俗日『下定』，豐儉視家資」。〔註28〕皖北地區之所以出現婚禮質樸的原因是本地區的生活的貧困，關於本地區貧困的記載，在各地方志中多有記載，如蒙城縣「其土地薄鹵，田無灌溉之源，家乏再世之富」〔註29〕，又如靈璧縣「率皆屋無戶，炊無灶，食無案，臥無床，冬無被，夏無帳，日用無器皿」〔註30〕。所以說在皖北地區，當地人雖想婚禮能夠風光，但是連基本的生活都無法滿足的時候，只能退而次之。

　　雖然皖北民眾不會對婚禮投入過多的金錢，不過當地人還是很看重門戶的，並且仕紳之家往往都是遵循古代禮制，例如鳳臺縣「論門第輩行，重媒妁。通婚啓問名、納采，動必遵禮」，〔註31〕又蕭縣「婚禮，古有納采、問名、奠雁等禮，紳士家多仿行之」。〔註32〕而皖北這些地區之所以都遵循古禮，可能與當地民風有關，雖然當地的生活環境不是很好，但是當地民眾都盡守本

〔註26〕萬曆《帝鄉紀略》卷五《風俗》。
〔註27〕乾隆《潁州府志》卷一《輿地志‧風俗》。
〔註28〕民國《渦陽縣志》卷十一《禮俗》。
〔註29〕康熙《蒙城縣志》卷四《風俗》。
〔註30〕乾隆《靈璧志略》卷四《雜誌》。
〔註31〕光緒《鳳臺縣志》卷一《風俗》。
〔註32〕嘉慶《蕭縣志》卷二《風俗》。

分，史書多稱讚爲「有近古之風」，如宿州靈璧縣「士人好學，黎庶勤耕，嫁娶相資，患難相恤，有太古之遺風」，〔註33〕鳳臺縣「士風，舊家大族以讀書爲業，子弟多諄謹不與外事，最爲近古；農人，男婦力田終歲，勤動物遊惰紛華之習，縣內空隙處多鑿井灌畦以種菜蔬，桔槹之聲間接於耳；工匠，邑非通都技巧不聚於肆，凡所營造，樸素無華，猶存古意；商賈，以鹽當爲大米、麥、豆、穀，貿遷者皆集於渦淝一帶，縣內負販所鬻不過布粟雞豚及竹木器用而已」。〔註34〕

3. 皖東南不親迎區

親迎分區	府縣名	親　迎　情　況	資　料　出　處
皖東南不親迎區	南陵縣	往親迎之禮已鮮有行之者。	民國《南陵縣志》
	繁昌縣	及期，備綵輿，鼓吹前導，間有親迎者。	民國《繁昌縣志》
	廣德	男不親迎，無奠雁之文。	光緒《廣德州志》
	寧國縣	至期，婚家以綵輿相迎。	民國《寧國縣志》
	績溪縣	親迎之禮，大半行之。	嘉慶《績溪縣志》
	歙縣	婚禮，俗不親迎	乾隆《歙縣志》
	貴池縣	迎於門，不親迎。	光緒《貴池縣志》
	建德縣	娶之日不親迎	乾隆《建德縣志》
	巢縣	婚重六禮，邑所尚僅問名、納采數事，若告祠、親迎禮，儀制缺略恒多。	道光《巢縣志》
	和州	婚禮，親迎久廢。	光緒《直隸和州志》
	當塗縣	親迎古禮，當塗久不行。	康熙《太平府志》
	繁昌縣	間有親迎者	民國《繁昌縣志》

從以上表格可以看出，皖東南地區的親迎非常少見，據此推斷本地區是不太注重婚姻禮節的，其實事實卻與此相反，本地區非常注重婚俗的繁文縟節。例如廣德地區無視《朱子家禮》關於「簡單禮節」的規定，而是爭相攀比繁雜的禮節：「吉禮，若納采、納徵諸儀，不遵《家禮》，率以儀文繁麗相

〔註33〕成化《中都志》卷一《風俗》。
〔註34〕光緒《鳳臺縣志》卷一《風俗》。

高。」本地區另一個明顯的特點就是當地人有著非常強烈的門第觀念。例如光緒《直隸和州志》記載：「聯姻，視門楣相當，遣媒約通言。」而這種情況在宗族觀念強烈的徽州地區更是嚴重，在休寧縣，即使是富商高官，只要家世不對等，就不會考慮結成姻親，「婚禮，合二姓之好，上承宗廟，下繼後嗣，無貴非偶也。邑中姓多故族世系，歷唐宋以來，兩姓締盟必數百年婚姻之舊，倘族類異等，即家鉅萬、列朝紳，賽惰不得通好焉。」〔註35〕

除了相同的風俗之外，本區的一些州縣還有一些特殊的婚嫁風俗：如蕪湖地區的「小三天」風俗和廣德地區的「祭轎」風俗。

首先瞭解「小三天」的由來。過去婚娶，十分繁縟，真正六禮具備的，多為貴族豪門，一般百姓人家，多從陋就簡。故此，先是納采，問名合併，後再納吉（小聘），納徵（大聘）、請期合一，最後迎娶，形成三項。不過，過去僅娶親一項，亦要連續舉行二天儀式，始告結束，亦即：第一天：先迎妝。女子出嫁的陪嫁，奩具，（這要看女家貧富而異），由媒人押送男家，新郎接奩，出名謝帖。在此期間，待嫁女「開臉」（去掉臉上汗毛）。第二天：是正日子，去女家迎娶；第三天：女家前來會親。會親之禮也有婚後三天舉行的，因娶親前後的儀禮，說法很多。光娶親這三天，人力、物力、財力耗費也頗多，一般人家實難應付，於是有人便想出聰明簡便的辦法來，美其名曰『小三天」。也就是說，把本來三天的事，乾脆在一天中辦完，且程序不減。改為早晨迎妝、上午娶親，下午會親。這樣一來，節省很多。所謂會親，也不過是「點點卯」而已，只要女方親屬有送親者到，然後由男家陪坐，上茶點，稍作敘話，也就算完。如果娶親時，女方沒有送親的親屬回來，往往也就打了「馬虎眼兒」。而蕪湖地區的這個習俗並不是本地的習俗，而是從京城傳過來的，所以蕪湖地區有這個習俗的基本上是外來人口，就如民國《蕪湖縣志》所說的「京師風俗，有將迎妝、娶親、會親暨慶賀等事，並歸一日行之者，謂之『小三天』。蕪湖宮場客籍人亦間行之，非本俗也。」〔註36〕

所謂的「祭轎」風俗，就是男方家庭在迎接新娘之前（有的地方是迎接的前一天，也有的地方是迎接的當天），對即將迎接新娘的轎子進行祭祀，當地人非常重視這種祭轎儀式。他們希望通過祭轎而得到神仙的保祐，賜給新婚的家庭幸福生活。而廣德地區的「祭轎」儀式卻比一般的更加複雜。乾隆

〔註35〕道光《休寧縣志》卷一《疆域‧風俗》。
〔註36〕民國《蕪湖縣志》《地理志‧風俗》。

《廣德州志》有著詳細的記載：

> 婚日，婿家裝綵轎，轎中置脂粉、羅帕、襪衣等物，轎門綴以篩鏡，
> 婦人具茗果致拜，謂之「祭轎」。轎至女家亦如之。祭畢，持鏡、帕
> 至女室，女遺昏暈，遂以帕蒙其首，篩鏡蔽其面，為沐浴衣飾、傅
> 脂粉納轎中，皆保姆抱持之，女不知也。亦有傅粉後始暈者。轎行
> 里許，送者共喚女，或吹響角以驚之，且行且喚，待其醒而後反。
> 謂之「暈轎」。此俗獨州有之，越境即否，或云「祭轎」。舊有酒暈
> 益久，因代以茗。乾隆三十五年前，守恒聞其事謂為妖，禁之不改。
> 竊謂祭轎非禮也。古遠行始有祖道之祭，嫁娶不越境，安用祭為？
> 況車輿何神，禮垂御輪，不聞祭轎，欲止妖俗，當革淫祀。〔註37〕

　　由此可見，廣德地區的「祭轎」除了祭祀轎子之外，還有非常特殊的一
個習俗——暈轎。這種習俗與某些地區的「試轎」習俗有著一點相似性，所
謂的「試轎」即新娘上轎前，由其父親或兄弟先上花轎坐一會兒，由轎夫抬
著顛簸幾下，俗傳新娘便不會暈轎，而廣德地區則是讓已經暈厥的新娘坐上
花轎，當眾人把她喚醒之後又把花轎折回，其目的何在，根據筆者現有掌握
的材料，還沒有得較為清晰的答案。

第二節　安徽喪葬文化地理

　　冠婚喪祭被中國人稱為「人生四大禮俗」，這「人生四大禮俗」是古代方
志一個不可缺少的部分，而這四大禮俗在不同的地方也是不盡相同。其中喪
禮是冠婚喪祭四禮中最為重要的禮俗，孔子所謂「惟送死，可以當大事也」。
因為喪禮不僅是逝者的人生禮儀，更是一種「孝」的體現，所以古代中國和
喪有關的事項，也常常帶「孝」字，例如戴孝、守孝、破孝、謝孝等。在深
受傳統文化影響的安徽，特別是長江地區，喪葬禮儀更是備受重視，如道光
《巢縣志・喪禮》「俗於奠醊日設燕延親友，葬時以鼓吹、靈芻相誇盛，尤信
浮屠及堪輿家說。」而與此類似的記載在安徽方志裏比比皆是，從中我們可
以看出安徽人對喪葬禮儀的重視程度。而清代安徽地區的喪葬禮儀，其步驟
基本上都是相同的，如清光緒十一年《廬江縣志・喪禮》所載：「既殯後，訃
告親友，孝子著冠衰行三獻禮於柩前，……舉殯，禮如破孝，有力之家請官

〔註37〕乾隆《廣德州志》卷三《輿地志・風俗》。

長或親友之顯達者題主。出殯時，剪紙爲亭臺人物，鼓樂前導，親族交遊皆白衣送之」。安徽省內喪葬文化大同小異，只是在細節上有所增減。

一、安徽喪葬習俗的省域特徵

喪葬一直是中國人非常注重的禮俗，所以在中國的大部分地區都是「喪葬從厚」，安徽省也不例外。喪葬從厚，主要表現在喪事用禮樂、尙浮屠做佛事、舉辦隆重的喪葬儀式等方面。例如銅陵縣「凡喪紀，士夫一秉古禮，民家或作佛事，」〔註38〕除此之外，大擺筵席，也是喪葬從厚的表現之一，在安慶懷寧縣這種風俗更是嚴重，當地人的喪禮有兩次「合樂」和「宴席」：「城俗有鼓吹，弔者以賂至，待之盛饌。又數日或逾月，膺柩郊外或葬日出殯前，弔者皆至送殯，鼓吹、盛饌如初。」〔註39〕、「至齊民富兒，或張樂會賓，僭名器，信浮屠，靡費錢帛，悖倫害義」。〔註40〕這種喪葬從厚的風氣，原因有三方面：其一是，子女爲了表現自己的孝道；其二是有些富有的家族奢侈的習慣帶動了風俗的變化；其三是如果後輩們沒有厚葬先輩，社會輿論往往以不孝相譴責。正是有了這些原因，古代很多孝子都會傾其所有爲父母辦一個隆重的喪禮。

喪葬從厚的風俗使很多普通的家庭都無法負擔，所以在安徽地區會出現一些喪葬互助社，通過互相幫助的形式一些貧困的家庭才能負擔起喪葬的昂貴費用。潁上縣有「孝義會」：「貧者，戚友必厚賻以葬。素有孝義會，每月具食一集，共釀資以一人蓄之。」〔註41〕而在霍邱縣如果貧困的家庭無法負擔喪葬的費用時，親友就會出錢幫助，這也可以看成一種互助的形式，《霍邱縣志》「成服必祭，或擇期開祭題主，稍有力者無不竭力舉行，貧不能舉者親友助之。」〔註42〕

迷信堪輿與佛事，導致很多地區都會出現停柩不葬。光緒直隸和州「亦有過信風水，停柩不舉者，非禮也。」雍正《廬江縣志》「停柩中堂，作佛事，或七日，或九日，以多爲尚，其貧者亦一二日，謂之『煖棺』」，〔註43〕而在

〔註38〕乾隆《銅陵縣志》卷六《風俗》。
〔註39〕道光《懷寧縣志》卷九《風俗》。
〔註40〕同治《六安州志》卷四《山川下·風俗》。
〔註41〕乾隆《廣德州志》卷三《輿地志·風俗》。
〔註42〕乾隆《銅陵縣志》卷二《輿地·風俗》。
〔註43〕嘉慶《廬江縣志》卷二《疆域·祥異風俗附》。

東流縣如果「停柩」沒有滿一個月就下葬是不合禮制的，「喪斂在家奄不過一月即殯送，名曰『陰陽不便，死者不安』」，〔註44〕在望江縣有的人家停柩不葬長達誇張的數十年，「至於泥青烏家言，停柩不舉，數十年未安杯土，尤惑之甚者，顧孝子慈孫亞改之。」〔註45〕

「七七哭奠」，是安徽省喪葬中的普遍禮俗。所謂的「七七哭奠」，就是在死者下葬以後，死者的親屬要每隔七天就要祭奠一次。民國《蕪湖縣志》「新喪之家，謂之『守七』，蓋每七日延僧誦度一次，夜間必有子孫宿於靈前也。」〔註46〕

二、安徽喪葬習俗的地域差異

（一）皖西南區

清代民國時期皖西南區是一個非常迷信佛教、道教和堪輿學說的地區。包括今日安慶、六安等市縣。在本區內，凡是舉行喪禮必不可少的就是佛事和做法事。康熙《安慶府志》「其卒之日，崇信二氏，做法事以追亡者，往往有之」，道光《懷寧縣志》「其崇信二氏者，或延僧道追薦，與祭禮攙雜焉」。〔註47〕而一些貧困的家庭即使不舉行喪禮也要做佛事，由此可見當地人是多麼地崇信佛事。道光《懷寧縣志》還描繪了當時做法事的場景：

> 僧道對殯追薦，名曰「暖棺」。棺下置燈，云是死者本命燈也。金鋒一震，鼓吹鐃鐲，波沸雷鳴，梵唄交嘩，謠諺雜進大抵皆生必有死，死甚足樂之意。既乃燃炬導前，孝子捧燈從後，戚黨各執一燈繞棺環走，遍及門庭，以至里巷殱陌，謂「照冥行」。當此，時也，雖有哀痛舞踴之情，鮮不為所亂矣。既又書符於門，以辟不祥，名曰「掃淨」。〔註48〕

除了崇信佛道之外，本區也非常迷信堪輿家說，一個重要的體現就是由於過於相信堪輿家說，很多地區的人都會「停柩不葬」，康熙《安慶府志》「而流俗或泥青烏家言，停柩數十年未安杯土」，〔註49〕這種情況到了民國時期也沒

〔註44〕乾隆《東流縣志》卷七《民事下·風俗》。
〔註45〕乾隆《望江縣志》卷三《民事·風俗》。
〔註46〕民國《蕪湖縣志》《地理志·風俗》。
〔註47〕道光《懷寧縣志》卷九《風俗》。
〔註48〕道光《懷寧縣志》卷九《風俗》。
〔註49〕康熙《安慶府志》卷六《民事志·風俗》。

有減輕，民國《宿松縣志》「然好聽堪輿家言，停櫬僑厝，改兆易槨，裏幐體魄，往往不免」。〔註50〕之所以會出現這種現象，是因為迷信堪輿學說的人，對於下葬的日子和地區都是非常講究的，如果沒有找到完全合適的時間和地點，他們是不會進行下葬的，例如道光《懷寧縣志》就有記載「凡葬，視家貧富，或祖塋，或新置地，率先請術士以亡者生年與地坐向配合生剋以擇日。日定，先期啓土，以土色驗地美惡，如土色佳，不肖者每生心焉，或無好土，貪稍息矣」。〔註51〕又《太湖縣志》「葬，形家卜宅兆，諏日取祭主、亡命、山向三合皆吉，然後葬」。〔註52〕過於迷信佛道和堪輿，甚至使當地人主客顛倒，有些人可以不注重棺槨，卻一定要有佛道之事，又康熙《潛山縣志》「貧家多不舉喪者，惟作佛事，無分貧富皆然」。〔註53〕本區注重殯葬的習俗，除了迷信堪輿之說以外，特別是一些士人家族還非常重視殯葬的方式和工程。在懷寧縣，由於當地的盜墓情況比較嚴重，所以邑人潘氏發明了一種「潘氏葬法」：

> 取小堅石如雀卵大者，並三和土，用楊條樺水合而杵之億萬數至不可數，計無復石與土之間，以鋪壙底，厝棺其上。又以此土覆棺而卷之，雖置之江湖中千百年，水不得入焉。其於地也，但取其前後左右相壞者葬之，如住宅然，術家一切乘風倒杖之說不屑屑也，而人孝子用心之至無過是焉。其立界也，皆取千鈞巨石，鑴擘窠大字，非數十人不能撼之。其醫家之木，惟樹橙若柞，四時警葸而不中於材，可謂深思而遠計矣。〔註54〕

除了殯葬之外，「弔唁」和「送殯」也是本區喪葬儀式裏的兩個重要環節。在弔唁開始之後，一般都會有鼓樂，而來參加弔唁的人還可以出席宴會，如道光《懷寧縣志》「成服之後出訃。城俗有鼓吹，弔者以蹲至，待之盛饌。又數日或逾月，厝柩郊外或葬日出殯前，弔者皆至送殯，鼓吹、盛饌如初。」，又道光《續修桐城縣志》「俟出殯，前期三日受弔，是爲『開弔』。屆期，貴家列方相、功布、旗幟，士庶亦鼓吹，遷柩升輿，親友設奠，執紼送於郭，孝子治厝」，〔註55〕但有些地方的宴會過於奢侈而受到批評，如「成服之次日

〔註50〕民國《宿松縣志》卷八《民族志二‧風俗》。
〔註51〕道光《懷寧縣志》卷九《風俗》。
〔註52〕同治《太湖縣志》卷三《輿地志‧風俗》。
〔註53〕康熙《潛山縣志》卷二《山川‧風俗附》。
〔註54〕道光《懷寧縣志》卷九《風俗》。
〔註55〕道光《續修桐城縣志》卷三《學校志‧風俗附》。

受弔焉，三日爲率，以賻布來者合歛之。近或盛饌如燕饗，過矣！」〔註56〕

本區內的每個地區還有自己特色的喪葬風俗。例如在太湖縣，在父母去世之後，兒子要到壇廟向神靈報告父母的去世，然後在取井水洗身之後才能放入棺材，「喪，一父母始死，孝子遣人詣壇廟告考終，既持褚錢告井，取水一盆浴屍小殮，徙置中堂，請現課吉日時殮棺」。太湖縣還有「接煞」的風俗，「課狀內注某日亡魂當返，設酒看於室。立竿懸亡者衣冠以招之，謂之『接煞』」。所謂的「接煞」就是古代的招魂術，方志對「接煞」的解釋也是與此相同，「《檀弓》云：『復，盡愛之道也。有禱祀之心焉，北面求諸幽之義也。』注，復謂招魂，庶幾其精氣之反，今之接煞，似其本意。」而至於怎麼計算出亡魂何時會返回，《通俗編》中則有記載「陰陽家以人死年月之干支，推算其離魂之日數，自九日至十八日，謂死之後，如其日數，而魂來復。於是具死者衣冠，用巫祝招之，俗謂接煞。」〔註57〕

（二）皖北區

清代民國時期，皖北區的喪葬風俗與皖中南區一個明顯不同就是本區喪葬用佛道、堪輿沒有普遍性，特別是士人階層就更是遠離佛道、堪輿學說的影響。如光緒《潁上縣志》：「惟商民富室惑浮圖陰陽之旅喪用懺禱，葬或用鎮之壽物，不惑者惟士而已。」光緒《鳳臺縣志》：「葬不拘時，無積年久停者。紳士家遵禮制，多廬墓，不作佛事，庶民間有用浮屠者。」〔註58〕、「且干時憲士夫家治喪注意衣衾，棺槨葬不踰時，屏去僧道不用」。

本區喪葬風俗的第二個特點就是厚葬之風並不盛行，這裡的喪葬一般都是視具體情況而定，與皖西南地區爲了舉辦喪葬而傾家蕩產的情況形成鮮明的對比。「喪禮族帛齋襲之制，斬齊功紹之別，方相翣布之儀，灰隔志石之用，士夫猶講求之，鄉里之間則哀戚者多，儀節稍減」，光緒《五河縣志》：「喪禮，視家之有無爲隆殺。四十九日，致奠卒哭。祭以時薦，士庶家皆於（正、內）寢設奠，絕無厚葬者」，〔註59〕其他方志都是類似「視家之有無爲隆殺」的記載。不過也有例外的地方，例如蕭縣的喪葬典禮也是非常考究的，蕭縣人不

〔註56〕民國《宿松縣志》卷八《民族志二·風俗》。

〔註57〕轉引自吳康主編《中華神秘文化辭典》，海口：海南出版社，2002 年第 577頁。

〔註58〕光緒《鳳臺縣志》卷一《輿地志·風俗》。

〔註59〕光緒《五河縣志》卷三《疆域志·風俗》。

僅多用佛道，而且還有演劇，而所用的器具也是「窮極工巧」的，「遇七，延僧道修經，以薦亡者。親知弔賻入門，迎以鼓樂，甚有演劇者。棺槨，樟多杉少。殯多日，丹旒、彩罩、粉翣、冥器，無不窮極工巧，導以緒眾及優人扮演，觀者塡路，既葬，抔土封基。」〔註60〕

　　而在太和縣的鄉民還有一個被認爲不符合禮制的風俗習慣──「報廟」，古代中國的人們都有「陰陽兩世」的觀念，認爲人是生活在陽世的，而逝者是要或在陰間的，所以在人去世以後，親屬要到土地廟或者城隍廟燒紙錢祭奠，一方面是燒給逝者一些盤纏，另一方面同時向土地神和城隍報告逝者的信息，好讓土地神和城隍將逝者加入鬼冊，不至於讓逝者的靈魂成爲孤魂野鬼。關於這個風俗，民國《太和縣志》記載道：「惟鄉民初喪，焚褚錢於土神，曰『報廟』，無土神則於路口以土塊壓紙灰，曰『壓魂』。呂氏《四禮疑》謂報廟爲北面求陰之遺意，習行失實，至謂寄親魂於廟中，殊謬，崇禮者宜正之。」〔註61〕

（三）皖東南區

　　與皖西南區相同的是，此區在清代民國時期也是非常迷信佛事和堪輿學說，甚至是比前者還要更加嚴重，而且是相沿成習屢禁不改，往往導致訴訟，如：

> 喪禮無定制，稱家有無，惟崇尚浮屠，相沿不改。按，浮屠之教，惑人以懺悔解脫，猶可言也，近乃編造佛曲鍾錢之中雜以絃管，哀死之時淫哇恬耳，爲傷風敗教之最甚，急宜屬禁。葬事，酷信形家之說，泥忌陰陽，致有暴露不葬者。希獲福求吉地，往往因而構隙。故州之訟事，惟墳山爲多。〔註62〕

　　清朝康熙年間，太平府即使是儒家士大夫也崇信佛事：「若夫葬惑於青鳥而逾數年或數十年，尚浮屠以解罪邀福利，雖屬士大夫亦不免云。」崇信佛事的一個重要體現就是「七七哭奠」的習俗在本區是非常流行的，民國《蕪湖縣志》：「新喪之家，謂之「守七，蓋每七日延僧誦度一次，夜間必有子孫宿於靈前也。」〔註63〕又民國《南陵縣志》「新喪之家有七七、回煞之說。七

〔註60〕嘉慶《蕭縣志》卷二《風俗》。
〔註61〕民國《太和縣志》卷一《輿地志上・疆域・風俗》。
〔註62〕光緒《廣德州志》卷二十四《風俗》。
〔註63〕民國《蕪湖縣志》《地理志・風俗》。

七者，謂每七日必延僧誦度一次，四十九日始畢。」〔註64〕而因迷信堪輿家說而停柩不葬的情況也非常嚴重，雍正《廬江縣志》「然多惑於堪輿之說，有下窆者，亦有浮厝者，經年累歲拋置荒郊。風俗之敝，莫甚於此，是所望於孝子仁人及維世立教之君子也夫。」〔註65〕嘉慶《績溪縣志》「且俗溺陰陽，拘忌擇地擇日，故然。葬擇吉壤，預爲累磚成廓，逾年啓視，吉然後卜葬，謂之『試郭』。其先□後葬者，年久棺腐，收白骨盛以木匣，謂之『拾黃金』。此風大謬，然習俗相沿，恬不爲怪。」

除了崇信佛事和堪輿家說以外，本區還比較注重「喪葬從厚」，主要體現在喪禮用樂、盛筵宴請等，光緒《直隸和州志》「今則踵事華靡，習以續緞綢給、羽毛大呢製爲挽章，主家作樂，盛筵以宴，延有秩者題主。」又雍正《廬江縣志》「將葬則開弔，受楮儀，薦紳富家有至五七日者，又以厚幣邀達官貴紳，題主爲榮。舉殯之日，鼓樂前導，剪紙爲儀，亭合人物畢具，親族交遊侯送於道，喪家皆設席款留。」〔註66〕

第三節　安徽歲時文化地理

歲時風俗，是指一年之中隨著各個季節的相互交替，人們定期舉行的祭祖、迎神賽會、娛樂的活動的統稱。歲時是一種具有較強繼承性的社會風俗，在中國漫長的發展過程中，歲時風俗的內容和形式沒有發生基本的變化，南北朝梁朝宗懍的《荊楚歲時記》所記載的歲時節令以及歲時活動的內容直到明清時期也很少有改變。關於歲時風俗的發展與地區差異，《中國民俗史·明清卷》中有非常詳細的解釋：

> 在中國長期統一的環境中，各地區、之間的文化得到交流與融合，原來各地不同的節日風俗逐漸統一，再加上國家政權對推行節日風俗的統一的作用，從而使漢地節日活動各地差異不大。……不過，在這表面一致的背後，由於節日的發展與傳播過程中，或多或少受到自然條件、傳統習慣、宗教活動的影響，而在不同地區發生變異，形成一定的地域差異。而且它的傳承主體是特定社會中的人

〔註64〕民國《南陵縣志》卷四《輿地志·風俗》。
〔註65〕嘉慶《廬江縣志》卷二《疆域·風俗祥異附》。
〔註66〕嘉慶《廬江縣志》卷二《疆域·風俗祥異附》。

群，特定的社會文化環境及人們的生活方式的變化，不可避免地影
響到歲時節日的活動內容，有的甚至促成歲時節日形式的改易或更
替。〔註67〕

安徽作爲一個文化生活圈，它的歲時文化有著固有的特色，但境內不同
地區之間也會有著各式各樣不同的歲時文化活動。本節的主要內容就是尋找
清代民國時期安徽各地歲時文化的特徵與區域差異。

因爲安徽省內自然環境、經濟發展、社會文化的差異比較大，所以安徽
省的不同地區的歲時風俗都會有這自己各自的特點。從資料來看，安徽省的
很多重大節日，其節日的時間和風俗習慣雖然大致是非常相似的，但是如果
對安徽省方志中記載的關於歲時風俗的資料進行深入分析，我們就可以發現
在這種大致相同的背景下，各地區之間的特點還是非常明顯的。而這些「特
點」則是筆者劃分安徽省內歲時風俗區的指標，筆者根據對清代以來的歲時
資料進行爬梳、比對，大致把安徽省分爲以下幾個歲時風俗區：

一、皖西南歲時風俗區

根據地區普遍有過「社日」這個特徵，而劃分出皖西南歲時風俗區，這
個區域包括安慶府（包括已經劃歸湖北的英山縣）以及池州府以及六安直隸
州，由於這個區域主要集中在安徽的西部和西南部，故名皖西南歲時風俗區。
社日是當時皖西南地區非常普遍的節日，下面就來瞭解一下這個區域的「社
日」有著怎樣的特別習俗。

所謂「社」就是供奉土地神的地方，《風俗通義》有云：「社者，土地之
主。土地廣博，不可遍敬，故封土以爲社而祭之，報功也。」〔註68〕古代中
國是一個典型的農業國家，所以土地神崇拜和祭祀一直備受統治階級的重
視，而早在西周時期，國內就對「社」實行嚴格的等級制度，所以西周時期
「國家有太社，王室有王社，諸侯國有國社，諸侯有侯社，大夫以下與百姓
一起按地域立社。」〔註69〕最遲在春秋戰國時期就用「二月甲日」作爲祭祀
社神的日子，這就是最早關於「社日」的規定，而在漢朝以後，又逐漸出現

〔註67〕 鍾敬文主編，《中國民俗史・明清卷》，北京：人民出版社，2008，第 279 頁。

〔註68〕 （東漢）應劭，《風俗通義》，哈爾濱：黑龍江人民出版社，2003 年，第 562
頁。

〔註69〕 瞿兌之，《漢代風俗制度史》，上海：上海文藝出版社，1991 年據廣業書社版
影印，第 226 頁。

了秋社。關於社日這天的祭祀活動，漢朝的《四民月令》有記載：「二月祠太社之日，薦韭卵於祖禰」〔註70〕，關於「社日」的具體日期，南宋的《歲時廣記》也有比較詳細的記敘：

> 《禮記·月令》曰：「擇元日命民社。注云：爲祀社稷，春事興，故祭之以祈農祥。」元日謂近春分先後戊日。元，吉日也。《統天萬年曆》曰：「立春後五戊爲春社，立秋後五戊爲秋社。如戊日立春立秋，不算也。」一云春分日時在午時用六戊，在午時以後用五戊。國朝乃以五戊爲定法。紹興癸亥三月一日社，紹興丙寅正月二十八日社。〔註71〕

同樣是南宋的《夢粱錄》記載：「立春後五戊日爲社，州縣祭社稷，朝廷亦差官祭於太社太稷壇。」〔註72〕所以在宋朝以後，「立春立秋後五戊日爲社」基本成爲定制。《夢粱錄》是對官方社日活動的記載，而民間的社日風俗早在《荊楚歲時記》就曾提及：「社日，四鄰並結綜會社，牲醪，爲屋於樹下，先祭神，然後饗其胙。按：鄭氏注云：「百家共一社。」今百家所社綜，即共立之社也。秋分，以牲祠社，其供帳盛於仲春之月。社之餘胙，悉貢饋鄉里，周於族。社餘之會，其在茲乎？此其會也，擲教於社神，以占豐儉。或折竹以卜。」〔註73〕

通過《荊楚歲時記》這則關於「社日」的記載，我們可以瞭解社日的主要風俗：「四鄰」結社以祭社神；在祭神完成之後共享胙肉。雖然在全國各地的社日風俗會有各種各樣的不同，不過這兩項風俗習慣在皖西南地區基本上都有保留。下面我們就來分析一下它們在皖西南歲時風俗區的傳承與變化。

「四鄰」結社以祭社神這個風俗習慣，體現了民間社祭「公共性」的特徵。〔註74〕在這一天共同承擔舉行祭祀社神的費用，而且共同參與到祭祀活動之中，最後還一起享用祭品。社日的這個「公共性」特徵在皖西南歲時風俗區基本上是保留下來了。如乾隆《東流縣志》「社日，鄉里攜豚酒共祀社神，

〔註70〕 （漢）崔寔原著，石聲漢校注，《四民月令校注》，北京：中華書局，1965年，第19頁。
〔註71〕 （宋）陳元靚，《歲時廣記》，卷十四·二社日.第141頁。
〔註72〕 （宋）吳自牧，《夢粱錄》，哈爾濱：黑龍江人民出版社，2003年，第17頁。
〔註73〕 （南朝梁）宗懍，《荊楚歲時記》，哈爾濱：黑龍江人民出版社，2003年，第244頁。
〔註74〕 曹書傑，《稷祀與民間社日研究》，山西大學學報（社科版），2007年3月，第2期，第92頁。

以祈穀，祭畢則燕極歡而罷，秋期如之」。〔註75〕又如乾隆《六安州志》：「社日，四鄰各結社會迎神，祀以牲醪，然後共饗其胙，秋社同，爐香、燈火、爆竹幾將元宵」。那麼到底所謂的「四鄰」和「鄉里」是有多少戶家人參加祭祀土神的活動，在《荊楚歲時記》裏的根據鄭玄說法是「百家共一社」，而這個說法與清朝時期的皖西南地區的記載有所不同，因爲這個地區基本上是「十家」左右共一社，如《潛山縣志》：「二月社日，十家爲社，共祀土神祈穀，祭畢，饗胙極歡而散，秋社亦如之。」〔註76〕又如《英山縣志》「二月賽社，十數家共一社，築室樹木，其日首事偕眾祀神於社，祭畢群飲其家，極歡而散」。〔註77〕不過即使「共祀一社」的戶數大大減少了，但是依然還體現了「社祭」這個活動的公共性。

然後我們來看看「共享胙肉」這個風俗習慣的特點。所謂「共享胙肉」的意思就是各家在祭祀完成之後就聚在一起來享用祭品，而享用祭品的形式一般都是宴飲。而且社日的宴飲是當地在一年當中難得的「四鄰共飲」的機會，所以在這次宴飲中，每個人都是盡情吃肉喝酒，享受聚會的樂趣，關於當時民眾的心情，皖西南歲時風俗區很多地方志，多次用到了「極歡而散」這個詞來形容當時參加宴飲人們的心情，如康熙《懷寧縣志》載「一月社日，鄉里合立社。至日，豕酒共祀社神以祈穀，祭畢飲神惠，極歡而散，又宰肉均頒之禮，秋社報神亦如之」，再如前文所引乾隆《東流縣志》、乾隆《潛山縣志》、民國《英山縣志》等都用到了「極歡而散」。除了宴飲之外有些地方還有均分胙肉的習俗，如乾隆《太湖縣志》：「二月社日，鄉有社，令眾姓祀之，用雞豚魚酒以祭，祈穀也。祭畢，宰分豚，務均謂之均□社，令其餘佐飲公，享極歡而罷，秋報亦如之」，〔註78〕又康熙《懷寧縣志》：「一月社日，鄉里合立社。至日，豕酒共祀社神以祈穀，祭畢飲神惠，極歡而散，又宰肉均頒之禮，秋社報神亦如之」。〔註79〕

與以上所述的共同風俗習慣之外，某些地方還有一些自己的特點，例如《荊楚歲時記》中提到的「爲屋於樹下」這個習俗在皖西南風俗區裏很少記載，只有民國《英山縣志》和嘉慶《合肥縣志》曾談到：「二月賽社，十數

〔註75〕乾隆《東流縣志》卷七《民事下‧風俗》。
〔註76〕康熙《潛山縣志》卷二《山川‧風俗附》。
〔註77〕乾隆《英山縣志》卷十《風俗‧物產附》。
〔註78〕同治《太湖縣志》卷三《輿地志‧風俗》。
〔註79〕康熙《懷寧縣志》卷六《風俗》。

家共一社，築室樹木，其日首事偕眾祀神於社，祭畢群飲其家，極歡而散」，〔註80〕「社日」鄉村多結會，爲屋於樹下，祭神，饗其胙。」除此之外，在貴池地區還有「祭新墓不過社日」的說法，康熙《貴池縣志》有記載：「祭新墓。俗云『新墓不過社』，仲春朔日後凡新□者，具牲體約姻親至墓，所祭之餕餘□返」。〔註81〕正所謂「五里不同風，十里不同俗」，在同一個歲時風俗區裏不同的地方也會有自己的特點，據次，我們將皖西南歲時風俗區又劃分爲兩個歲時風俗亞區：一爲安慶歲時風俗亞區，包括安慶、池州的東流縣以及六安的霍山縣、舒城縣、金安區，還有合肥縣；二爲池州歲時風俗亞區，包括貴池縣、石埭縣和青陽縣。

（一）安慶歲時風俗亞區

劃分安慶亞區的根據有三個：首先，這幾個縣在地理位置上是相互連接的，然後，端午節在安慶亞區的各個縣非常隆重，大部分的縣都有競渡的習俗，池州亞區的端午節沒有安慶亞區隆重並且沒有競渡的活動。下面分別瞭解安慶亞區的歲時風俗。

安慶亞區端午節的很多習俗其實與其他兩個亞區都是一樣：如門戶懸掛艾草、飲菖蒲雄黃酒、繫彩帶等等。但也有自己的一些特點：首先就是本亞區的端午節活動非常隆重，端午節的競渡活動更是熱鬧非凡，端午競渡的精彩引來了各個階層的人物，包括平民百姓、士人、士女和官員，這些人物把岸邊的亭臺樓閣都擠滿，而有些士人爲了觀看比賽還在岸邊搭起了棚帳，有些地方請俳優表演增加比賽的氣氛，關於這些端午競渡的熱鬧場景，同治《太湖縣志》、康熙《懷寧縣志》和康熙《宿松縣志》皆有記載。

同治《太湖縣志》：

> 五月五日家懸菖蒲艾葉於戶，製龍舟競渡，好事者於岸間插錦標，令奪取爲喧笑。士女盛服靚裝，結棚帳縱觀。用雄黃朱砂點小兒額，採百草以有無多寡，程勝負名，鬥百草。婦女繫五彩線於臂，云辟兵疫，以角黍鴨卵相饋遺。〔註82〕

康熙《懷寧縣志》：

> 五月五日：人家各以菖蒲、艾葉懸門戶，小兒以雄黃、朱砂點額羽，

〔註80〕乾隆《英山縣志》卷十《風俗‧物產附》。
〔註81〕康熙《貴池縣志》卷二《風土略‧風俗》。
〔註82〕同治《太湖縣志》卷三《輿地志‧風俗》。

士用五色紙折符牌縫小兒衣背上，婦女繫五色彩絲於臂，云辟兵疫。
習水者，製龍舟競渡於江，輕疾如飛，岸上觀者、如者臨水臺榭樓
閣，少長咸集，置酒縱觀。亦有坐輕船畫舫，結綵爲飾，中流簫鼓
與龍舟上下者皆極歡而罷。暮以色線縛角黍，投之江中以祠三閭大
夫，亦荊楚之遺俗也。城市鄉村皆家飲菖蒲雄黃酒。〔註83〕

康熙《潛山縣志》：

龍舟有黃紅青白花者，樞疾如飛。官民士女各結綵船，俳優鼓樂歡
飲爲樂。樹錦標，先奪者勝。東河、吳塘一時孟美，相距十五里，
或逆流上，或逆流下，時蕩漾往還。吳塘更有濂崖觀者，參差層列，
翩翩如畫。〔註84〕

從以上方志記載的熱鬧場景可以看出本亞區對端午節的重視程度，這也
是因爲本地區比較靠近荊楚地區的緣故。有相關方志記載，如《東流縣志》「習
水者，治龍舟競渡，拋角黍，祀三閭大夫，亦荊楚之遺俗也。」又如康熙《懷
寧縣志》「暮以色線縛角黍，投之江中以祠三閭大夫，亦荊楚之遺俗也。」

除了龍舟競渡非常隆重之外，懷寧縣和太湖縣還有一個特別的習俗，那
就是「送赤眼神」，《懷寧縣志》：「又曰晡時婦人以水浸殘花，擲街頭，云送
赤眼神。」〔註85〕又同治《太湖縣志》：「曰晡時，以水浸殘花擲街頭，云送
赤眼神」。〔註86〕關於這個習俗，《歲時廣記》有相似的記載：「人目眚赤者，
五月五日以紅絹或榴花及紅赤之物拭目而棄之，云得之者代受其病。」〔註87〕
由此可見，懷寧和太湖這兩個地方所謂的「送赤眼神」就是預防赤眼病的一
種儀式，其實「送赤眼神」的目的和在端午節這天採百藥、飲菖蒲雄黃酒等
一樣，都是爲了預防疾病，他們相信通過「送赤眼神」的做法，赤眼病就會
隨著殘花離開自己的家裏，或者如《歲時廣記》裏說的「得之者代受其病」。

安慶歲時風俗亞區有一個習俗——「焚紙錢」，意思是把年節時的松柏枝
及節期所掛門神門箋等一併焚化，以示年已過完，又要開始營生。康熙二十
五年《懷寧縣志》記載「（正月）三日，各焚其門懸紙錢，誠家人各職業，諺

〔註83〕康熙《懷寧縣志》卷六《風俗》。
〔註84〕康熙《潛山縣志》卷二《山川·風俗附》。
〔註85〕同治《太湖縣志》卷三《輿地志·風俗》。
〔註86〕同治《太湖縣志》卷三《輿地志·風俗》。
〔註87〕（宋）陳元覯，《歲時廣記》卷二十二，據十萬卷樓叢書本排印，北京：中華
書局，1985年，第256頁。

云『燒了掛門紙，各自務生理』。」〔註88〕同治《太湖縣志》「三日謂之送祖日，各焚門所懸紙錢，誡其家人各職所事。」〔註89〕

　　在正月裏除了初三焚紙錢這個習俗外，本亞區的有些地方還有過「人日」的習俗，最晚在漢朝的時候，「人日」融入年俗，並固定在正月初七，成為新年占卜的一部分，民俗表現為從新年正月一日始，依次占卜六畜與人的災祥，《荊楚歲時記》「正月一日為雞，二月為狗，三月為豬，四日為羊，五日為牛，六日為馬，七日為人，八日為穀。以陰晴占豐耗。」〔註90〕

　　而《歲時廣記》則有更詳細的記載：

> 月令占候圖曰：「元首至八日占禽獸，一日雞，天清氣朗，人安國泰，四夷遠貢，天下豐熟；二日狗，無風雨，即大熟；三日豬，天晴朗，君安；四日羊，氣色和暖，即無災，臣順君命；五日馬，晴朗四望無怨氣，天下豐稔；六日牛，月光明，即大熟；七日人，從旦至暮，日色晴朗，夜見星辰，人民安，君臣和會；八日穀，如晝明夜見星辰，五穀豐稔。」〔註91〕

　　隨著歷史的發展，除了「人日」外，其他七日的占驗活動基本上都消逝了。在「人日」這天，安慶歲時風俗亞區的一些地方則把占驗活動和「紫姑神」結合在了一起，如《太湖縣志》：「七日婦女迎紫姑，詢一歲吉凶。」〔註92〕《懷寧縣志》：「又婦女於是夜迎紫姑以占眾事。」〔註93〕《潛山縣志》「請廁姑問時事」。不過根據《荊楚歲時記》記載，「迎紫姑神以占驗」是在正月十五而不是正月初七——「（正月十五）風俗，望日以楊枝插門……其夕，迎紫姑神以卜」。對此，本亞區的方志也有提及，《太湖縣志》「荊楚歲時記十五日夕迎紫姑俗，七日即迎之或先期也。」《歲時廣記》引《異錄》的記載說明了紫姑神的能力：「（紫姑）能占眾事，卜桑蠶，又善射鈎」，正是「人日占驗」的傳統與「紫姑神能占眾事」這兩者具有一定的相似性，所以這兩個習俗就逐漸結合在一起了。

〔註88〕道光《懷寧縣志》卷九《風俗》。
〔註89〕同治《太湖縣志》卷三《輿地志・風俗》。
〔註90〕（南朝梁）宗懍，《荊楚歲時記》，哈爾濱：黑龍江人民出版社，2003年，第219頁。
〔註91〕（宋）陳元靚，《歲時廣記》，哈爾濱：黑龍江人民出版社，2003年，第88～89頁。
〔註92〕同治《太湖縣志》卷三《輿地志・風俗》。
〔註93〕道光《懷寧縣志》卷九《風俗》。

本亞區裏「在正月初七迎紫姑神以占驗」的地區除了太湖縣、懷寧縣、桐城縣和潛山縣外，其他地區「迎紫姑神以占驗」的習俗都是在正月十五，而本亞區在正月初七這天的共同習俗還有「逐疫」。《太湖縣志》：「日暮，群小兒鳴金鼓，自內連外，咸云趕狐狸。夜取蠟葉炮火中烈聲相聞，謂驅蜈蚣蛇蟻之類。」《懷寧縣志》：「七日，謂之人日。及暮群小兒鳴金器放火爆自室以內達外，咸云『逐毛狗』。」《潛山縣志》：「正月七日，小兒鳴鑼鼓驅疫，用刀砍果樹，令多生夜……」關於「逐毛狗」這個習俗，乾隆《望江縣志》有非常詳細的記載：

> （人日）兒童以草製獸形，曰「毛狗」，取五彩紙或掛門錢紙綴毛狗身上。下午，兒童持毛狗，壯者擊鑼鼓（無者擊銅鐵器），合屋燒雞柵，索毛狗喧呼，爆竹逐之，送至山澤曠野，聚毛狗雜爆竹燒之，彷彿迎貓虎、驅鼠豕之義。歸摘冬青樹葉置火中，俟其爆聲，曰「趕蚤虱」。〔註94〕

由以上的材料可知，所謂「逐毛狗」就是一種「驅疫」的儀式，只是叫法有所不同而已。除了「逐疫」習俗以外，有些地區在人日還會有「飼鼠」的習俗，《懷寧縣志》：「又炒豆粟粳米擲之室隅以飼鼠，謂之炒雜蟲，又於此日禁言鼠事。」《潛山縣志》：「擲雜果於室隅以飼鼠。」這種「飼鼠」的習俗可能是由「人日鼠嫁女」的傳說發展而來的，民國《續修桐城縣志》的記載可以證明這兩個習俗的聯繫性——「（正月）七日為『人日』，又曰『上七』，亦各祀其先。婦女迎紫姑，置米與花於婦女舊鞋中以嫁鼠，置鹽於火籠中作響，謂之『炒雜蟲』。」「人日鼠嫁女」的傳說裏有一個說法，就是老鼠在嫁女這一天要在人的家裏偷一些東西來做嫁妝的，所以當地人就要把食物放在家裏的角落或者舊鞋裏，把老鼠吸引到這些地方，從而防止老鼠去偷家裏其他的東西，而這些習俗就後來發生了變化，於是有些地方就只有「飼鼠」的習俗，而沒有提到「老鼠嫁女」的說法。

（二）池州歲時風俗亞區

劃分池州歲時風俗亞區的根據：六月六日，貴池、青陽和石埭三個縣都祭祀「田祖」，而其他地區的六月六基本上是「曝書、曝衣節」或者「試新」等習俗；除了六月六外，本亞區在八月中旬還會有隆重的活動來慶祝昭明太

〔註94〕乾隆《望江縣志》卷三《民事·風俗》。

子的誕辰等等一些不同的習俗，下面就來一一分析。

六月六日一般爲「天貺節」，這個節日來源於宋朝，《歲時廣記》有云：「《國朝會要》曰『祥符四年正月，詔以六月六日天書再降日爲天貺節，在京禁屠宰九日，詔諸路並禁，從歐陽彪之請也。」在宋朝滅亡以後，「天貺節」依然在民間流傳，但在元明清時期不再作爲國家的法定節日，而隨著歷史的發展，「天貺節」的習俗也發生了較大的改變，主要的習俗不再是宋朝所規定的那樣，而是曝曬衣物和書籍等，這種習俗在全國各地都非常普遍，但是在池州歲時風俗亞區裏，在「六月六」這天完全沒有「曝曬衣服、被褥、書畫、經卷」等習俗，而是「祭祀田祖」並受到重視，本亞區各個地方志都有相關記載：

嘉靖《池州府志》：「六月六日，祀田神（農人延僧道誦經於家，祀蠟神以禳苗害，析有年，標精於田，俗云『安苗』）。」

嘉靖《石埭縣志》：「祀田神（是月六日，各農傢具酒肉、米粿招蠟神，以禳苗，祈有年。標豬或標豬首於田，俗云『安苗』）。」

光緒《貴池縣志》：「六月六日，祀田祖（俗云『安青苗』）。」

乾隆《青陽縣志》：「六月六日，祀田祖。」

本亞區的各縣重視「祀田祖」是一種重視農業生產的體現，其實除了六月六「祀田祖」，還有很多歲時風俗都體現了本亞區對農業生產的重視。如在清明節除了掃墓之外，本亞區還有兩項重要活動——祭祀「蠶姑」和「浸穀種」。嘉靖《石埭縣志》「祀蠶姑（婦女製米繭祀蠶姑，以祈蠶），布穀（各家將所浸穀種，溫水浴成穀芽，撒布田內成秧）」，乾隆《青陽縣志》「三月清明，掃墓，簪柳，浸穀種」，光緒《貴池縣志》「（三月清明）祭蠶姑（婦女製米繭祀蠶姑，以祈蠶）」。本亞區還在十月初一舉行「飼耕牛」活動，嘉靖《池州府志》「十月一日，飼耕牛（是日，田家製麻糍，用荷葉裹以飼牛，云酬耕作之勞）」，《貴池縣志》、《青陽縣志》、《石埭縣志》也有記載，當地人在十月一日這天特意製作麻糍來慰勞耕牛，以答謝耕牛平日的辛苦勞作，這種習俗在皖西南歲時風俗區的其它地方並沒有記載，甚至安徽的其它地方也基本沒有這種習俗，由此可見當地人對農業生產的特別重視。

除了上述提到的風俗以外，池州歲時風俗區還有一個非常重要的歲時風俗不得不提，那就是農曆八月的賽神會，而這次賽神會的主角是與池州地區頗有淵源的昭明太子蕭統。康熙《貴池縣志》有記載：「八月，十二日妝各神

會迎昭明太子像於郡城祝聖寺，焚修者拜跪與道不絕，至十八日復迎像還西廟」，又光緒《青陽縣志》「八月，中秋賽神會」，而康熙《石埭縣志》對賽神會的盛況作了生動的描寫：

八月十五日，各神慶賀昭明聖帝。有酬五福願者，例予十一日供像於堂，至十五日賽會，肖神為假面，盛飾執械不下四五百尊，進西門，出東門，從昭明聖帝後迎遊人廟。笙歌沸耳，裝演眩目，觀者如堵，極為靡費。又，釀錢演戲，積月方休。〔註95〕

在花費極大的賽神會中，除了民間的人參加以外，還有官府的身影，明朝嘉靖以前甚至會派宮中太監來拜祭昭明太子，之後就由知府親自主持祭拜大典，乾隆《池州府志》「嘉靖以前，歲遣中官於秋仲詣廟祭告，後以其地方擾，奏罷之。命有司尊故事仲秋奉祀如禮」，又康熙《貴池縣志》「八月十二日知府率僚屬躬迎神像入祝聖寺，十五日躬祭」。在池州地區，供奉昭明太子的地方叫做「文孝廟」，文孝廟的由來在乾隆《池州府志》有記載：

梁昭明太子廟有二，一在府城西七十里。秀山梁建有昭明太子晃服陵，今土人謂之祖廟。……一在府城西四里，唐永泰間建，宋仁祐間賜額「文孝」……明洪武二年釐正祀典，仍號昭明太子廟。〔註96〕

除了貴池縣的祖廟外，青陽和石埭兩個縣也有文孝廟，石埭縣「文孝廟，在縣東九郎墩」（康熙《石埭縣志》），青陽縣「文孝廟舊在迎恩橋之西北隅，因廣學宮遷於崇壽寺之東廂」。（道光《青陽縣志》）供奉昭明太子的地方不僅僅只在縣城地區，在鄉村它也有分佈，不過在鄉村裏供奉昭明太子的地方不是頗具規模的文孝廟，可能就是幾塊石頭堆成的壇而已，就如方志記載：「貴池里社無不祀昭明為土主者，或採薋飛楝，或數椽樓神，或片石築壇」，又「各鄉有廟，惟在陵陽鎮者香火尤盛」、「各鄉皆有行祠」昭明太子之所以長期深受池州地區人民愛戴，是因為昭明太子不僅學識淵博，而且關注百姓生活。相傳昭明太子在貴池期間，有一段時間池州地區長期大旱，導致當地的糧食顆粒無收，在池州百姓發生嚴重的饑荒時，昭明太子目睹這一切，多次上書給皇上，親自安置送糧賑災，才使池州百姓度過劫難。在蕭統逝後，池州百姓哭聲一片，因敬昭明之德，仰昭明之才，特向朝廷請來了昭明的衣和帽子，在昭明生活過的秀山建造了昭明太子的衣冠冢和太子廟，世世代代都供奉著昭明的牌位。

〔註95〕康熙《石埭縣志》，卷二《風土志·風俗》。
〔註96〕乾隆《池州府志》卷二《風土篇》。

二、皖北歲時風俗區

皖北歲時風俗區的一個共同特點是本區都沒有「社日」這個節日，根據這個特徵，我們把這個地區劃分為一個歲時風俗區，謂之「皖北歲時風俗區」，本區包括安徽省淮河以北的全部地區以及滁州。本區除了「沒有社日」這個特徵外，各地還有兩個共同的節日——十月初一「寒衣節」以及冬至。雖然冬至這個節日安徽的其它地區也存在，不過並沒有本地區那麼普遍。而十月初一「寒衣節」在安徽其它地區更是罕見。

十月初一，謂之「寒衣節」、「十月朝」，又名「秦歲首」，這是因為秦朝曾經將十月初一作為歲首來過，在《荊楚歲時記》就有記載：「十月一日，黍臛。俗謂之秦之歲首」。〔註97〕「十月一，送寒衣」的習俗在宋代就已經有明確的記載，宋朝的《東京夢華錄》中就有提到「（九月）下旬即賣冥衣靴鞋席帽衣段，以十月朔口燒獻故也」，但當時還沒有成為一個正式的節日，而「寒衣節」這個節日最早是在元朝出現的，例如《析津志輯佚・歲記》有提到：「是月，都城自一日之後，時令謂之送寒衣節。祭先上墳，為之掃黃葉。此一月行追遠之禮甚厚。雖貧富咸稱家豐而誠敬。」〔註98〕這就表現出當時的大都裏的百姓都非常重視「送寒衣」的這個習俗的。到了明清時期」寒衣節「成為與清明節、中元節並列的節日，十月初一給亡人送寒衣成為城鄉通行的習俗。

而在皖北歲時風俗區「十月一，送寒衣」的習俗是非常普遍的，現將本區各地關於這個節日的記載列表如下：

地 區	內 容	資 料 出 處
潁州	十月朔，祭掃如「清明」，焚寒衣。	乾隆《潁州府志》
阜陽縣	十月，朔日祭掃，「焚寒衣」。	乾隆《阜陽縣志》
渦陽縣	十月一日，祭掃先塋，如「清明」儀。	民國《渦陽縣志》
潁上縣	「下元」：十月初一，祭墓如「清明」儀，「焚寒衣」。	順治《潁上縣志》
太和縣	十月朔日，祀墓焚紙，俗謂「送寒衣」。	民國《太和縣志》

〔註97〕 （南朝梁）宗懍，《荊楚歲時記》，哈爾濱：黑龍江人民出版社，2003年，第245頁。

〔註98〕 （元）熊夢祥，《析津志輯佚》，北京圖書館善本組輯，北京：北京古籍出版社，1983年，第223頁。

宿州	十月一日，拜掃先塋，如「中元」儀，「送寒衣」。	康熙《宿州志》
蕭縣	十月朔祭墓，剪紙為衣焚之，曰「送寒衣」。	嘉慶《蕭縣志》
虹縣	十月一日，祭掃祖墓，如清明儀。	康熙《虹縣志》
五河縣	十月朔日，具牲醴掃墓。	光緒《五河縣志》
鳳臺縣	十月朔日，掃墓、焚紙錢，謂之「送寒衣」。	光緒《鳳臺縣志》
滁陽縣	十月一日，祀先如七月望日，上家如三月清明。	萬曆《滁陽縣志》
滁州志	十月一日，祀先上家。	康熙滁州志
來安縣	十月一日祭墓。	天啟來安縣志
鳳陽縣	「下元」：十月初一日，祭祖先墓如「清明」。	康熙鳳陽縣

　　根據這個表格來看，方志有著明確記載的地區已經基本覆蓋了本區，由此可見「寒衣節」在本區的普遍性，而皖北歲時風俗區「寒衣節」的習俗無外乎四個：掃墓、祭祀祖先、焚紙錢、焚寒衣。但是，關於「寒衣節」的具體習俗，方志沒有詳細的記載，而是用「如清明」、「如中元」來形容，所以我們有必要來瞭解一下本區的祭祀風俗。

　　乾隆《亳州志》（祭禮）：「古士大夫四時祭，今俗有不盡符者，惟於元旦、清明、七月望、十月朔、除夕治肴蔬祀先於室中，或於墓所。其建宗祠，群昭群穆咸至者，不過一二大姓而已。」〔註99〕又《穎上縣志》「士大夫之家有家廟，陳主祭祀如禮。庶人則掃地以祭。」〔註100〕由此可見，本區祭祀祖先的時間有四個，除夕、清明節、中元節和寒衣節；祭祀的場所有兩種，士大夫在家廟或者宗祠，庶人只能在墳墓進行祭祀。有宗祠的士大夫並不是單獨一家舉行祭祀，而是合族祭祀祖先，並由族長主持祭祀儀式，乾隆《阜陽縣志》「士夫有家廟者，朔望族人畢集，拜祖先畢，長幼尊卑以次序拜，春秋二祭，擇日設撰，質明行事，用三獻禮，族長主祭。」〔註101〕民國《渦陽縣志》也有記載「其民間祭禮，士夫有家廟者春清明節、冬十月一日設撰，質明行事，用三獻禮，族長主祭，然多為通族合祀。其四時令節、冥壽、忌甘，各有常祭於寢。」〔註102〕

〔註99〕乾隆《亳州志》卷十《風俗》。
〔註100〕同治《穎上縣志》，卷十二《雜誌・風俗》。
〔註101〕乾隆《亳州志》卷十《風俗》。
〔註102〕黃民國《渦陽縣志》卷十一《禮俗》。

　　但是即使是士大夫，他們中的大部分人都是沒有宗祠的，萬曆年間的《帝鄉紀略》云：「力能建祠者，亦止於正寢行之，反以掃墓爲重。祠堂之立，未有倡者，間有一二，准存其名而已。祀事家法，皆非江南之比也。」〔註103〕沒有宗祠的士大夫都是在家寢內樹立木主牌位來祭祀，如天啓《來安縣志》「祭祀，土瘠人貧，士大夫無家廟，間有一楹，大都從中堂內寢設主供奉。」〔註104〕又民國《全椒縣志》「士庶無家廟，多於寢室中設盒奉主以寄朝夕瞻慕。」〔註105〕出現這種現象的原因，除了上文提到的「土瘠人貧」和「以寄朝夕瞻慕」以外，其實更加主要的原因是皖北地區沒有太強烈的宗族觀念。

　　由於皖北歲時風俗區的地域非常廣泛，本區內的歲時風俗都會難免有所不同，所以我們有必要進一步把這個地區進行劃分，經過資料爬梳對比，筆者把本區又劃分爲兩個歲時風俗亞區：淮北歲時風俗亞區以及滁蚌歲時風俗亞區。淮北歲時風俗亞區包括安徽省內淮河以北除了滁州和蚌埠市之外的全部地區，而滁蚌歲時風俗亞區就只包括滁州和蚌埠市。

（一）淮北歲時風俗亞區

　　把這些州縣劃分爲這個地區的原因是，這個亞區內的州縣在正月十五的習俗是滁州和蚌埠市所沒有，也是安徽其他地區所沒有的，那就是「宜蠶」。

　　宜蠶是漢族民間歲時風俗，流行於長江中下游，淮河流域、黃河中下游等養蠶地區。以淮河兩岸爲盛，農曆正月十五元宵節那天，淮北的阜陽、阜南、太和、渦陽、蒙城，潁上，鳳臺等縣農村，家家戶戶用麥麵或米粉蒸饃，饃均得做成蠶的形狀。拿這種蠶形饃來祭神，祀祖，食用，並且在親友間互相饋贈。有預祝本年度蠶桑大豐收的用意，故稱。此俗至今仍流行於某些養蠶的農村。〔註106〕關於宜蠶，本亞區的很多地方志都有記載：乾隆《阜陽縣志》「『上元』，張燈於庭，食米粉圓子，蒸麵米如繭，謂之宜蠶。」光緒《潁上縣志》「上元，爲麥食如繭，日宜蠶。」民國《太和縣志》「上元，家蒸麵食如繭，俗謂之宜蠶。」〔註107〕而這個習俗可能是來自於《歲時廣記》裏記載的「上元祭蠶室」：

〔註103〕萬曆《帝鄉紀略》卷五《禮教志・風俗》。

〔註104〕天啓《來安縣志》卷八《風物志・風俗》。

〔註105〕民國《全椒縣志》卷四《風土志》。

〔註106〕葉大兵，烏丙安主編，《中國風俗辭典・歲時節日類》，上海市：上海辭書出版社，1990 年第 56 頁。

〔註107〕民國《太和縣志》卷一《輿地志上・疆域・風俗》。

《續齊雜記》：吳縣張誠之夜見一婦人立於宅東南角，舉手招誠，誠就之。婦人曰：「此地是君家蠶室，我即地之神，明日正月半，宜作白粥泛膏於上以祭我，當令君蠶桑百倍。」言訖失之。張如其言，爲作膏粥，年年祭之，大得蠶焉。或云，其神降於陳氏之家，云蠶神也。世人正月半作膏粥，由此故也。

雖然祭品由「膏粥」換成了「面蠶」，但是他們的目的都是一樣的，都是希望自己的蠶能夠產出更多的生絲。而本亞區之所以會重視「宜蠶」這個風俗，是因爲淮北平原區是安徽的主要蠶區，歷史上主要蠶區有潁上、太和、阜陽、臨泉、亳縣、渦陽、蒙城、泗縣、靈璧、碭山、宿縣、濉溪等縣，基本上覆蓋了整個淮北平原地區。另外，據有關資料記載，宣統三年（1911年）僅阜陽一個縣，年產繭就達1500多擔；民國27年（1938年）太和縣有個繭站一季收購鮮繭4000擔。〔註108〕由此可見當時淮北平原地區蠶桑業的繁盛。

本亞區還有一個特別的習俗，那就是「走百病」。「走百病」是明清時期南北都有的民俗，基本上是在正月十五和十六這兩天，不過大部分是在正月十六，也叫「遊百病」、「除百病」，有些地方一定要走橋，所以也叫「走三橋」。在本亞區的風俗裏，「走百病」有的在正月十五日，也有的在正月十六日的。在正月十五「走百病」，可以說是元宵節眾多風俗中的一種，如光緒《五河縣志》「士庶遊觀，至十六夜止，俗謂之『走百病』」〔註109〕又光緒《鳳臺縣志》「『上元』，前後三日皆爲燈。夕喧鼓樂於中庭，謂之『鬧元宵』。城鄉男女俱出，謂之『走百病』。」〔註110〕而在正月十六「走百病」可以看做是元宵風俗的延續，其實「走百病」風俗的主體基本上是士女，在古代社會士女是沒有多少機會能夠走出「閨房」的，而在正月十五和十六的「走百病」風俗無疑爲這些士女的出行提供了契機，出來走的往往還是普通百姓人家居多，如乾隆《含山縣志》：「十六夜，婦女出遊，曰『走百病』。然亦尋常有之，紳士家及稍有體者皆禁。」這條史料也是當時社會封建禮教對婦女的禁錮嚴格的眞實寫照。

二月二日，本亞區還要過一個「圍倉節」。民國《渦陽縣志》「二日，布

〔註108〕安徽省地方志編纂委員會，《安徽省志・第三篇經濟作物・第四章蠶桑》，北京：方志出版社，1999，第169頁。
〔註109〕光緒《五河縣志》卷三《疆域志・風俗》。
〔註110〕光緒《鳳臺縣志》卷一《輿地志・風俗》。

灰庭前，謂之『囤倉』。」二月二日，也就是所謂「龍抬頭」的日子。據傳說，二月二龍抬頭，萬物復蘇，這一年能不能風調雨順，農業生產能否獲得豐收，有賴於龍的恩賜。早了有青龍致水；澇了有火龍汲水。所以，每到這一天，家家戶戶都要在屋裏擺上供，在院子裏和禾場上，用青灰畫很多圓圈，大圈套小圈，這象徵著囤子圍圈的大糧囤，也叫「糧倉」。最中間，挖一個小坑，小坑裏埋上五穀雜糧。在「糧倉」的最外面，再用青灰劃個「梯子」，象徵著糧倉的高大，大倉滿，小倉流，五穀豐登。這就是二月二圍倉節的由來。而在蕭縣，當地人把灰撒在穀倉周圍，如果當沒風吹過而灰卻能飛起來就代表著是吉兆了。

（二）滁蚌歲時風俗亞區

之所以會把滁州和蚌埠劃分為一個亞區，是因為這兩個地區除了沒有上文所提到的淮北風俗亞區特殊歲時之外，本亞區還有四月八日食「不落莢」的習俗，而這個習俗是淮北風俗亞區所沒有的：

萬曆《滁陽志》：四月一日，帶皂莢葉。八日，食不落莢，相饋遺。〔註111〕

天啟《來安縣志》：四月八日『浴佛』，食不落莢。〔註112〕

康熙《滁州志》：四月一日帶皂角葉。八日，食不落莢，相饋遺。〔註113〕

浴佛節食不落夾的習俗始於明代。關於不落夾，古籍中多記載。明代劉若明《酌中志》介紹：「初八日，進不落夾，用葦葉方包糯米，長可三四寸，闊一寸，味與粽同。」《明會要》中解釋：「不落夾者，以糯米、粳米、黑糖、蜜、紅棗為之。」明朝鄭大白說：「四月八日佛誕，有不落夾。製黑黍飯，用不落葉包之，為角，名不落角，一名不落夾」。不落夾的名稱源於用不落葉包裹而得。

三、皖東南歲時風俗區

皖東南歲時風俗區包括巢湖市、蕪湖市、宣城市以及徽州地區。正月十五的元宵節是本區一個非常重要的節日，在清代初期的太平府，當地人在正月十三就開始為元宵節做好準備，並一直延續到正月十七日，而這五天的慶祝活動也是非常的熱鬧：

〔註111〕萬曆《滁陽志》卷五《風俗》。
〔註112〕天啟《來安縣志》卷八《風物志・風俗》。
〔註113〕康熙《滁州志》卷六《風俗》。

元夜起，十三日爲「試燈」，止十七日爲「送燈」，相慶「元宵」，亦曰「燈節」。門首各懸花燈，當塗多用紅紙糊之，取吉慶。城市多作魚龍、花球、走馬諸燈及鮑老、獅象諸戲，或結棱通衢爲鰲山，燃蓺達曙無禁。其間蕭鼓喧闐，遊人歌唱，以花筒、雪爆相勝。仕宦家每以吳珠蓼絲競巧。舊志「千里風煙同樂國，萬家燈火共樓臺」，其盛可見矣。〔註114〕

而在繁昌縣，當地人還要舞燭龍以及其他表演，他們想通過此來酬謝神靈以及祈求子嗣，《太平府志》「繁昌則衣冠家競賽燭龍，或百丈，或數十丈，高丈許，穿街達巷，俗以祈嗣兼祓不祥之氣焉。」〔註115〕又「元宵比屋張燈，而燭龍尤盛，鼓吹前導，編歷親友家，致天仙送子旗一面，燭一對，親友以彩紅禮之。自十三日起爲試燈，十七日爲送燈，俗以酬神兼祈子嗣，復有兒童扮爲雜劇亦如之，此雖糜費，實太平景象也。」〔註116〕而在民國《蕪湖縣志》中則可以看出當時人們不惜重金購買花燈以及「試燈」時的熱鬧場景：

「上元」，謂之「燈節」。先是市肆鬻燈，或糊紙，或剪綵爲之。又有遠販他郡而至者，製作尤精巧可觀，人爭購之，以眴女子及親故子女之相暱者，常以藥金予直不惜也。不數日，市爲空。前三日既夕試燈，里中少年多結隊爲魚龍曼衍之戲，或爲秧歌，採茶詞，懸火照耀，招搖而過市。觀者肉薄如牆，而進漏三下未已也。「元夕」尤盛，遂至申旦。〔註117〕

「燈節」在寧國縣更加受到重視，在民國時期寧國的「燈節」一直從正月十三延續到二月初二，而且花燈的樣式以及慶祝的形式也是多種多樣的，方志記載道：

十三日爲「燈節」。鄉人以篾絲紮龍長數丈，並禽獸、蟲魚、花草、鰲山、竹馬，名狀不一，鉤心鬥角，燭火輝煌，走舞街巷，老幼競逐。尚有採蓮船、高蹺、車兒燈、狗皮獅子諸戲，雜唱山歌村曲，濁但不堪。通宵達旦，所謂金吾不禁。舉邑若狂，自「燈節」訖二月二日止，絡繹不絕。十五日爲「上元節」。

〔註114〕康熙《太平府志》卷五《風俗》。
〔註115〕康熙《太平府志》卷五《風俗》。
〔註116〕康熙《繁昌縣志》卷三《風俗》。
〔註117〕民國《蕪湖縣志》《地理志・風俗》。

　　其實除了在元宵節有熱鬧的表演之外，本區的一些重大節日也會有隆重的表演以及演劇，其中一個例子就是立春時的慶祝活動。在古代以農業爲主的中國，主要是靠天吃飯，所以代表新年之始的「立春」就成爲古代農民非常重視的一天，在這一天除了慶祝新的一年的開始以外，還要占驗來年的農業豐歉的情況，所以這一天有著很多隆重的儀式和表演。在清初的太平府，在立春的前一天進行表演，稱爲「迎春」：

　　　　「立春」，先日爲「迎春」，妝戲劇，徵女伎爲陽春腳昇之行，
　　　　鼓吹迎土牛於東郊，觀者塞塗。俗謂幼者以豆擲牛可無恙。芒神經
　　　　門過則焚褚設祭，宅通衙者下簿門肆逐所親以觀。雖嚴寒，年少者
　　　　必春衣把扇，折梅花插帽爲笑樂。次日立春，所在官司鞭春如制。
　　　　如其色製小土牛頒緒紳家，謂之「送春」。〔註118〕

　　而在雍正時期的建平縣，「演春」還從「迎春」中分離出來，稱爲一個獨立的節日風俗，而且還有占驗活動：

　　　　「立春」前一、二日，城內各坊以金翠繡綺飾兒童，效傳奇中
　　　　佳事，加板支棚帳以候贊廳點閱，曰「演春」。次日，彩仗鼓吹，各
　　　　官至東郊八蠟神祠導句芒、土牛入城，曰「迎春」。童叟雜沓，競觀
　　　　爲樂。視土牛形色以占水旱，高下宜種；句芒鞋帽以卜忙閒。各官
　　　　宴畢，復作鮑老、狻猊諸伎。次日黎明，鞭春如制。

　　在徽州地區，關於「演春」的記載也見諸方志，如《涇縣志》「『立春』，前期一日邑宰率僚屬迎春於東郊，邑人裝故事迎春，聚觀土牛色以占水旱等災。」，〔註119〕又同治《祁門縣志》「『立春』前一日，官長率屬迎春東郊，造土牛，占廠色以卜水旱聽民扮劇相從。『立春日』，官長祀太歲，行鞭春禮，儺。」〔註120〕

（一）徽州歲時風俗亞區

　　根據地區是否有慶祝「汪越國公」的誕辰，將這些地區劃分爲徽州歲時風俗亞區，主要包括古徽州一府六縣。

　　汪越國公是徽州歷史上非常著名的人物汪華。汪華，字國輔，歙縣登源人。趁著隋末大亂起兵奪取歙、宣、杭、睦、婺、饒六州，他以自己的軍力

〔註118〕康熙《太平府志》卷五《風俗》。
〔註119〕嘉慶，《涇縣志》卷一《沿革・風俗》。
〔註120〕同治《祁門縣志》卷五《輿地志・風俗》。

保護這六州免遭兵火的殘害，他主政期間勤政爲民、清廉無私，他還盡力調和土著與移民之間的矛盾，使這六個州百姓得以安居樂業。入唐以後，官拜歙州都督、越國公。徽州人世代感激汪華的大恩，所以在徽州汪華的廟宇祭祀、行祠社屋遍佈。而且每年在「汪越國公」誕辰這天，徽州都會有大型的賽神會，當時的情景也是非常熱鬧：

> 二月二十八日，歙、休之民輿汪越國之像而遊，以誕日爲上壽，設俳優、狄鞮、胡舞、假面之戲，飛織垂髻，偏諸革鞜，儀衛前驅，旌旄成行，震於鄉井，以爲奇雋。〔註121〕

除了「汪越國公之外」，本亞區還有很多慶祝誕辰的人物，慶祝的方式基本上是賽神會，道光《黟縣志》記載道：「俗多聯會賽神，汪公華、張公巡、許公遠，昔以防禦有功德於民；關聖帝、周宣靈王以忠孝爲民所奉；康公深則自由右興。」其實這個史料描寫的情況不止是在黟縣，而是在整個徽州地區都是非常普遍的。以歙縣爲例，明代歙縣人黃煥有《賽神曲》詩描述賽神之盛況：

> 秋日坎坎日擊鼓，推牛賽神雜百舞。亭亭翠蓋驕青雲，冉冉朱旗聯夕晚。百靈連蹕下帝都，芙蓉作冠霞作繻.五花噁馬珠頭絡，六龍飛擧流蘇錯。朝群西諸暮東岡，九華步障陳椒漿。繁謳急管嬉未央，千秋萬歲神樂康。美人處處遙相望，翠羽明珠照路旁。遺鈿墜拜紛如雨，欲歸未歸愁斷腸。神來縹緲五雲開，神去秋冥楓樹衰。降福於民何有哉？娜鐲空山一悵望，蕭蕭風雨夜排徊。〔註122〕

清代乾隆時的《歙西竹枝詞》載有三首迎神賽會的竹枝詞：

> 會期初十是槐塘，四姓迎神共一方。樂春笙歌分次第，許多旗傘叫行香。

> 唐模村鄉古會好，神靈遊戲乖乖寶。人抬降橋兩邊盃，趁醉沿門把帳討。

> 九月茶坑賽大陽，迎神循例各村鄉。客來看會無他敬，拉住諸位呷酒漿。〔註123〕

〔註121〕嘉靖《徽州府志》卷二《風俗》。

〔註122〕（明）黃煥《羅穎樓初稿》，安徽省博物館藏，轉自汪慶元《徽學研究要籍敘錄》，《徽學》（第2卷）。

〔註123〕《歙西竹枝詞》，轉自汪慶元《徽學要籍敘錄》，《徽學》（第2卷）。

由此可見當時歙縣迎神賽會的盛大場面，也可以從中看到當地人對賽會的熱情與喜愛。

（二）巢蕪宣歲時風俗亞區

把這兩個地區劃分進入一個歲時風俗區，是因爲這兩個地區大部分的歲時節日風俗基本上相同，都有過冬至節、浴佛節、也有過中元節等等，最主要的是它們的節日習俗具有很多的相同點，下面就來分析本歲時風俗亞區的具體情況。

首先要談到的節日是冬至，冬至在本亞區非常普遍，幾乎每個縣都有慶祝這個節日，但地區之間慶祝的細節又有不同之處。

冬至是中國典型的歲時節日，在宋代以前被稱爲「小歲」等。在中國傳統社會裏，冬至處於一年中新舊更替的時候，有著除舊迎新的意義，所以冬至與農曆新年的習俗有著明顯的聯繫，中國的很多地區都流傳著「冬至大如年」俗語。〔註124〕《夢梁錄》有記載：

> 十一月仲冬，正當小雪、大雪氣候。大抵杭都風俗，舉行典禮，四方則之爲師，最是冬至歲節，士庶所重，如饋送節儀，及舉杯相慶，祭享宗，加於常節。士庶所重，如晨雞之際，太史觀雲氣以卜休祥，一陽後日晷漸長，比孟月則添一線之功。杜甫詩曰：「愁日愁隨一線長」，正謂此也。此日宰臣以下，行朝賀禮。士夫庶人，互相爲慶。太廟行薦黍之典，朝廷命宰執祀於圓丘。官放公私僦金三日。車駕詣攢宮朝享。〔註125〕

由此可見在宋朝的時候，冬至這個節日無論朝廷還是民間都是非常重視的。而在明代以後，冬至的地位逐漸下降，到清朝以後就成爲一個普通祭祀祖宗和互相慶賀的節日，巢蕪宣風俗亞區各縣冬至風俗記載如下：

> 巢縣：冬至，士大夫行拜賀禮如元旦。〔註126〕

> 蕪湖縣：冬至，是日晨起，各焚香家廟，子姓爲尊長、賀長，至其泛交不遍賀也，儀節略如元旦。〔註127〕

〔註124〕鍾敬文主編，《中國民俗史・明清卷》，北京：人民出版社，2008年，第332～333頁。

〔註125〕（宋）吳自牧撰，《夢梁錄》，哈爾濱：黑龍江人民出版社，2003年，第57頁。

〔註126〕道光《巢縣志》卷三《輿地志三・山水・風俗附》。

〔註127〕民國《蕪湖縣志》《地理志・風俗》。

盧江縣：冬至，祀始祖於宗祠，少長咸集，祭畢燕飲，至晚方散。〔註128〕

和縣：冬至日，拜冬、望雲占歲，祀先廟、掃墓如清明。〔註129〕

繁昌縣：冬至，君子、道長、士大夫各懷□相賀，民家則已。〔註130〕

南陵縣：十一月「冬至節」行冬祭禮。大族團祭於祠，課試合族士人如「清明」於貧寒者酌貼束脩以爲之勸。又，市人以蕎麥粉製講沿街呼賣，謂食此可下豬毛，實則蕎性能降陰升陽，取其合於「冬至」陽生之義耳。

廣德州：十一月「長至日」，官民俱相賀。按，是日祀先。

寧國縣：十一月「冬至節」爲「大冬」，有族祠者行祠祀典禮，亦如「清明」。

績溪縣：十一月「長至日」，士大夫行交賀禮，略如「元日」。

從以上的記載可知，冬至這天的活動主要就兩個，一個是祭祀祖先，另一個就是互相拜賀，並沒有其他大型的慶祝活動。祭祀祖先是中國民眾在歲時節日裏非常重要的一項活動，很多傳統節日裏都有祭祀祖先的活動，從元旦，到清明和中元節，再到冬至，最後到了除夕夜都要祭祀祖先。而關於「祀灶」或者「送灶」的時間及相關資料列表如下：

地 區	送灶時間	引　　文	引文來源
太平府		「小年夜」，十二月二十四日祀灶以餳爲小餅，曰「灶糖」，輔以果豆，曰送灶神上天。	康熙《太平府志》
繁昌縣	二十四日	臘月念四日，俗傳此夕灶神昇天，以湯餅、米果餞之，謂之「祀灶」。按，今俗謂臘月二十四日灶神上天，或先一日，或本日設粉團、糕場祀之，又剪草撒豆於空中以飼神馬，謂之「送灶」。	民國《繁昌縣志》
巢縣		二十四日，「祀灶」，用怡糖、小餅、炒米豆爲供，不以牲。	道光《巢縣志》
涇縣		臘月二十四，多掃屋塵。其夕祀灶，謂之「送灶」。	民國《涇縣志》

〔註128〕嘉慶《盧江縣志》卷二《疆域・祥異風俗附》。
〔註129〕光緒《直隸和州志》卷四《風俗》。
〔註130〕康熙《繁昌縣志》卷三《風俗》。

蕪湖縣	二十三日	臘月廿三日，設搪果於灶陘，焚香送灶，散草豆飼神馬，雲神於是日上天白人間事也。	民國《蕪湖縣志》
績溪縣		二十三日後，各家以茶點、米果「祀灶」。祭畢，燃燭於釜，以「照虛耗」。	嘉慶《績溪縣志》
含山縣		二十三日，以飴餅、生茗「祀灶神」，更具草豆爲灶神芻馬。不及舉者，俟及次日。	乾隆《含山縣志》
和縣		二十三日，飴果送灶神，廚媼拜而祝之，不及舉者以次日。	乾隆《和縣志》
無爲		二十三日，夜「祀灶」，用飴糖、小餅、米果爲供。	乾隆《無爲州志》
盧江		二十三之夜，具搪米果茶以祀「灶神」。	雍正《盧江縣志》
寧國縣	二十五日	通俗二十三日送灶神，二十四日接祖，謂之「小年」，寧俗有二十五、二十八不等。	民國《寧國縣志》

　　由此可見，本亞區各地區送灶的日子一般主要集中在臘月二十三日和二十四日，祭灶時家家燒香點蠟，把鍋臺上原貼的舊灶君揭下焚燒，表示送灶君上天。爲了要灶君多講好話，當地人要在鍋臺上擺上用糯米熬製的「祭灶糖」，意爲以「祭灶糖」糊住灶神的嘴巴，不讓灶神在上到天庭彙報時向玉帝說自己的壞話。然後就將灶君的神像揭下，用火與紙錢等東西一起燒掉，讓灶君與煙一起昇天了，成爲一種有意味的風俗習慣。

小　結

　　本章主要分析了安徽省各風俗文化因子的省域特徵以及各地區之間風俗的差異。在婚俗方面，清代安徽的婚俗基本上保留了前代婚俗的習慣，如「納采、問名、納吉」等禮節的規定。但另一方面，清代安徽各地的民眾又把各種繁雜的禮節都進行了合併或者簡化，把問名併入納采，而以納吉、請期併入納幣等等，另有有「冠婚合一」、「崇尚節儉」、「厭勝活動頻繁」等全省性的特徵。除此之外，安徽各地區之間也有各自特點，爲了便於分析，筆者根據各地區是否舉行六禮中的親迎禮一環，將安徽省分爲三個婚姻習俗區——即皖東南親迎區、皖北混合親迎區、皖東南不親迎區，這三個婚俗區都有著自己特別的婚姻習俗特徵。皖東南親迎區是安徽省保存前代婚姻習俗最爲完

整的地區，這裡不僅保存了「納采、問名、納吉」等禮節，而且還舉行被很多地區都放棄的親迎之禮，其他習俗基本上是遵循古制，崇尚節儉，不追求奢華。皖北混合親迎區則情況比較複雜，本區內有些地方是有親迎的，而有些地方是沒有親迎的，不過皖北地區也有一個非常鮮明的共同特點，那就是聘禮「不論家財」，女方在成親時不要求男方太大的聘禮，而男方也不要求太多女方隨嫁的嫁妝，雖然皖北不太注重婚禮中的錢財來往，但是卻很講究門第。而皖東南不親迎區可以說是安徽省經濟比較發達的地區，這裡還包括有「東南鄒魯」之稱的徽州府，本區的婚姻習俗的特點是有繁文縟節等特點。

與婚俗不同，清代民國安徽的喪葬習俗特徵則更具有普遍性，各地之間的差別不是特別明顯，清代民國安徽的喪葬習俗有崇信佛道和堪輿家說以及厚葬之風盛行，這些特徵的主要表現就是有喪葬則必佛事，迷信堪輿家說則多有停柩不葬的現象，為了厚葬有些家庭甚至傾家蕩產。不過這些特徵在皖北地區則沒有那麼強烈，與皖北經濟落後有關聯。

歲時風俗是安徽地域特色最為明顯的習俗，因為國家關於歲時風俗（除了個別節日有規定外）並沒有強制的規定，更多的是看當地人是如何繼承和發展前人的節日習俗。所以筆者在劃分歲時風俗區的時候，除了三大歲時風俗區之外還在它們下面劃分了一些歲時風俗亞區：這些不同的歲時區和亞區除了一些普遍性的節日外，還有著自己特殊的節日以及風俗習慣，呈現出了多樣性、複雜性的特徵。

第三章　清代民國時期安徽方言文化地理

　　語言學家周振鶴、游汝傑說：「語言是文化的產生和發展的關鍵，文化的發展也促使語言更加豐富和細密。」〔註1〕張偉然說：「從文化要素上講，方言，對歷史文化地理而言是第一等重要的文化要素。」〔註2〕方言是語言的地域性表現，是反映各地地域風俗及信仰的重要文化因素之一。可見，在區域歷史文化地理研究上，對方言地理以及方言與其它文化因素相互關係的研究是一個很重要的方向。據筆者所見，張曉虹《文化區域的分異與整合—陝西歷史地理文化研究》〔註3〕中將陝西方言與陝西戲劇劇種相結合、朱海濱《近世浙江歷史文化地理研究》〔註4〕中將浙江方言與地方戲劇相結合的寫法，方法新穎，頗有見解。在爬梳安徽方言與戲曲史料時，我也發現安徽各地方戲的流佈與傳播和方言的分佈有著內在的一致性與關聯度，如淮北梆子以中原官話爲主、倒七戲（廬劇）多采用江淮官話，而黃梅戲主要爲安慶方言等等。當然，同一聲腔系統的地方戲在傳播到其他地區以後，爲適應當地的欣賞與聽覺習慣，受當地方言的影響，聲腔也會出現一些變化，如南戲四大聲腔之一的弋陽腔能夠在皖南得到快速傳播，與其擅於「錯用鄉語」，適應當地的風

〔註1〕 周振鶴、游汝傑：《方言與中國文化》，上海：上海人民出版社，2006年，第1頁。
〔註2〕 張偉然：《也談宋代地域文化的學術定位》，載《學術界》，2001年第2期。
〔註3〕 張曉虹：《文化區域的分異與整合——陝西歷史地理文化研究》，上海書店出版社，2004年1月第1版。
〔註4〕 朱海濱《近世浙江歷史文化地理研究》，上海：復旦大學出版社，2010年版。

俗習慣是分不開的。我本想將清代安徽方言文化地理與戲曲文化地理合成一章來重點論述方言對戲曲劇種的影響，但因爲兩者自身的時空分佈與區域差異已相當複雜，因此最終還是分成獨立的兩章來論述。游汝傑先生的《地方戲曲音韻研究》〔註5〕曾專闢一章詳細探討了安慶方言與黃梅戲音韻的相互關係，可參考。

　　安徽橫跨江淮兩岸，東連江蘇、浙江，北靠山東，西接河南、湖北，南鄰江西一帶，作爲我國南北的過渡地帶，具有較爲複雜的地理條件，加之因歷史戰亂等因素造成的多次人口遷移與定居，成就了安徽方言紛繁複雜而又存在眾多「方言島」的分佈特點，方言是劃分文化區的一項重要依據，因此，研究清代民國時期安徽文化區域的差異情況，必須要弄清安徽方言的地理分佈格局；分析安徽綜合文化區的成因，也需知曉安徽方言區的形成演變過程。

第一節　安徽方言文化地理與前人研究

　　語言存在於人類社會中，並隨著社會的發展而不斷變化，秦漢以後，北方漢人曾進行過數次南遷，其不同時期不同地區的北方古漢語便不同程序地分散至南方地域，並逐漸形成南方相互歧異的方言區。周振鶴、游汝傑著《方言與中國文化》提出：漢語作爲漢藏語系中最重要的語言，包括七大方言：分別爲官話、贛語、湘語、閩語、吳語、粵語、客家話。〔註6〕而李榮《中國語言地圖集》依據古入聲字今讀的不同分化，又將官話方言分爲八區：北京官話、中原官話、膠遼官話、冀魯官話、東北官話、蘭銀官話、西南官話、江淮官話。從今天的情況來看，其中三大方言在安徽都有分佈，分別是官話（中原官話、江淮官話）、吳語和贛語，每種方言又有很多分支情況，且與官話方言區別較大，加上還有一些少數民族語言的存在，更加劇了安徽方言紛繁龐雜的分佈局面。據《安徽省志・方言志》記載：「贛語主要分佈在大別山以南及沿江兩岸；吳語主要通行於沿江以南及黃山以北、以東；徽語通行於黃山以南，而客籍話多源自全國各地移民且分佈在省東南部」。〔註7〕

〔註5〕游汝傑《地方戲曲音韻研究》，北京：商務印書館，2006年。
〔註6〕周振鶴、游汝傑：《方言與中國文化》，上海：上海人民出版社，2006年，第1頁。
〔註7〕安徽省地方志編纂委員會編：《安徽省志・方言志》，方志出版社，1997年第2期。

　　清代以前對安徽方言的研究僅停留在語音的泛說上〔註8〕，清代建省（1667）以後，直至建國（1949）安徽省域並無大範圍的變動，學者們根據安徽方言特徵作了不少區域性研究，有著力於徽語的研究：如晚清時期錢大昕《十駕齋養新錄・聲相近而化》中提到婺源人念「命」音如「慢」，「性」字音如「散」，即徽語細音字「命性」讀似洪音的情況在清代就已出現，歙縣人黃宗羲著有《古歙方音集證》。〔註9〕晚清根據方言俗語與古書來考證方言詞彙的著作有胡文英《吳下方言考》、楊恭桓《客話本字》等。章太炎則將漢語方言分爲十類，其中將徽州、寧國分爲一類，「東南之地，獨徽州、寧國處高原爲一種。厥附屬者，浙江衢州、金華、廣信、饒州也」〔註10〕這可以認爲是最早談及徽州方言分區地位的一本論著。隨後黎錦熙把漢語方言分爲十二個類別：「河南中部、山西南部、江蘇、安徽、淮北一帶爲河南系；江蘇北部與江蘇西部之南京、鎮江、安徽中部之安慶、蕪湖、江西之九江爲江淮系。」〔註11〕較之章分法，已打破省界，開始根據語言材料對漢語方言進行分類。

　　而賀巍《河南山東皖北蘇北的官話（稿）》根據有無入聲及入聲在今方言中的演變情況將官話分爲中原官話、北方官話、膠遼官話及江淮官話，並在中原官話中下分五片，分別是鄭曹片、蔡魯片、洛徐片、信蚌片及汾河片；江淮官話下分洪巢片、泰如片及黃孝片。〔註12〕這裡中原官話涉及安徽省26個縣市，江淮官話24個縣市。中原官話的主要特點就是沒有入聲，反之，江淮官話的主要特點是有入聲，入聲是否分陰陽則是江淮官話內部語音區別的一項重要標準。

　　貢貴訓《安徽官話方言研究述評》從安徽省境內官話區的方言分區及綜合研究、語音研究、詞彙研究、語法研究四個方面詳細分析了安徽官話方言的研究現狀，並認爲，四個方面研究中分區研究成果最爲突出，且語音研究成果較之詞彙、語法成果更多水平更高，從地域角度看，南部方言複雜但研究較之北部充分。〔註13〕

〔註8〕平田昌司：《徽州方言研究》，好文出版社，1998年第1頁。

〔註9〕侯精一：《現代漢語方言概論》，上海教育出版社，2002年第111頁。

〔註10〕章太炎：《章太炎全集》，上海：上海人民出版社，第984頁。

〔註11〕王力：《漢語音韻學》，北京：中華書局，1981第572頁。

〔註12〕賀巍《河南山東皖北蘇北的官話（稿）》，《方言》，1935年第3期。

〔註13〕貢貴訓：《安徽官話方言研究述評》，載《時代文學》2008年第6期。

鄭張尚芳《皖南方言的分區（稿）》將安徽南部方言地區分爲五大類：江
淮官話、徽語、吳語、贛語、河南話與湖北話（客籍話），其中江淮官話以入
聲收尾特徵界定區域，即沿江一帶及郎溪、南陵、青陽等地。〔註 14〕安徽省
內方言複雜主要表現在安徽省南部，鄭文又從安徽移民史及語言接觸史兩個
角度解釋安徽省內方言複雜的主要原因。唐麗麗《影響安徽方言分區的若干
因素探析》則從行政劃分、地理因素及移民因素三個方面分析影響安徽方言
分區的原因。〔註 15〕

　　貢貴訓《安徽官話方言研究述評》、鄭張尚芳《皖南方言的分區（稿）》
以及安徽省地方志編纂委員會編製的《安徽省志·方言志》所劃分的安徽方
言片雖精確到縣一級行政區劃，邊界較爲清晰，但是三者都以現代方言調查
爲主，沒有詳細周全的考慮歷史人文與自然地理環境因素，對形成方言區、
方言片的成因以及皖南方言的形成都較少涉獵，清代民國時期方志文獻對安
徽方言的記載，也較少利用。有必要從方言地理的角度對於安徽方言的省域
特徵、地理分佈格局及分區情況重新審視，以作出較爲恰當的方言區劃。

第二節　安徽方言文化地理的省域特徵

　　清代民國時期，安徽地方志對安徽方言整體特徵記載其實並不多見，且
主要是一些方言詞彙及其讀音的羅列，很難就當時方言語詞、讀音等差異情
況做到瞭如指掌，故本節相對寫得比較簡略。經過耙梳相關文獻資料，並用
近現代方言資料進行引證，筆者初步總結清代民國時期安徽方言的省域特徵
如下：

一、紛繁複雜

　　安徽省方言的複雜具體表現在三點：一是方言分區的複雜，除官話方言
外還有非官話方言，其中安徽省境內官話方言根據古入聲字的今調類分爲中
原官話及江淮官話，中原官話古入聲字中古清音、古次濁今讀陰平，古全濁
讀作陽平，而古入聲字今在江淮官話調類均保留入聲特徵〔註 16〕；非官話方

〔註 14〕鄭張尚芳《皖南方言的分區（稿）》，載《方言》1986 年第 1 期。

〔註 15〕唐麗麗《影響安徽方言分區的若干因素探析》，載《巢湖學院學報》2006 年第
　　　　 8 期。

〔註 16〕李榮：《官話方言的分區》，載《方言》1988 年第 1 期。

言內部又有數方言片，從大片上分有贛方言、徽方言、吳方言及客籍話。二是方言分佈的複雜，主要表現在皖南地區方言島的存在，即原本應該屬於北部的方言零星地在南部地區成島分佈，周運中《蘇皖歷史文化地理研究》中否定前人「安徽江淮話在長江以北，吳語、贛語和徽語在長江以南」的說法，並認爲安徽方言分佈超越政區界線的因素絕不單一，需結合史料具體分析〔註17〕。三是方言界定的複雜，由北到南方言具有交錯的特徵，尤其表現在徽語的界定上，章太炎 1915 年在《簡論》中就論及到「東南之地，獨徽州、寧國處高原，爲一種。」對此趙元任先生曾先後命名「徽州方言」並表示「徽州方言在全國方言分區裏很難歸類，……近似吳語，而聲母都沒有濁塞音，又近似官話區……」〔註18〕其古全濁聲母今塞音、塞擦音讀法一方面與贛語相當，又一定程度上與吳語接近，此現象解釋又複雜地牽涉到該方言片整個音系的音韻特點及演變規律，並與歷史變遷有一定聯繫。

二、漸變分佈

　　安徽方言的漸變主要表現爲方言在地域上的漸變分佈，可以概括爲由北向南，吳語特徵越加明顯，由南至北，官話特徵越加顯著，官話在李榮的《官話方言的分區》裏主要分爲七個次方言，其中中原官話與其五個次方言一致不具有入聲調類，但江淮官話在具有官話基本特徵的同時又具有南方方言普遍具有的入聲調類。往南再看吳語與徽語的界定，徽語內部歧義複雜，早期就缺乏一個歷史性標準的重要原因是徽語兼有吳語、贛語及江淮官話等多種方言的特徵，對於安徽方言的漸變特定，周運中認爲安徽以南的底層方言應是吳語，而後由吳語區漸變成今徽語、客籍話與吳語並存的局面。

　　這種分佈的漸變性特徵也不是一蹴而就，而是在歷史的長河中不斷沉澱漸變形成的，永嘉之亂中原人士爲躲避戰亂南遷，唐「安史之亂」中原歷經浩劫，居民不得不南遷保身，金兵入侵「靖康之難」，漢人再舉南下……這三次大規模的南渡運動才造就了語言的接觸與融合，並最終導致了語言上的演變。

三、皖南方言相互交融

〔註17〕周運中：《蘇皖歷史文化地理研究》，復旦大學博士學位論文，2010 年。
〔註18〕陳瑤：《徽州方言音韻研究》，福建師範大學博士學位論文，2009 年。

　　安徽省方言的交融首先表現爲方言分佈的相互交融，皖南方言島上的客籍方言均是移民因素造成的結果。南陵、宣城、青陽、郎溪都屬皖北江淮官話，卻因歷史移民因素交融在皖南吳語區及客籍話地帶，於是便產生不同方言互相交錯、影響及融合的現象。

　　同時也因語言的大量接觸與方言分佈的交融，導致語言特徵的交融，體現在各方言語音、詞彙、語法等特徵的相互交融上。例如：長江流域不少城市有後鼻音韻尾-ŋ 受韻腹 i、e 同化前移爲前鼻音-n。又如，徽語的歸屬分歧上，關於徽語的交融性可以從以下幾位學者的論述中大概瞭解：伍巍《徽州方言和現代「吳語成分」》一文中說：「徽州方言語音、詞彙、語法幾個方面都滲透著豐富的吳語成分」〔註 19〕，侯精一《現代漢語方言概論》又說「安徽績溪、黟縣，章組與精組見組細音部分字相混，這種音韻現象近似浙南吳語；宣州片吳語在安徽南部和浙江西北部與徽語接界，那兒的徽語有不少跟南部吳語相近的特點，如多數點入聲讀舒聲，濁上不變去，好些方言點上聲收喉塞尾，日母有ȵ-、n-等鼻音的讀法。兒化音變以-n、鼻化韻、小稱變調表示等。徽語的兒化音變近似婺州片、台州片的吳語。」〔註 20〕遲至上海申報館出版的《中國分省新圖》才將徽語獨立出來。再到官話的歸屬判定，江淮官話表現爲官話方言及吳語語音特徵的交融性等。

四、安徽各地方言語音稱謂差別較大

　　人口遷移、地理山川阻隔、種族接觸及語言自身發展等因素都可以形成方言差異。但從大體上說，形成方言差異的因素主要有以下兩個方面：一是人口遷移及地理影響；二是語言歷史發展的不平衡性。這兩點在安徽表現得較爲明顯，所以也造成了安徽各地方言語音稱謂差別較大。清人李級曾說：「一方言。考郡邑鄉土語音各別，稱謂各殊，中州皆然，不獨此土。舊志缺此一條，並無紀載。欲全爲增入，未免冗長。今惟取民間飲食、衣服、器物、起居、日用常行、開口呼喚，等語音聲字樣，逐一注釋，以備采風。各屬郡邑官吏，隨地咨訪，別爲一條，以憑纂輯。」〔註 21〕

〔註 19〕伍巍《徽州方言和「現代吳語」成分》，載《吳語論叢》，上海：上海教育出版社，1988 年，第 329～335 頁。

〔註 20〕侯精一：《現代漢語方言概論》，上海：上海教育出版社，2002 年，第 83 頁。

〔註 21〕（清）李級《穆堂類稿·別稿》卷四十六，清道光十一年奉國堂刻本。

如南陵：「俗呼父曰亞伯；小兒呼父曰八八；呼母曰媽媽；鄉人稱母曰艾姐；俗呼曾祖母月太太；呼祖父曰老老；祖母曰奶奶；小兒稱母之父曰老爹；鄉人稱年老者曰老爹；稱贅婿曰布袋；謂婢曰丫頭；分財謂之八刀；譏人不識物情曰各寶兒；物不堅牢月流休；不潔曰邋遢。」〔註22〕又如當塗：「父曰大大；母曰媽媽；祖父曰爺爺；祖母曰奶奶；小兒曰保保；色敗曰菸；打曰摑；指捏物曰撚；無曰毛；呼講如港；哥哥曰多多；呼風如分；呼通如吞。」〔註23〕還有筆者作婺源（清代屬徽州府）方言田野調查時瞭解到的稱謂情況，當地人稱奶奶為「ba，ba，上聲」，爸爸為「ba，ba，去聲」，爺爺為「ha quo」，外婆為「ha niang」，充分顯示了安徽各地方言語音稱謂差別大的特色。

第三節　安徽方言的地理分區與區域差異

　　清代民國時期，安徽方言基本是以淮河、長江為界，淮河以北為中原官話，江淮之間及沿江江南為江淮官話，以徽州為核心的江南以吳語為主。清代民國時期，安徽有對本地方言作簡要介紹的《康熙含山縣志》；也有對本地方言詞語進行收集的《同治潁上縣志》、《嘉慶涇縣志》；還有較詳細地比較的《道光徽州府志》、《乾隆太平府志》等。因為方言具有較強的穩定性，結合方這些方志並運用現代方言的相關分區方法，筆者將安徽方言總結劃分為以下幾大區域：

一、中原官話區

　　皖北中原官話屬於官話方言之一，據侯精一《現代漢語方言概論》統計，安徽省共 27 個市縣分佈著中原官話，分別是碭山、蕭縣、亳州市、渦陽、界首市、太和、利辛、蒙城、臨泉、阜陽市、阜陽縣、阜南、淮北市、濉溪、宿縣、宿州市、靈璧，金寨城關及北部、霍邱、鳳臺、壽縣、蚌埠市、固鎮、鳳陽、五河、泗縣（縣東部除外），潁上，持皖北中原官話的人數約 2670 萬（截止至 1993 年各縣報告統計）。

　　據賀巍（1985）《河南山東皖北蘇北的官話（稿）》將中原官話分為五片，分別是鄭曹片、蔡魯片、洛徐片、信蚌片及汾河片，其中涉及安徽省 26 個縣

〔註22〕民國《南陵縣志》卷四。
〔註23〕民國《當塗縣志》卷五。

市。中原官話主要分佈在淮河以北和淮河南岸的縣市，分爲徐淮片、商阜片、信蚌片。

皖北中原官話語音以阜陽話爲代表，主要特徵可以歸結爲：1、開口呼零聲母字讀成舌根濁擦音聲母ɣ；2、聲母 n 與 l 不混淆；3、韻母部分元音韻尾大都丟失，而鼻輔音韻尾則轉變成鼻化韻母；3、平分陰陽，入派三聲，聲調僅有陰平、陽平、上聲、去聲四個；4、古全濁聲母均清化，今讀塞音和塞擦音聲母字時平聲送氣仄聲不送；5、韻母和普通話韻類對應，差別不大。

詞彙語法方面，皖北中原官話較之普通話保留了古漢語單音詞的特徵，如：席——席子、棗——棗子、花——棉花，同時，普通話的雙音節詞皖北中原官話也有多音節的情況，如：鯽魚板子——鯽魚、蛤蟆骨朵子——蝌蚪、蓋的頁子——床單等；語法上講普通話的「不知道」說成「知不道」。

另有方志記載此區潁上方言：「父曰達；母曰媽；螟蛉子曰皮兒；家私曰脾胃；巫祭曰打柳；地高曰月岡；廣平曰洋；下濕曰灣；微凹積水曰坷唐；土塊曰渣巴；物曰格撽；整齊曰展掛；剝取曰刮削。」〔註24〕

中原官話區方言文化上：對於諸如生病、死亡等不吉祥的詞語及生理現象，常用委婉的方式用其他詞語將其避諱，如：生病——不得勁、不如適；老年人去世：老了，過去了；年輕人身亡：走了、不在了；小孩子死了：丟了、沒抓住等。也有一些尤其體現地方特色的說法，如：爲避免「折」與「舌」同音，把「豬舌頭」叫做「賺頭」；爲迴避「缺一不達十全的九」與「酒」同音，把「酒」說成「拐彎兒」；爲避開與牲畜生殖的動詞「薑」音同，將「生薑」叫做「拐子」等。另外還有一些地方意義有別於普通話的詞：老叔——最小的叔父；湯——麵條兒、餃子；果子——糕點；住下——留客人吃飯等。月經現象說成「身上來之」。

二、江淮官話區

皖中江淮官話也屬於官話之一，主要分佈在安徽省中部，屬於江淮官話中的洪巢片，使用人口約 2135 萬人。據侯精一《現代漢語方言概論》，江淮官話應是官話方言向吳方言的過渡段，主要特徵是既保留入聲又有塞音韻尾，同時還保留三套及以上入聲韻母，即其在官話方言特徵的基礎上不乏吳

〔註24〕同治《潁上縣志》卷十二。

語特徵。李榮先生的《地圖集》將安徽省境內的江淮官話劃分爲洪巢片，個別方言點屬於黃孝片。

　　皖中江淮官話以合肥話爲代表，包括懷遠縣和江淮之間的 21 個縣市，以及沿江的安慶、貴池、青陽、蕪湖、銅陵、南陵等部分市縣區，有陰平、陽平、上聲、去聲、入聲五個聲調，語音上表現爲古全濁聲母清化，今讀塞音塞擦音平聲送氣仄聲不送氣，去聲不分陰陽，古入聲不分陰陽、全濁仄聲不送氣、「書虛、篆倦」兩類字不同音。有方志記載：「盧州人凡鵝鴨之血曰盇；盧州婦人呼牝貓爲猴女；合肥人稱以物入口咀吮曰絮絮；謂天氣炎燠曰嗳；泅水曰喫汆；小兒曰（牙子）孲；無爲人稱母曰阿姊。」〔註25〕

　　江淮官話區習慣對工匠、藝人、傭工等用「的字結構」稱呼，如：郵遞員——散信的、服務員——跑堂的、鐵匠——打鐵的、孕婦——懷大肚子的。對表示「購買」概念常根據不同物品選用不同動詞，如：買布——扯布、買藥——抓藥、買車票——打車票。對結婚的說法也很有講究，如：男的結婚說「娶親」、「收親」、「成親」，女的結婚說「出閣」、「給人家」、「把人家」，女性再嫁說「跟人」、「嫁人」，而「做大人」則可以通用。

三、皖西贛語區

　　皖西贛語屬於贛語中的懷彭片，主要通行於岳西、太湖、潛山、宿松、望江、懷寧、東至、貴池西部等地，使用人口約 416 萬。以岳西話爲代表，包括岳西、望江、宿松、太湖、潛山、懷寧、東至、貴池（西部及東南角）等市縣區。

　　主要語音特點：古全濁聲母今全部清化且今讀塞音、塞擦音聲母字不分平仄均爲送氣音；聲母 n 與 l 不混讀；聲調有五至六個，古入聲字在皖南贛語中已完全失去塞音尾轉化爲陰聲韻。古寒、桓兩韻見溪聲母的字今音韻母相同；古咸、銜兩韻的端系聲母字的韻母今音也相同。

　　詞彙和語法特點：大量保存單音詞，表動物雌雄習慣加語素，如：母雞——雞母、公鴨——鴨公；帕來品事物名稱常加以「胡」、「番」等語素；語法上講普通話的「給我東西」說成「給東西我」。

〔註25〕光緒《續修盧州府志》卷八。

四、皖南吳語和徽語區

關於徽語的歸屬及其與吳語的關聯，學術界至今仍爭論不已，而且歷史上，徽語區在西晉以前都屬於吳語區，因此，我們採取「先總後分」的表述方法。這種表述方法既能顧及吳語徽語之間的共性，又能突顯其二者差異之處。

吳語區以銅陵縣話爲代表，包括皖南黃山山脈以北以東的 10 多個縣市，如銅陵、繁昌、涇縣、當塗、青陽、石臺、黃山區的局部地區以及宣州、蕪湖、寧國、廣德、郎溪等，當地土著居民的老一輩一般都說吳語。

吳語在安徽省內的方言點分屬宣州片和太湖片，主要語音特點：古全濁塞音聲母保留全清、次清、全濁三分，但全濁聲母內部已有部分明顯差異；鼻音韻尾大多脫落變成鼻化韻母。詞彙語法方面，比較特殊的是太平、涇縣等地用「長」來描述人的高度，蕪湖用「厚」來表示濃度大、「潝」表示濃度等。

安徽省內的徽語以歙縣話爲代表。徽語在安徽省內的分佈位於整個皖南地區的南部，包括祁門、黟縣、修寧、黃山、績溪、旌德等。皖南宣州吳語原名「銅太方言」，得名於取銅陵、太平兩縣名，上世紀八十年代後才改爲宣州吳語，主要即通行於長江以南、黃山以北古爲宣州或宣城郡地區的語言。徽語在安徽省內的方言點分爲四個片，分別是績歙片、休黟片、祁婺片和旌占片，具有吳語的一般特徵：古濁聲母今讀一類，與古全清、次清聲母不互補，總體上，濁塞音的閉塞成分已減弱，有向通音轉化的趨勢，並伴隨著強送氣現象，濁塞音、濁塞擦音的通音化及氣音化現象是皖南宣州吳語與其他吳語的主要區別。

五、影響安徽方言分區的兩點因素

（一）地理環境的影響

從地形來看，安徽省北有淮北平原（即淮河以北），中部有江淮丘陵（即淮河流域與長江流域之間）和沿江平原，西南有大別山區，東南有皖南山區這幾大自然地形區。而安徽方言的地理分佈特徵恰恰與該省的地理地形緊密相連：

中原官話集中分佈在淮河以北的淮北平原，而江淮官話的分佈區北臨淮河南岸，大多數集中分佈在江淮丘陵和沿江平原一帶；贛語主要分佈在長江流域以北的大別山區；吳語和徽語則聚集在皖南山區，吳徽二語也呈現南北分佈的趨勢。

因此，安徽省內漢語方言的分佈形勢與該省地理地形分佈區形成了相互呼應，由北至南的分佈格局。

地理地形	北 ←				皖南山區	→ 南
	淮北平原	江淮丘陵	沿江平原	大別山區	北面	南面
方言分佈	中原官話	江淮官話		贛語	吳語	徽語

這從一個側面說明自然地理環境對方言產生了重要影響。

（二）移民因素的影響

從歷史角度來看，移民遷徙的影響是造成安徽省內少數漢語方言點與地理地形分佈無法相互重合的主要原因。安徽東南面約有四個縣市（廣德縣、郎溪縣、宣城市、寧國市）是講中原官話，若按地理地形分佈與方言的對應關係，該地區的方言不應含有中原官話。此外，桐城市、樅陽縣、安慶市所講的江淮官話屬於黃孝片，但此三地的江淮官話與湖北省黃孝片的江淮官話在地理上並不相連，兩地之間還隔著講贛語的懷寧縣、岳西縣等縣市，安徽省的黃孝片與湖北省的黃孝片在地理上被贛語分離開了。

第四節　清代民國時期安徽「方言島」的形成——以皖南「方言島」為典型

一、皖南方言島的類型

游汝傑《漢語方言學導論》對方言島的定義：「在方言地理學上，被另一種方言（或語言）包圍的方言稱為方言島。」〔註26〕經過筆者統計調查，清代以來安徽方言島主要為「客籍話」方言島和「江淮官話」方言島兩大類型：

「客籍話」方言島中的湖北話分佈在寧國、宣州、廣德等地，屬西南官話，是由清咸豐戰事後，從湖北應山、安陸、麻城、襄陽、隨縣、黃陂、荊門、公安等地遷移而來。

〔註26〕游汝傑：《漢語方言學導論》，上海：上海教育出版社，1992年，第55頁。

　　「客籍話」方言島中的河南話分佈在宣城、廣德、郎溪等地，屬中原官話，由河南省滎陽、羅山、光山、商城等地遷移而來，其中宣城縣河南腔主要分佈於隱山林場、廟溝、丁村；廣德縣河南腔相對較多，大都集中在縣北半部；郎溪縣內河南人則多集中於北部及南部。

　　「客籍話」方言島中的湖南話分佈在廣德、寧國、南陵、青陽等地，屬湘語，從湖南長沙、岳陽、益陽、湘潭、湘鄉等縣遷移而來。

　　「客籍話」方言島中的閩語分佈在寧國、廣德、郎溪、歙縣等地，多來自浙江平陽、蒼南及福建松溪等縣移民，皖南客家話主要是由閩西遷至寧國等地的居民所說的話，它保留了客家方言的一些基本語音特點：塞音、塞擦音在讀的時候一律爲送氣音；沒有翹舌音聲母；聲調六個，平、入各分陰陽，上去不會，入聲收尾短而急促。古全濁聲母清化

　　另一類型方言島就是皖南「江淮官話」方言島。主要是西晉永嘉之亂時期，北方人民在戰亂敵寇的逼迫下大舉南遷形成的。江淮方言島被吳語及客籍話所包圍，與皖中地區江淮官話斷帶存在。經調查，皖南江淮方言島主要分佈四個區域，分別是：1、青陽縣中北部地區及南陵縣大部地區；2、宣城中部至郎溪中部的交接地帶；3、寧國東南部；4、寧國、宣城、涇縣交界地帶。四個區域江淮官話都鑲嵌在吳語區及客籍話地帶，其中南陵－青陽、宣城－郎溪兩個江淮方言島最具代表性。

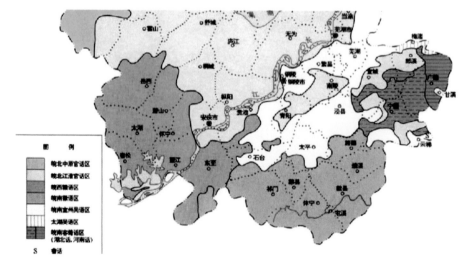

底圖來源：譚其驤主編《中國歷史地圖集》，第 8 冊‧清時期，，北京：地圖出版社，1987 年。

二、方言島形成的主要原因分析

筆者以爲，影響安徽省內方言島形成的的最主要原因就是移民因素。

張籍《永嘉行》「北人避胡多在南，南人至今能晉語」，這裡的「晉語」指的就是晉代北方移民帶來的語言。安徽省境內歷史上曾發生過多起聲勢浩大的移民運動，其中比較具有代表性的有：西晉時期的永嘉之亂、唐代中後期的安史之亂、兩宋之間的靖康之亂及清代咸豐時期的太平天國運動。大的戰亂之後必有較大規模的移民：「中原亂，胡寇屢南侵，淮南民多南度，成帝初，蘇峻、祖約爲亂於江淮，胡寇又至，民南度江者轉多」〔註27〕可見，自西晉的永嘉之亂就有皖北人民南遷的足跡。

中國除了北部和西部地區，其實早在 1850 年就已沒有太多的空間空置新的移民〔註28〕，但清代咸豐太平軍戰爭後，由於人口稠密、經濟發達的長江中下游地區皖南屢作戰地，兵燹連瘟疫，人口嚴重削減，皖南因戰事造成死亡人口最多的是廣德縣，即現客籍人居住地，「1855 年廣德縣有 31 萬人，到 1880 年土著人口僅恢復到 2 萬」〔註29〕即戰事造成的人口損失高達 94%。據南陵縣某孫氏家族記載，戰前「連村比屋，環溪山而居者，戶不下數千，丁不下萬餘」戰後則「生者歸，散者聚，戶不下千餘，丁頗以數千記。」〔註30〕

清政府爲了恢復戰後農業生產，下令鼓勵開墾。從 1864 年起，以曾國藩爲首組織了長江中下游移民運動，安徽成爲安置的重點區域且以長江以南爲主，此次開墾措施吸引了大量安徽江北移民南遷，「同治十年（1871 年）三月曾國藩上本奏報安徽廣德等地招墾事宜。」移民主要集中在廣德、郎溪、寧國、宣城東部，其次移至南陵、青陽等地。〔註31〕

又《民國南陵縣志》記載，「凡語音之異於讀音，又限於一方，莫知其所自來者，尤爲眞正之方言」，又「凡遇舌音等字，則連卷其舌以出之，蓋陵邑之本音也。」說明南陵的本音不是江淮官話，再從「西南鄉人語」、「北鄉近繁昌處口語」〔註32〕可知，南陵縣當時的西南鄉和北鄉是屬吳語區，從而民國修志者認爲吳語爲當地的底層方言。對於今南陵、青陽縣以江淮官話爲主

〔註27〕《宋書》卷三《州郡志》。
〔註28〕葛劍雄：《簡明中國移民史》，福州：福建人民出版社，1993 年。
〔註29〕光緒《廣德州志》卷十六。
〔註30〕民國《孫氏世譜·曹翰田序》，南陵縣檔案館藏。
〔註31〕鄭張尚芳，《皖南方言的分區》，《方言》，1986 年，第 9 頁。
〔註32〕徐乃昌，《民國南陵縣志》，合肥：黃山書社，2007 年第 75 頁。

的現狀，《民國南陵縣志》記載「迄今八十餘年，中更離亂，兵燹摧殘，包留存者，僅得其一。」即當時南陵縣由於太平天國戰爭等因素，人口留存僅剩1%，也就是說太平天國戰爭後居南陵縣的人口多是移民後代，從安徽北部遷來的江淮官話取代土著方言，於是出現江淮官話佔優勢的局面。

《寧國縣志》中載有「江北之氓，寄廬而開墾。鄰縣之人，列肆而貨殖。山久墾則沙石隨而籍藥，肆久列則衣食由其廢積。故遇暴雨則礧礫礐確，枯柟黃沙，良田悉墊。」〔註33〕即來自江北的移民於道光初年在寧國縣已把山區挖墾得很嚴重，側面反映出攜帶江淮官話遷入寧國的江北人民之多。

趙日新〔註34〕認為，廣德等地所存在的中原官話是太平天國以後由河南的移民帶來的，而桐城等地的黃孝片之所以被贛語隔離開，則是因為明初有大量的移民從江西到達今安徽省贛語分佈區，導致了安徽省黃孝片與湖北省黃孝片之間的聯繫被衝斷了，這個認識是較為中肯的。

安徽省南部客籍話的形成與存在也與歷史移民因素有關，元末明初，源於江西的移民大量湧入安慶地區，導致安徽贛語區的形成，又太平天國江北移民的南下沖刷了一部分贛方言，近代清咸豐兵燹削減大量人口，戰後為重組農業生產，清政府鼓動大量河南、湖北及安徽北部居民南遷入皖南，據《寧國縣志》記載「寧自咸豐兵燹后土民存者不足百分之一，客民居多數。」〔註35〕且多集中於廣德、郎溪、南陵、青陽等地，此後客籍人民及客籍方言逐漸佔據了主導地位。

小　結

語言存在於人類社會中，並隨著社會的發展而不斷變化。秦漢以後，北方漢人曾進行過數次南遷，其不同時期不同地區的北方古漢語便不同程序地分散至南方地域，並逐漸形成南方相互歧異的方言區。周振鶴、游汝傑著《方言與中國文化》提出：漢語作為漢藏語系中最重要的語言，包括七大方言：分別為官話、贛語、湘語、閩語、吳語、粵語、客家話。〔註36〕而李榮《中

〔註33〕道光《寧國縣志》，載《中國方志叢書・華中地方第694號》，1983年，第1113頁。

〔註34〕趙日新：《安徽省的漢語方言》方言，2008年第4期。

〔註35〕民國《寧國縣志》卷四《政治志下・風俗》。

〔註36〕周振鶴、游汝傑：《方言與中國文化》，上海：上海人民出版社，2006年，第

國語言地圖集》依據古入聲字今讀的不同分化，又把官話方言分爲了北京、中原、膠遼、冀魯、東北、蘭銀、西南、江淮等八大官話區。晚清民國時期三大方言在安徽都有分佈，分別是官話（中原官話、江淮官話）、吳語和贛語，每種方言又有很多分支情況，且與官話方言區別較大，加上還有一些少數民族語言的存在，更加劇了歷史時期安徽方言紛繁龐雜的分佈局面。據《安徽省志・方言志》記載：「贛語主要分佈在大別山以南及沿江兩岸；吳語主要通行於沿江以南及黃山以北、以東；徽語通行於黃山以南，而客籍話多源自全國各地移民且分佈在省東南部」。〔註37〕

　　清代民國時期，安徽方言具有紛繁複雜、漸變分佈、皖南方言相互交融、安徽各地方言語音稱謂差別較大等特徵。按照方言的穩定性特徵，我們可以確定清代以來安徽方言在淮河以北均是中原官話區，淮河以南沿河部分縣市也講中原官話，江淮之間主要爲江淮官話區，包括了長江以南的部分市縣，皖南主要爲徽語和吳語區，但也夾雜了各種客籍方言和贛語的分佈，有若干「方言島」的形成。影響安徽方言分區的兩點主要因素：一是地理環境，安徽方言的地理分佈特徵恰恰與該省的地理地形緊密相連；二是移民，從歷史來看，移民遷徙的影響是造成安徽省內少數漢語方言點與地理地形分佈無法相互重合的主要原因，也是清代以來皖南方言島產生的重要原因。

---

1 頁。
〔註37〕安徽省地方志編纂委員會編：《安徽省志・方言志》，北京：方志出版社，1997年。

第四章 清代民國時期安徽戲曲文化地理

　　有清一代花部的崛起，是中國戲曲史上的一次革命。康乾以前，雜劇、傳奇一直佔據著中國戲曲劇壇的主導地位，只是到了清乾隆年間，才開始出現「花」、「雅（崑曲）」的區分，乾隆五十年，清人吳太初的《燕山小譜》提到「今以弋陽、梆子等曰花部、崑腔曰雅部」。乾隆六十年，戲曲理論家李斗撰寫了筆記名集《揚州畫舫錄》，他在書中對當時花雅爭勝的情況做了詳細、客觀的評述，其中有一段經典記載：

　　　　兩淮鹽務列蓄花雅兩部以備大戲：雅部即崑山腔；花部為京腔、
　　秦腔、弋陽腔、梆子腔、羅羅腔、二簧調，統謂之亂彈。〔註1〕

　　亂彈戲實際上包含了乾嘉道時期的各種地方戲。鴉片戰爭之前，中國封建社會開始日益沒落解體，新興的資本主義生產方式已經開始在礦業、紡織業、造紙業、製陶業、製糖業等生產部門中佔據一定的地位，隨著農村經濟的復興，商品經濟的發展，各地廣大農民和新興市民階層成為了各種地方戲曲的熱情觀眾，之前流行的崑曲因劇情過於曲折複雜，文詞雕琢晦澀，逐漸失去了這批中堅力量的市場。「花」「雅」之爭歷時百年，最終以「其事多忠、孝、節、義，足以動人；其詞直質，雖婦孺能解；其音慷慨，血氣為之動蕩」〔註2〕而得到多數觀眾的喜愛而勝出。

　　安徽處在我國東西相聯，貫穿南北的重要區位，淮河、長江兩條重要的

〔註1〕　（清）李斗：《揚州畫舫錄》，揚州：廣陵書社，2010年，第269頁。
〔註2〕　（清）焦循：《花部農譚》，揚州：廣陵書社，2008年。

河流橫貫境內，人流彙集，文化多元，南來北往，多個地方戲的流佈與傳播都與這一區域有關，以京劇為例，自從乾隆五十五年（公元 1790 年）三慶班進京獲得成功後，又有四喜、和春、春臺等徽班（其中多以安徽籍藝人為主）進入北京，並逐漸稱雄於京華的劇壇，即使時間過去 200 餘年，我們依然能感受到安徽戲曲在中國戲曲發展史上的重要地位和作用，曾有學者這樣談到：「二黃調是現代京劇的前身……二黃戲從湖北向西路發展，一路傳到安徽。本來在黃陂、黃岡本土生長的花鼓戲已經吸收了弋陽腔的某些長處，到了安徽又和安徽原有的石牌腔發生接觸。加以安徽自從明朝以來就成為各種聲腔的熔爐，而且一省之內分化出五光十色的腔調，因此，二黃雖然產自湖北，卻是在安徽拐了一個彎，添上安徽戲曲的各種因素，然後通過徽班帶到北京去，再從北京出發，支配了全國的舞臺……」。〔註3〕在分析清代民國時期安徽地方戲的區域分佈格局之前，我們首先來瞭解清代建省以前安徽戲曲文化的發展演變軌跡。

第一節　清代建省以前安徽戲曲的演變軌跡

現有史料表明，安徽戲曲文化起源很早：先秦時期，民間歌舞、儺戲已在江淮一帶盛行；漢代樂府、歌謠一直在皖江流域傳唱；元代出現了已知最早的安徽戲曲劇目——《魔合羅》；清代乾隆年間，隨著徽班進京，徽調、二黃又在全國佔據了舉足輕重的地位，隨著對秦腔、漢調的融會貫通，不斷取其精華，最終形成了中國戲曲集大成者——京劇。而且安徽地方戲與安徽早期的民間文藝和民俗活動也是息息相關，安徽民間歌舞、樂府、歌謠也和戲曲有著天然的親緣關係，成為不同地方戲的文化源流。與全國戲曲的發展一樣，安徽建省以前，其戲曲文化大致經過了先秦萌芽——漢唐匯流——宋元形成——明清成熟這樣一個演變過程，以下分別敘述之。

一、萌芽期——先秦歌舞與「優孟衣冠」

中國戲曲的起源可以上溯到古代歌舞。「情動於中而形於言，言之不足，故嗟歎之，嗟歎之不足，故詠歌之，詠歌之不足，不知手之舞之足之蹈之也。」

〔註3〕廖輔叔：《中國古代音樂簡史》，人民音樂出版社，1964 年版，第 131 頁。

〔註4〕古代歌舞的產生，出自原始社會氏族的勞動生活，也和他們的酬神、祈祖等原始宗教活動的需要聯繫在一起。這些歌舞常常反映狩獵和農耕勞動生活，表達男女的愛悅之情，寄託人們的生活願望，既具有爲狩獵、戰爭、勞作而鍛鍊氏族成員的實用意義，又逐漸脫穎而出，提煉爲歌舞，原始時代的歌舞再現了人們生產勞動的情景，它即體現了人們戰勝自然及其災害的美好願望，又是人們勞動之餘的娛樂和情感宣泄。如《呂氏春秋・古書》所說：「葛天氏之樂，三人操牛尾，投足而歌八闋。」就是說的三個手執牛尾的舞人，一邊歌唱，一邊跳舞，反覆唱了八段曲子的情形。筆者認爲這些原始形態的藝術雖然非常粗曠簡樸，卻已是最早的演出。

因爲文明程度高，相對於其他地方而言，安徽的民間歌舞起源和發展也都較早，早在大禹時期，安徽就出現了樂舞《夏龠》九成。《史記・夏本紀》載，禹治水「勞身焦思，居外十三年，過家門不敢入」。〔註5〕在治水成功以後，禹「於是命皋陶作《夏龠》九成，以昭其功」〔註6〕。這說明《夏龠》九成是一首稱頌禹治水的歌，後人也稱這首樂舞爲《大夏》，「九成」既九段，「龠」是樂器，即執一管樂舞九段的意思，成爲禮樂文明發展的重要標誌。另外，在安徽臨泉縣曾出土了一塊長約24cm，寬約12cm的新石器時期磨石，上面一個約17cm長的舞人形象：上身向左微彎，右手下垂，手握拳，表現出一副質樸、穩健的舞蹈姿勢，這說明新石期末期安徽就有了最原始的歌舞。

先秦時期，安徽的樂舞文化較爲興盛。當時的方國攀比組建各自「以巨爲美、以眾爲觀」的大型樂舞隊，如《呂氏春秋・大樂》所載：

> 凡古聖王之所爲貴樂者，爲其樂也。……宋之衰也，作爲大呂；楚之衰也，作爲巫音。侈則侈矣，自有道者觀之，則失樂之情。失樂之情，其樂不樂。樂不樂者，其民必怨，其主必傷。〔註7〕

先秦時期，舞樂已劃分爲雅樂和俗樂兩類。前者是古人祭祀祖先、天地、朝會時使用的，作爲一種正統音樂，表演嚴肅莊重。後者則是活潑歡快、自由灑脫的民間歌舞。兩者的樂器使用也不盡相同：前者爲金石之樂，以敲擊鍾磬爲主；後者爲絲竹之樂，以吹奏管絃爲主。古皖國民族是一個能歌善舞

〔註4〕　（清）阮元：《十三經注疏》卷一，中華書局影印本，1980年版，第270頁。
〔註5〕　司馬遷：《史紀》，北京：中華書局，2006年，第7頁。
〔註6〕　《諸子集成（六）・呂氏春秋》，上海：上海書店出版社，1986年，第53頁。
〔註7〕　《諸子集成（六）・呂氏春秋》，上海：上海書店出版社，1986年，第48頁。

的民族。又如《詩經》所言：

> 子之湯兮，宛丘之上兮。洵有情兮，而無望兮。坎其擊鼓，宛
> 丘之下。無冬無夏，值其鷺羽。〔註8〕

這首詩歌反映的是如今皖北的亳州、界首一帶舜後裔封國——陳的情況：
老百姓手執鷺羽，敲打著鼓器，擺動著身體，不分冬夏的快樂歌舞。再看：

> 東門之枌，宛丘之栩。子仲之子，婆娑其下。穀旦于差，南方
> 之原。不績其麻，市也婆娑。穀旦于逝，越以鬷邁。視爾如荍，貽
> 我握椒。〔註9〕

這首歌的大意是指在東門外宛丘之上的大樹下，有女子起舞。選一個好
日子，女子不用績麻紡線，而是互邀去集市跳舞並和相好約會贈送信物，以
示終生。此外，酬神還願、驅鬼除疫跳的儺舞、乞求上天賜雨跳的雩舞都相
當盛行。這裡值得一題的是儺舞。多數人認爲儺是一種驅鬼除疫的活動，它
是由原始宗教——巫文化發展而來的。儺的種類與分佈很廣，如中原儺、巴
楚巫、百越巫、青藏苯佛、東北薩滿、西域儺等等，從形態來看，又有宮廷
儺、民間儺、軍儺、寺院儺等等，而至今流傳在安徽貴池一帶的儺戲，則是
唐宋以後宗教文化與戲曲文化結合的產物了。可以說，安徽早期發達的民間
歌舞促成了其戲曲文化的初步萌芽。

此外，先秦「優孟衣冠」的表演被認爲是我國扮演的肇始，優孟被認爲
是中國最早的演員。《史記‧滑稽列傳》記載：

> 楚相孫叔敖知其賢人也，善待之。病且死，屬其子曰：「我死，
> 汝必貧困。若往見優孟，言『我孫叔敖之子也』」。居數年，其子窮
> 困負薪，逢優孟，與言曰：「我，孫叔敖子也。父且死時，囑我貧困
> 往見優孟。」優孟曰：「若無遠有所之。」即爲孫叔敖衣冠，抵掌談
> 語。……〔註10〕

孫叔敖曾輔佐楚莊王成就霸業，在江淮一帶推廣水利，發展農業，皖北
壽縣的芍陂（今安豐塘），是其對安徽的重要貢獻。優孟通過模仿孫叔敖的舉
止言行解決了其子的窘境，雖說還不是在演戲，但他的模仿逼眞生動，惟妙
惟肖，無疑對後來戲曲產生了影響。

〔註8〕 《詩經‧陳風》，上海：上海辭書出版社，1998年，第268～269頁。
〔註9〕 《詩經‧陳風》，第270頁。
〔註10〕 司馬遷：《史記》，第728頁。

二、匯流期——漢唐散樂與樂府歌詞

西漢中原與西域互通以後，西域民間的技藝相繼傳入中原，出現了大規模集演各種技藝的活動，特別是此時出現了由角抵發展而成的「角觸戲」。角抵，是兩人角力、摔跤的競技，所謂兩兩相撲以力取勝，原本是出自原始社會狩獵、戰爭生活的需要，後又發展爲一种競技表演。然而，角抵本身蘊藏著一種用勁作來表現生活矛盾的因素。最早人們用擊鑼伴奏，兩人頭戴雙角，彼此較力，象徵黃帝與蚩尤在逐鹿大戰的《蚩尤戲》，就透露出採用這一因素表現故事的信息。而漢代由民間產生的《東海黃公》，則已經是用動作表現衝突的故事表演了，當時稱爲角觸戲。歷史上相關的史料記載也不少，如《漢書·武帝紀》：

> （元封）三年春，做角抵戲，三百里內皆來觀

《漢書·刑法志》：

> 春秋之後，滅弱吞小，並爲戰國，稍增講武之禮，以爲戲樂，用相誇視。而秦更名角抵……

這個戲的故事是：黃公，精通法術，能制服虎，但因年老力衰，飲酒過度，這次執刀前往東海降伏白虎，法術不靈，與虎相鬥，被虎所傷。戲中的黃公和白虎均由演員所扮，情節是尋虎——相鬥——被傷。黃公被白虎所傷害，是預先規定好的衝突和結局。可見角觸已從競技表演發展成有人物、情節、有衝突、結局的戲劇，即表現故事的角觸戲了。

從現存的史料來看，安徽古代民間歌謠和樂府歌辭也是相當豐富的，這都是後世戲曲發展的源流。

如東漢建安年間的「樂府雙璧」——《孔雀東南飛》和《木蘭詩》，除此之外，影響安徽戲曲文化的還有古代爲數不少的樂府歌詞，樂府——是古代官方專門負責採集詩歌民謠的部門。「自漢武帝立樂府而採歌謠，於是有代、趙之謳，秦楚之風。皆感於哀樂，緣事而發。」李白的《長干行》是樂府中與安徽聯繫最直接的一首曲詞：

> 妾髮初覆額，擇花門前劇。郎騎竹馬來，繞床弄青梅。同居長干里，兩小無嫌猜。〔註11〕

另據記載，沿淮一帶早在唐代已出現俳優活動。如《通鑒紀事本末》卷

〔註11〕　（宋）郭茂倩《樂府詩集》，中華書局，1998 年重印版，第 1030 頁。

206 記載，唐懿宗咸通五年（864 年），龐勛一支於徐泗招募的士卒還鄉，「至泗州，刺史杜蹈餉之於毬場。優人致辭，徐卒以爲玩己，擒優人，欲斬之，坐者驚散」。所謂「優人致辭」，即參軍戲。五代時期，俳優活動更爲引人注目。

三、形成期——宋元南戲與元雜劇「魔合羅」

多數學者認爲中國戲曲形成於宋代，北方的大都形成了元雜劇；二是南方浙江的溫州，形成了南戲。

元代安徽亳州孟漢卿的雜劇《魔合羅》是目前已知安徽最早的戲曲劇目，他與宣州趙熊、盧州合肥縣尹李寬莆，成爲這個時期皖地戲曲作家群的代表。與此同時，還有史料記載了一批女優伶在江淮一帶表演和傳藝的情形：

> 趙偏惜，樊莘闌奚之妻也。旦末雙全，江淮間多師事之。樊院本亦罕與比。〔註12〕

> 朱錦繡，侯耍俏之妻也。雜劇旦末雙全，而歌聲墜梁塵，雖姿不逾中人，高藝實超流輩，侯又善院本。時稱負絕藝者，前輩有趙偏惜、樊莘闌奚，後則侯、朱也。〔註13〕

我國最早有劇本保存下來的就是宋元南戲。南戲是東南沿海一帶土生土長起來的民間戲曲，又叫「戲文」。它首先是在溫州一帶產生的，因此我們又稱之爲「溫州雜劇」或「永嘉雜劇」。南戲萌芽於北宋末年，盛行於南宋，至元代廣泛流傳開來，由此產生的南戲四大聲腔——弋陽腔、崑山腔、海鹽腔、餘姚腔，都直接或間接的影響到了皖南戲曲的發展。

四、成熟期——明代諸腔與文人創作

明嘉靖、萬曆年間，在安徽產生了徽州腔、青陽腔、太平腔、石臺腔等新興南戲聲腔，其中以青陽腔影響最巨。南戲的四大聲腔，在明代中葉都流傳到包括徽州在內的皖南地區。徐渭在《南詞敘錄》一書中說：「稱餘姚腔者，出於會稽，常、潤、池、太、揚、徐用之。」《南詞敘錄》成書於嘉靖三十八

〔註12〕 夏庭芝：《青樓集》，見《中國古典戲曲論著集成（二）》，中國戲劇出版社，1959 年，第 28 頁。

〔註13〕 夏庭芝：《青樓集》，見《中國古典戲曲論著集成（二）》，中國戲劇出版社，1959 年，第 29 頁。

年（1559），其中的「池」是指池州府，「太」是指太平府。兩府緊靠大江，又與徽州相比鄰，餘姚腔流傳到徽州是完全可能的事情。

海鹽腔在安徽的流傳則有明確的記載。潘之恒在《鸞嘯小品》卷三中說，在他 5 歲的時候，汪道昆從襄陽知府任上回鄉省親，從越中請了一個海鹽班演出，版中有位叫金鳳翔的女演員，不僅長得漂亮，而且演技出眾，她在《香囊記》和《連環記》中的表演十分出色，「今未有繼之者。」潘之恒 5 歲那年是嘉靖三十九年（1560），可見這時海鹽腔在安徽之流傳情形。

弋陽腔在嘉靖以前就流傳到了安徽。魏良輔在《南詞引正》一書中就說道：「徽州、江西、福建俱作弋陽腔。」《南詞引正》寫成於嘉靖二十六年（1547）之前，而此時魏良輔就已經指出徽州流傳的是弋陽腔，可知弋陽腔在徽州流傳是較早的事情。另外一方面，弋陽與安徽古徽州在地理上很靠近，據祝允明《猥談》記載，在正德年間，弋陽腔就已經開始流傳，它較早流傳到徽州是很自然的。

至於崑山腔，流入安徽的時間雖然稍遲，但也不晚於萬曆年間。生活於這一時期的潘之恒在《鸞嘯小品》卷三《曲派》中在分析了崑山、無錫、吳中三派崑曲，並列舉魏良輔。鄧全拙、黃問琴等曲家後說：「十年以來，新安好事家多習之，如吾友汪季玄、吳越石，頗知遴選，奏技漸入佳境，非能皆吳音，能致吳音而已矣。」從「新安好事家多習之」一句，可以看出崑山腔在風靡各地時，徽州也深受其影響。

明中葉以後，欣賞戲曲已經成為安徽流行的一種娛樂方式。有地方官員傅岩記載：

> 地方惡少，每逢節令神誕，置立龍燈、龍舟等會，科斂民財，迎神賽會，搬演夜戲，男女混雜，賭盜奸鬥，多由此起。

> 邇來國蔽民貧，奢俗不改。徽俗演戲，惡少科斂聚觀，茹盜賭鬥，坐此日甚。近復有地方棍徒招引流娼，假以唱戲為名，群集匪人，惑誘飲博，以至遊閒逐馳鶩若狂。大則窩引為非，小則鬥爭釀釁，大為地方之害，合行嚴禁。為此仰通縣人等知悉：凡有戲婦盡行驅逐出境，不許容留。地方里約保長逐戶挨查，如有仍前隱匿住歇及戲子容留搭伴搬演者，即時稟報，以憑拿究。該地方每月朔日具結投遞，縱隱並懲。

> 徽俗最喜搭臺觀戲。此皆輕薄遊閒子弟假神會之名科斂自肥乃

窺看婦女，騙索酒食，因而打行賭賊，乘機生事。甚可憐者，或奸
或盜，看戲之人方且瞠目歡笑，不知其家已有窺其衣見其私者矣。
本縣意欲痛革此陋風，而習久不化。然嘗思爾民每來納糧，不過一
錢二錢便覺甚難，措置一臺戲，量錢燈燭之費、親友茶酒之費。兒
女粥飯果餅之肥等來，亦是多次一番喧哄，況又從此便成告狀和事，
一冬不得清寧者乎？其富室慶賀，只宜在本家廳上；出殯搬演尤屬
非禮。如有故違之人，重責枷示。」〔註14〕

傅岩是從戲曲活動容易造成風俗敗壞、引起社會事端的角度敵視其存
在，但也從另一個側面反映出這種民俗藝術旺盛的民間生命力。

第二節　清代民國時期安徽地方戲興盛的原因

一、元明以來，安徽發達的戲曲文化傳統奠定了歷史基礎

元代，以亳州孟漢卿、宣州趙熊、合肥縣尹里寬甫為首的皖地雜劇作家
群以及一批雜劇女演員，已開始將安徽戲曲舞臺點綴得熠熠生輝。趙熊，曾
有這樣的評價：「一時人物出元貞，擊壤謳歌賀太平。傳奇樂府時新令，錦排
場，起玉京。《害夫人》、《崔和擔土》。白仁甫、關漢卿，《麗情集》天下流行。」
〔註15〕評者將趙的劇作與關漢卿、白樸相提，可見一時之盛。

明代，開國皇帝朱元璋因教化功能而推崇戲曲，並設置了教坊司「掌宴
樂大會」，〔註16〕鐘鼓司「掌管出朝鐘鼓，及內樂、傳奇過錦、打稻諸雜戲」，
〔註17〕在官方鼓勵下，許多文人士大夫開始進行戲曲創作，藩王朱權、朱有
敦更是身體力行，躬親排場，編寫雜劇，逐步將戲曲文化的地位大幅提高。

二、傳統說唱藝術給予了充足的養分

安徽說唱藝術是指用安徽的各種地方方言說唱的歌謠，包括門歌、桐城
歌、淮河琴書、鳳陽花鼓等，雖然民謠都是在民間口頭創作和代代相傳的，

〔註14〕 朱萬曙：《明清兩代徽州的演劇活動》，載《徽學》，2002 年第 6 期。
〔註15〕 鍾嗣成：《錄鬼簿》，見《中國古典戲曲論著集成（二）》，中國戲劇出版社，
　　　　1959 年，第 113 頁。
〔註16〕 張廷玉等：《明史》卷五《樂志一》，中華書局，1974 年，第 1500 頁。
〔註17〕 張廷玉等：《明史》卷五《樂志一》，中華書局，1974 年，第 1820 頁。

而且爲無名氏創作居多，很難考證具體形成的時間，但是安徽各地方戲在其形成和發展過程中，大量吸收傳統說唱藝術、民間歌謠的音樂腔調及歌詞精華，確實是一個不爭的事實。

三、清初「私奴」制度的廢除解放了民間藝人

　　清初，全國各地封建貴族家庭裏都有私奴，山西稱他們爲「樂戶」；浙江稱之爲「惰民」，在安徽池州府、安慶府稱爲「小姓」，「小戶」，徽州府稱之爲「伴當」，在寧國府則稱之爲「世僕」、「棚戶」，無論哪種稱謂，都是相當蔑視的一種稱呼。他（她）們作爲戰俘或擄掠來的百姓的後裔：「訊其僕役起自何時，昔茫然無考。」（《清世宗實錄》）；「即其人盛資厚富，行作吏者，終不得列於流輩」（清趙吉士《徽州府志》），整體地位非常低下。他（她）們只能在相互間通婚，主要爲佃農、雇工、山民、漁民、小商小販、民間藝人等，平時自己謀生，每當宗主有紅白喜事時私奴需得免費盡力。雍正五年（1727）終廢除「私奴」制度。私奴的廢除，有利於農工商的發展，也有利於戲曲的發展，因爲私奴中的民間藝人身份得以解放後，他們自由從事戲曲演藝的動力就更大了。清初皖南一帶民間戲曲班社，主要就是私奴民間藝人群體，這個群體，成爲了推動清代安徽地方戲曲發展的重要力量。

四、清代安徽經濟與集鎮的發展促進地方戲曲的興盛

　　清初一統以後，實行的是「與民休養」政策，經過數載發展墾殖，安徽的農工商業均有巨大恢復與進展：「雍正十三年（1735）蕪湖、鳳陽兩關，共徵正額銀陸拾萬另肆仟柒佰肆拾伍兩」〔註 18〕這個數字並不包括全省的田賦數，表明當時安徽經濟已很有起色。清中期，安徽各地經濟進一步發展，安慶、蕪湖一帶，均已是全國聞名的「商賈輻輳」之地，桐城（樅陽）、懷寧（石牌）都是新興發展起來的商業集鎮，以省會安慶爲中心的經濟繁榮地帶，爲戲曲文化活動的興盛發展提供了紮實的經濟基礎。

五、徽商對戲曲文化的強烈愛好與支持

　　徽商對地方戲曲文化發展起了積極的支持和促進作用。他們不僅喜愛戲

〔註18〕載《古今圖書集成・食貨典・雜稅》卷三。

曲文化，有些甚至還是戲曲藝術的行家；他們促進了戲曲藝術的傳播和交融，把戲曲帶到了徽州，又把新腔新調帶到了全國各地；他們在徽州和全國各地組織各類戲曲演出活動，營造了濃厚的戲曲文化氛圍；他們蓄養戲班，爲表演藝術家提供經濟上的資助，使他們有可能潛心於藝術創造；他們「賈而好儒」，與戲曲家們聯繫密切。他們是戲曲藝術的「護花使者」，又是戲曲藝術傳播、交流和融合的促進者。在清代乾隆年間，雲集揚州的徽商及時扶持了「花部」地方戲，又讓自己蓄養的戲班前往北京，參與到「徽班進京」的行列之中。徽班進京後，在藝術上兼收並蓄，吸納四方之音，終於形成了京劇。正是因爲徽商，安徽戲曲文化發展的步伐加快了很多。

第三節　安徽地方戲曲劇種的分佈格局

　　作爲我國歷史上政治、經濟、文化都較爲發達的地區，安徽曾是「東柳、西梆、南昆、北弋」〔註 19〕等各種戲曲聲腔的重要交匯地和流傳地，受地域文化、地方方言及其它因素的影響，不同的地方戲在傳播的過程中會逐漸形成具有地域特色的戲曲劇種，進而形成戲曲劇種文化區和文化亞區，並具有相對穩定性和排他性，如安徽淮河以北，是淮北梆子（沙河調）占主導地位的區域，在皖中南流傳甚廣的黃梅戲過不了淮河，更不用說專業的劇團存在。就目前安徽境內所發現的戲曲資料來看，不論是地下的戲曲文物，還是地上的古戲臺、戲曲壁畫、戲俑與碑刻；不論是流傳於民間的戲曲劇種，還是收藏民間的各種手抄戲本，數量都蔚爲可觀。地方戲是反映一個地區戲曲發展程度的標誌之一，據筆者考證，清代以來在安徽境內存在或流行過的地方戲曲劇種曾達到 37 種之多〔註 20〕。其中一些劇種是其獨有或發源於安徽的，另有一些則是由外地傳入的，那麼清代以來安徽地方戲曲劇種的分佈格局到底如何？它們在空間分佈上又有何特點？就目前的材料來看，還沒有人從歷史地理的角度進行過仔細的梳理和分析；根據安徽各地區主要的特色地方戲爲指標，筆者將安徽地方戲曲劇種劃分爲以下幾個主要區域：

〔註 19〕 東柳是指柳琴戲，俗稱拉魂腔，曲調優美，演唱時尾音翻高或有幫和，1953年依據所用伴奏樂器柳葉琴（彈撥樂器）而定名。

〔註 20〕 清代是各種地方戲曲劇種勃興的時期，安徽的很多地方劇種就產生在這個時期，另外還有一些是在民國朱時期正式形成的，有的甚至是到解放後才定名，因此本章的時間斷限定爲明末清初至解放初期。

一、皖北戲曲文化區

這一戲曲文化區主要又分爲皖西北沙河調區和皖東北泗州戲區。

1. 皖西北沙河調區

沙河調區主要爲清代安徽的穎州府、鳳陽府，淮河以北以及淮河以南沿岸部分州縣，使用方言爲中原官話。梆子腔是明清以來全國著名的戲曲聲腔系統之一，其名始見於明天啓二年（1622年），次見於清康熙年間劉廷璣所著《在園雜志》卷三〔註21〕。一般認爲它源於秦腔。清朝初年，梆子腔自山西、陝西一帶向東南發展，數十年間幾遍中國北方各省，每到一處就往往與當地的俗曲、聲腔相融合，形成了各地不同的「本地梆子」。清嘉慶、道光年間，傳入河南的河南梆子已經蔚然成風，並產生了東、西、南路等各種不同風格的派別，其中一支沿著大沙河（穎河）流域活動，進入了安徽的臨泉界首、阜陽、穎上等市縣，並與當地的「土梆」結合，逐漸形成了具有安徽皖北特色和風味的「梆子腔」，並被稱之爲「沙河調」（淮北梆子）。

2. 皖東北泗州戲區

泗州戲原名「拉魂腔」，又稱「肘鼓子」。流行於皖東北地區，這一地區主要爲清代的泗州直隸州，使用方言爲中原官話。黃淮民間曾有這樣的諺語：「從東莊到西莊，要聽還是拉魂腔」，「聽戲要聽肘鼓子，吃肉要吃牛肚子」，「女人聽唱拉魂腔，畫餅貼在腚瓣上，男人聽唱拉魂腔，丟了媳婦忘了娘」。

關於泗州戲的起源，歷來有不同說法，多數人認爲它源於蘇北海州一帶的「獵戶腔」和「太平歌」等民間曲調，這些曲調流入泗州地區以後，藝人們吸收了當地的演唱藝術風格，從而形成了「拉魂腔」，史載：

「清宣統二年（1910）前後，從東北鄉（藝人習慣稱蘇北海州一帶爲東北鄉，或稱冒路），由於登元（藝名一碗魚，一說是古大娘）率領一個大鑼班（因班內只有一面大鑼而得名）流動到淮北。這個班子的文場，除柳葉琴外，還有一把三弦；武場有梆子、大鑼、小鑼和鼓。但由於人手不足，武場全由一人操作·大鑼班已有女演員（藝名濫山芋）登臺演出，因女演員扮演女角扮相好看，身段優美，唱腔動聽，觀眾特別歡迎。自此之後，安徽拉魂腔藝人，紛紛讓自己的妻女學藝，於是女藝人登臺獻藝者漸多。」〔註22〕

〔註21〕曾永義：《梆子腔新探》，見《中國文哲研究集刊》第30期，2007年3月。
〔註22〕《中國戲曲志·安徽卷》，第297頁。

泗州戲與流行於魯南、徐州、蘇北等地的柳琴戲或淮海戲名稱雖不同，但基本可以認定爲同屬一個劇種的不同流派，從地域分，安徽拉魂腔屬於南路，早期拉魂腔的表演形式非常簡單，通常是一個人手拿板子自打自唱，明顯有沿門乞討的痕跡。當時民間還有「七忙八不忙，九個人看戲房」的說法，直到民國九年（1920）之後，拉魂腔班社才有較簡單行頭和衣箱，多半是班主私有制。除在農村演唱外，有時也流動到城鎮演唱。

雖然泗州戲與蘇北的淮海戲、魯南的柳琴戲戲一體同源，都屬絃索系統——因以絃索樂器伴奏而得名，並結合民間俗曲發展而來。但是皖北的特定的民風名俗造就的戲曲文化土壤，加上受到鳳陽花鼓戲的影響，使得在皖東北傳唱的拉魂腔在唱腔風格、意境格調上特色鮮明，其它「同胞劇種」不能比擬。

清代民國時期這一區域還流行有：道情戲、推劇、皖北花鼓戲、鳳陽花鼓戲、太河清音戲、嗨子戲等等，其中值得一提的是推劇，其受「淮河琴書」的影響較大，淮河琴書唱腔音樂爲主曲體，代表性唱腔爲「四句腔」，曲調婉轉優美，唱腔舒緩渾厚，語言純樸生動，韻味優美悠長，直接促成了推劇的形成。

二、皖中戲曲文化區

1. 倒七戲（廬劇）區

倒七戲，流行於清代廬江郡、六安直隸州等地，使用方言爲江淮官話。清同治七年（1868）巢縣知縣陳炳所立《正堂陳示》牌文中有所記載：「近倒七戲名目，淫詞醜態，最易搖蕩人心，關係風化不淺，嗣後如有再演此戲者，紳董與地保亦宜稟案本縣捉拿，定將此寫戲、點戲與班首人等，一併枷杖。」這說明同治年間甚至更早皖中就已開始出現倒七戲。

倒七戲唱腔起初只適應小戲的一劇一曲的唱法，後來才形成了自己的主調二涼、寒腔、三七，代替那些不能適應大戲的花腔雜調。倒七戲旺盛的生命力是和它善於吸收其它曲藝的精華是分不開的：班社到達淮北嗨子戲區，便與嗨子戲藝人互相搭臺，吸收其《鬠打長工》、《打桃花》、《打五扇》等小戲劇目的長處；班社到達淮南端公戲區，便吸收端公戲的神調、丁香調等唱腔，還將其劇目《河神》、《鬠九郎進表》、《薛鳳英》等收進自己的傳統劇目中；班社在本區合肥一帶長期與皖南來的徽班合作搭臺唱戲；去到南部便與花鼓戲、黃梅調融合，上演折戲，清代咸豐以後終於得到勃興和發展。有學者認爲，這與另外一個因素也很有關係——那就是淮軍的崛起。「以大別山民歌舞蹈爲核心的倒七

戲，其演出區域在咸豐年代以後迅速擴展，與這一時期以大別山子弟為骨幹的淮軍在安徽的崛起是有一定聯繫的。倒七戲的發展指向和流行範圍與淮軍的發展走向及勢力範圍基本相同，北過淮河，南抵蘇、滬。」〔註23〕

在向外流動演出、傳播的過程中，受門歌、秧歌、大別山民歌舞蹈以及各地語言和習俗的影響，倒七戲逐漸從歌舞小戲開始向演出大戲演變，並形成西、中、東等不同的類型。

西路以霍山、六安為中心，流行於霍邱、岳西、金寨、麻城以及及河南的商城一帶。以演三小戲為主，擅長花腔雜調，有三義、唐包子、何家與蕭家四班等班社和何代賢、宋策國、張金柱、戴志生等藝人較為出名，由於班社長期流動於山鄉城鎮，很少外出，所以這一路倒七戲的唱腔以粗獷、高亢為主。

中路倒七戲，以合肥一帶為中心，流行於肥東、肥西、舒城、蚌埠等地。唱腔以二涼、寒腔為主調，其吐字行腔，抒情委宛，且在唱句落尾，飾以假音，其中襯字較少，特別注意詞句通俗易懂，改去慣用的鄉音土語之舊習。清光緒初年，有蕭家班盛名一時，後有丁家班、呂家班、二楊班等，先後進入大、中城市，為迎合城市市民欣賞習慣，演出以袍帶戲為主，如《白玉樓》、《彩樓記》、《二度梅》、《白燈記》等。

東路倒七戲，以巢湖一帶為中心，流行於今無為、巢縣、廬江、含山、和縣，以及蕪湖、南陵、繁昌、當塗、南京等地。因與徽劇、京劇、揚劇交往廣泛，也因為它們較早進入城市，其唱腔日趨柔和流暢，表演更為細膩，服飾追求華豔。演出劇目，本戲外又多演出連臺本戲，班社成員相應的逐漸增多，最多達 80 餘人。除《十把穿金扇》、《粉妝樓》、《薛剛反唐》等一些大戲外，又有追求奇趣的演出，如「簾子戲」，把梁山伯與祝英臺相見，何文秀私訪等七個故事情節的戲，合在一起演出，稱其為「七隔簾」。因為劇中男女情人，隔著簾子相見不能團圓，故又名「七世不團圓」。

民國二十六年以後，日本侵略軍佔領南方各大、中、小城市，迫使倒七戲班社全部離開城市，長期演出於偏僻鄉鎮和山區。由於藝人生活貧困，散班者較多；有的班社靠唱賭戲生存。直至解放戰爭勝利後，才有一些倒七戲班社恢復，相繼進入城市，並最終定名為廬劇，成為起源於安徽本土的最大地方戲曲劇種。〔註24〕

〔註23〕王長安《安徽戲曲通史》，安徽：安徽教育出版社，2010 年，278 頁。
〔註24〕王長安主編：《安徽戲劇通史》，合肥：安徽教育出版社，2010 年 9 月。

三、皖南長江沿岸戲曲文化區

這一戲曲文化區分三大區域：1、皖西南黃梅戲區；2、皖東南花鼓戲區；3、皖南徽劇區。

1. 皖西南黃梅戲區。

本區主要為清代安慶府、池州府。使用方言為安慶方言。黃梅戲原名「黃梅調」或「採茶戲」，為安徽省主要地方劇種、全國五大劇種之一，流行於我國安徽、江西、湖北、福建、浙江、江蘇以及臺灣等地區，具有全國性影響。其鼻祖是乾隆年間的邢繡娘，她的演唱別具一格，曾四次為乾隆皇帝獻藝，乾隆還親筆為其題字「黃梅名伶」。當時，民間曾有「不要錢，不要家，要聽繡娘唱採茶」之說。

一般認為，黃梅戲起源於大別山地區，最早可追溯到唐朝。據記載，早在唐代，民間就很流行黃梅採茶戲。經過宋代和元代的孕育，到明清時期，黃梅採茶歌逐漸形成了一種民間戲曲雛形。當時，它被稱為懷腔或懷調，也是早期的黃梅戲。

明崇禎年間，黃梅縣內黃梅戲風日益興盛，黃梅縣的一位知縣曾維倫還曾寫過一本《黃梅風教論》，其中就有「十月為鄉戲」的記述。清道光時期，別霽林的《問花水榭詩集》中曾有一首《竹枝詞》這樣寫道：「多雲山上稻菽多，太白湖中漁出波。相約今年酬社主，村村齊唱採茶歌。」

總的來說，黃梅戲的發展經歷了三個階段：

第一階段為清乾隆末期到辛亥革命前後，流傳到皖、鄂、贛三省間的黃梅採茶調、江西調、桐城調和鳳陽歌，受當地戲曲（青陽腔、徽調）演出的影響，與蓮湘、高蹺、旱船等民間藝術形式結合，形成一些小戲，進而又從一種叫」羅漢椿」的曲藝形式、青陽腔和徽調吸收了演出內容與表現形式，形成故事完整的「本戲」。

第二階段是從辛亥革命到1949年，黃梅戲演出活動開始職業化，從草臺走上了城市舞臺，曾與京劇合班演出，受越劇、揚劇、淮劇以及評劇的影響，在演出內容與形式上都起了很大變化，編排、移植了一批新劇目，音樂的唱腔也有所改進，取消了幫腔，並試用胡琴伴奏。表演則吸收借鑒了京劇等劇種的藝術形式。

第三階段是從1949年至現今，出現了一大批有成就的演員，如嚴鳳英、王少舫等老一輩藝術家，馬蘭、韓再芬、郭宵珍、汪静、張小萍等中青年演

員。新中國建立初期，黃梅戲雖然已經有了很大的改觀，但還是一個地方小戲，音樂體制、表演和舞臺等方面都較簡單。1952 年，黃梅戲開始進入上海演出，逐漸出現了一大批藝術家、演員。1953 年，安徽省成立了三十多個黃梅戲專業劇團，對傳統黃梅戲進行了整理和加工，使黃梅戲的整體藝術有了提高，音樂的進步尤大：「平詞」的表現力增強了，並創造了新腔，伴奏由單純的打擊樂器發展為管絃、打擊樂器並用，另外還改編了一批傳統劇目。從此，黃梅戲藝術日趨成熟，逐漸發展成為安徽省的地方大戲。〔註25〕

皖西南還流行的地方戲有：夫子戲、岳西高腔、儺戲、文南詞。

2. 皖東南花鼓戲區

本區主要指清代安徽的太平府、寧國府、廣德直隸州。皖南花鼓戲原為花鼓調，以本區宣州、郎溪一帶甚為流行。清嘉慶二十三年刊行的《瀏陽縣志》在談及當地元宵節玩龍燈的情況時，曾這樣說：「又以童子裝丑旦劇唱，金鼓喧闐，自初旬起至是夜止」。由此可見，丑角和旦角合作出演的花鼓戲，至少在清嘉慶年間就已形成。皖南花鼓戲的形成和發展大約是在道光年間，而且它的形成還與清代向皖南地區的幾次移民有很大關係。

清康熙至光緒年間，湖北、河南等多地經常遭受水旱災害，致使災民陸續南遷。道光三十年前後，皖南的宣城、廣德一帶多有太平軍與清兵作戰，此地居民為了避難而外逃，這一帶成了十室九空的荒涼地區。後來，清政府開始向這些地方移民。這期間，湖北的東路花鼓調和河南曲子被移民帶到了皖南地區。這些曲調從此開始這裡發展和演化，不久就出現了「打五件」的說唱形式。其中的「五件」是指鼓、大鑼、小鑼、鈸和竹板五件樂器。一些「打五件」的職業藝人們大量吸收皖南民間曲調的唱腔，之後便出現了新的又唱又做的表演形式，被當地人稱為「地攤子」，而這種「地攤子」就是皖南花鼓戲的前身。隨著「地攤子」演出次數的增多，表現力較強的、變化較多的腔調被廣泛採用，如「四平調」和「淘腔」等。藝人們不斷豐富和發展這些曲調，又吸收民間藝術和徽劇、京劇等劇種的藝術成分，從而誕生了職業性的「四季班」和「草臺班」。這些班社的出現，給皖南花鼓戲奠定了藝術基礎。

職業性的「四季班」在農村的演出受到了農民的熱愛和歡迎，藝人們為了滿足觀眾的需要，積極創造和積累劇目、唱腔和表演藝術。但不幸的是，

〔註25〕高敬編著：《徽州文化》，時事出版社，2012 年版。

統治階級曾以「花鼓淫戲，敗壞風化」的罪名明令禁止他們出演。

1950 年，皖南花鼓戲開始復蘇，並有一大批優秀劇目相繼脫穎而出。過去，皖南花鼓戲經常遭受歧視，花鼓戲出演時便以演出當地流行的大戲劇目來作爲掩護，這種戲班被人稱爲「半臺班」或「半戲半調」。建國後，花鼓戲各戲班迎來了曙光，紛紛成立專業劇團，開始進入城市劇場公演。〔註26〕

皖東南曾流行的地方戲還有：含弓戲、湖陰曲等。

3. 皖南徽劇區

徽劇亦稱徽調或亂彈。在它興盛時期，曾流遍全國，大多地方劇種，受其影響。清初，徽劇以青陽腔、崑曲及俗曲爲基礎，於安慶石牌、樅陽一帶發展而形成。乾隆年間二簧調興起。《揚州畫舫錄》記載：「有二簧來者，安慶色藝最優」。二簧調形成之時，湖北有西皮來者，開始了二簧與西皮合奏的局面，西皮與二簧合奏，使徽班藝術發展，出現了新的形勢；就安徽而言，形成幾路藝術流派。

石牌是徽戲發源地。包世臣《都劇賦》云：「徽班映麗，始自石牌。」在皮簧戲藝人中，「無石不成班」已成爲口頭語。石牌是出人才的地方，從明末阮大鋮起，至程長庚時代，都有科班延續；同、光年間，尚有科班在，其坐科可考者十數人，其中佼佼者如秋香，《程氏宗譜》記載他生於同治七年（1868），十七歲出科後，演出於太平、徽州等地。能戲頗多，在皖南徽班中無人居其上。又常爲各班「打劇本」，其楷書集成，附記工尺、鑼等，圈點推正，行家稱之。

安慶一路徽戲，可考的有十多班，流行於安慶、懷寧、望江、潛山、宿松等地。在這一帶徽班中，有歷史悠久的氏族班，如潛山縣黃柏山的余家班，始建於乾隆年間，專爲余氏家族迎賓送客而演出；至嘉、道間，發展成大班，從先演小戲，折戲，改演以宮廷鬥爭爲內容的袍帶大戲，於是走出家庭、氏族，到各地巡迴演出。此外又有外行班，專門組班到外地演出。如安慶二簧班，享名於揚州、杭州等地；望江的陽春部，也於乾隆間，演出雲南昆明。宿松的彈腔班，同時到山東等地演出。

巢湖一路徽戲，從桐城地方流來無爲一帶紮根。可考者有八班。流行於廬江、巢湖、含山、和縣、滁州、來安、全椒等地。徽戲在無爲紮根後，逐漸發生變革，如《武松殺嫂》的唱腔，藝人稱做巢湖二簧平，實爲石牌調之

〔註26〕王長安主編：《安徽戲劇通史》，合肥：安徽教育出版社，2010 年 9 月。

變調，是把吹腔、平板，與巢湖民歌相結合而形成；因而在唱腔中夾雜「啊油呀哈咳」的小調襯字，其節奏、旋律，顯得迅速、活躍、歡快。老藝人淩明春、李萬枚等，皆是善歌者。巢湖徽班以天壽為最早，歷史最長，從乾隆年間至 1949 年，活動從未間息。

太平一路徽戲，從安慶沿江而下，至當塗一帶紮根，發展為十二班，流行於當塗、宣城、蕪湖、繁昌、南陵、廣德、郎溪以及江蘇高淳一帶。徽戲在當塗紮根後，藝術有了變革，因地沿皖水之下，人稱「下江派」。後繼人有馬榮福、孫懷雙等，他所唱吹腔、撥子，與江南農村的（舂米歌）、〔八段錦〕等小曲子相結合，節奏旋律簡潔、平穩、流暢，歌風添濃，克剛蓄柔，自成一體。

徽州一路徽戲，經太平流來歙縣一帶紮根，先後發展大小班社數以百計，但名班也只是十來個，流行於歙縣、休寧、屯溪、績溪、祁門、黟縣，以及婺源等地。由於徽州六郡，位置山區，交通不便，以致大多班社固守舊調演唱。又有不少徽州人，在外地為官、經商，喜愛崑曲，影響家鄉徽班，演唱時崑曲和亂彈各摻其半。所用語言，方音較重，人稱鳥語，外地人難懂，班社也就很難到外地活動。因此它的藝術很少受其他劇種的影響。

徽州有四大名班，群眾稱之為「京外四大徽班」。其中為首者是慶升班，人稱「三老」慶升。依群眾所解：一為老票價，不任意改動；二是老時間，不任意將演出時間提前或推後，三是老戲碼，不任意改動既定戲目，或加演「找戲」。它能夠這樣，不受地方大小紳士們擺佈，主要有歙縣雄村曹振鏞家為後盾，在政治上，曹為清道光時武英殿大學士，聲勢顯赫；在經濟上，曹家資助其開支一半，在人才上，曹家華廉科班（家班）為其輸送演員。因此全班出行，先導手持燈籠上，皆剪貼「天府第曹老慶升」字樣，以示此班為曹家所管，班社身份非凡。

徽班於清乾隆間，已流出安徽地界，首先影響鄰省，如江蘇、浙江、江西等地，形成幾大徽班的聚處，如嘉慶初年活動於江蘇里下河的徽班，除李斗《揚州畫舫錄》中所記述在揚州活動外，也遍及當地鄉鎮。浙江杭嘉湖徽班於乾隆年間開始活動，徽伶高朗亭年輕時，即在杭州演出。浙江的金華徽班，於嘉慶年間由徽州直接流入，徽州的老慶升班於嘉慶二十年（1815）到金華演出。此外，徽戲還曾流入江西，贛北一帶的廣信班、饒河班，皆受其影響。

徽戲向南方發展，遍及廣東、廣西、湖南、福建、雲南諸省。如乾隆四十五年廣州《外江梨園會館碑記》刻有安徽八班，乾隆五十六年又刻有安徽七班。

徽戲（石牌調）流入廣西的記載，見於乾隆四十五年廣西政府官員的奏摺中。徽班大吉升部在福州的活動情況，《金臺殘淚記》中已有記述，時在嘉慶二十六年。徽班陽春部於乾隆年間，應邀為檀萃（望江人）祝壽在雲南昆明演唱，《梨園和歌宴》中有記載，此外，流入雲南的尚有吉祥、長春兩個徽班。

徽班在外地盛行，同時在本省也日益活躍。每年在民間演出的，一般是職業班社，皆以演平安戲為主：每逢牛王生日，火神祭日，觀音開光等，皆演廟戲。又有正月燈會，二月土地會，三月清明會，四月青苗會，五月龍舟會，九月觀音會等，各地請班演出，謂之會戲。只有老郎神生日，各地徽班聚演競技競藝，演員各顯身手，展示技藝長進。業餘班社，江北稱為「雜湊班」；江南叫做「鬼火班」，因其演出時聚時散，時有時無而得名。農閒則唱，農忙則停，土腔土調，吹托不拘荒腔走板，舉止皆可隨心所為。幾塊門板搭臺，村頭巷尾聚眾，自演自樂。〔註27〕

目連戲也流行於此區。目連戲原名「還願戲」，因發源於弋陽江地區，又被稱為弋陽腔，也簡稱陽腔。其以《目連僧救母》而得名，是我國最古老的戲曲劇種，堪稱戲劇鼻祖。目連戲不過長江，但它在皖南各府都有流行。

目連救母的故事，最早曾在東漢初由印度傳入我國的《佛說盂蘭盆經》上有所記載。唐代時，有人將其改編成說唱文學《目連救母》，之後故事不斷被豐富和完善；北宋時，出現過《目連救母》的雜劇；五代時，則出現了這一故事的多種變文。明代鄭立珍曾編有《目連救母勸善戲文》，並多次被目連戲藝人高淳演出，但到清末時已瀕臨失傳，好在民國初時目連戲大師王嘉賓在養病期間與其他老藝人合作，整理出了五本劇目。這些劇本為研究目連戲的起源、特點、演變等提供了十分重要的依據。

關於目連救母的故事，還有一個廣為流傳的版本。相傳，很久以前有一個年輕人叫目連，是一位有名的富豪。他的母親為青提夫人，吝嗇至極且十分貪婪。儘管如此，目連依然對母親十分孝順。後來，青提夫人死後被打入陰曹地府，受盡了折磨。目連得知後，為救母親脫離苦海便出家修行。最後，他得了神通，得以到地獄中見到了依然在受苦的母親。

目連聽說，只要能夠讓母親吃飽，她便能轉世投胎，不用再在地獄中受苦。可是，他母親由於生前罪孽深重，給她吃的東西還沒到口中便化成了炭。這樣，青提夫人根本什麼都吃不到。目連無計可施，便又去求佛。佛陀大發

〔註27〕王長安主編：《安徽戲劇通史》，合肥：安徽教育出版社，2010 年 9 月。

慈悲，告訴他在七月十五日這天設盂蘭盆會，借十方僧眾的力量便可以讓青提夫人吃飽。於是，目連遵照佛的囑託，設了盂蘭盆會。青提夫人果然吃飽得以轉世，但她並沒能投胎做人，而是做了一隻狗。目連又不忍心，便接著讀了七天七夜的經，使青提夫人進入了天堂。

目連救母的故事在於勸人向善，勸子行孝，只通過口口相傳，它就從東漢流傳到了現在，並通過演唱而形成了目連戲這種戲劇形式。

四、清代民國時期外來劇種在安徽的地域分佈

京劇、曲劇、揚劇、楚劇、二夾弦、錫劇、評劇、越劇是清代民國時期流傳到安徽的外來劇種。

我們首先來看京劇。京劇進入安徽的趨勢，自晚清時期就開始了，作為京劇前身徽調的故鄉，蜚聲京華的皖籍大牌京劇演員和家鄉藝人、觀眾的頻繁交流互動，已經使得一些老徽調班社悄然開始了「京化」的進程。到了民國初年，沿江的一些重要城市，如安慶、蕪湖等基本上都是演出京劇，老徽調已退回偏遠鄉鎮了。

清末民初，京劇南下進入安徽北方重鎮，是以一種「空投」式傳播，即首先進入經濟文化中心城市，再通過城市的引領效應向周邊地區延展，而不是從原流行區域逐漸蔓延、擴大，發展。如蚌埠，原為鳳陽縣屬的一個荒僻漁村，民國元年津浦鐵路全線通車後，蚌埠作為京、津到滬、杭的南北交通樞紐，迅速繁榮起來，數年就成為皖北的重要商業重鎮，並成為京劇向南擴展的一個節點。如 1915 年，新派京劇代表人物汪笑儂專程來蚌埠登臺演出，名動一時；1920年，曾任安徽督軍的倪嗣沖在蚌埠做壽，專程從北京請來了京劇名伶孫菊仙、龔雲蒲、陳德麟、劉鴻聲、楊小樓、王瑤卿、王風卿、余叔岩、侯喜瑞、梅蘭芳等同臺演出，盛況空前，由此造就了蚌埠的京劇觀眾群。

曲劇：原名曲子戲，又名文明曲子、高調曲子、高臺曲子。流行於阜陽地區的臨泉、界首、阜南等縣。民國二十一年（1932）春，河南省民間曲劇藝人，因災荒所迫，來到安徽臨泉縣瓦店、迎仙集等地，以打地攤形式，走鄉串村，清唱曲子糊口。民國二十三年，臨泉艾亭集人謝振九、謝英才出錢，從河南省新蔡縣趙集請來曲子戲演員紫金山、李心和等人，教唱曲子戲三月，成立了振英高調文明曲子班。民國二十六年，臨泉祁德新、顧吉甫出面，在鮦城集西頭馬車場，舉辦鮦城曲子戲小科班，請柴金山、

賈治國等人，教唱三年零四個月，培養出曲子戲演員蔣華池、王春芳、姚鳳林等人。接著有迎仙、韋寨、李橋、瓦店、韓東集、土坡集等地，均成立曲子班社。民國二十九年，在界首璿舞臺、新舞臺演出，歷時兩年多。這一時期，各曲子戲班社的演出劇目，多是一些生活小戲和折子戲，如《勸技》、《戒酒》、《對花庭》、《藍橋會》、《祭塔》等。曲子戲的腳色行當基本上以小生、小旦、小丑為主。這時常用曲調有〔陽調〕、（慢垛子）、〔上流腔〕、〔扭絲〕、（快陰陽）等。從「七七」盧溝橋事變後，開始宣傳抗戰，演出《血淚深仇》、《盧溝橋事變》等以及一些傳統大戲，這時行當從三小發展為老生、小生、武生、花旦、青衣、武旦、彩旦、老旦、小丑、花臉等，以適應大戲的演出。

在流入安徽的外來地方戲曲劇種中，除了京劇在安徽的東南西北中（在蚌埠、合肥、六安、滁縣、安慶、太平、銅陵、貴池、石臺、休寧、黟縣都有京劇劇團演出）有分佈外，其它 7 個劇種基本都是與安徽相鄰省份的劇種，多流佈於與其交往方便的安徽東部、北部地區，主要是以講中原和江淮官話為主。越劇在蕪湖、評劇在潁上、揚劇在天長、滁縣、來安、曲劇在阜陽、界首、臨泉、太和錫劇在郎溪一帶流播，且流佈範圍較小。

五、安徽地方戲曲劇種的空間分佈特點分析

為更直觀的瞭解清代民國時期安徽地方戲的總體分佈格局，筆者就明末清初以來安徽境內曾流傳過的 37 種地方戲曲劇種的名稱、形成和傳入時間、主要唱腔、形成和流佈地區作一總表如下〔註 28〕：

表 4-1 安徽戲曲劇種一覽表

劇種名稱	形成、傳入時間	主要聲腔	形成地區	流佈地區	備　註
1. 黃梅戲	清末	平詞、火攻、二行；花腔等	安慶、懷寧	流行皖南安慶、池州、宣城、黃山多個縣市	

〔註 28〕數據來源：以上海辭書出版社編撰的《中國戲曲劇種大詞典》為準，並參考《中國戲曲志・安徽志》記載有安徽本地劇種 22 個，外來劇種 2 種。《中國戲曲劇種手冊》記載有 22 種，外來劇種 8 種。劇種的收集時間截止到 2013 年，參考有關 2013 年安徽劇種數據。由於戲曲藝術口口相傳，有些劇種的誕生和消亡的時間難以有精確的年份，上表所述戲曲劇種消亡時間為 2013 年以前，特此說明。

2. 安慶彈腔（老徽調）	清末民初	撥子、二黃、西皮、吹腔	安慶	安慶地區	已消亡
3. 徽昆（草昆）	明萬曆初年	山坡羊、駐雲飛等一百多支			多為武戲 已消亡
4. 徽劇	明末清初	撥子、二簧、西皮、花腔	徽州	池州、太平（今歙縣、貴池、當塗）一帶	
5. 青陽腔（池州調）	明代嘉靖年間	滾調，鑼鼓伴唱，一唱眾和	青陽縣	流佈於湖口等縣市；	已消亡
6. 岳西高腔	明末	高腔（青陽腔）	岳西	流行岳西、潛山	
7. 夫子戲	明末	青陽腔	石牌	流行懷寧石牌洪家埠一帶	已消亡
8. 目連戲	東漢初至明末	高腔	南陵	徽、池、寧國、太平四府	
9. 儺戲	明末	高腔、儺腔	待考	佛皖南貴池、青陽、佛教聖地九華山下、茅坦、裏山一帶	演出時帶有面具
10. 廬劇（倒七戲）	清末	主調、花腔	大別山和淮河一帶	合肥、蕪湖、金寨、六安	
11. 端公戲	清末	端公神調	壽縣	壽縣、鳳臺、穎上、懷遠、阜陽	已消亡
12. 沙河調（淮北梆子）	約清代中葉	梆子腔	沙河、穎河流域	流行於安徽、河南交接處的沙河兩岸	另一說為豫劇演變
13. 泗州戲	清末	拉魂腔	泗縣	安徽淮河兩岸流行	
14. 墜子戲	1940 年後	平板、寒板、慢板、快板	形成於蕭縣	蕭縣、碭山、肅縣、逐溪、蚌埠、懷遠、蒙城、亳縣等地	
15. 含弓戲	清嘉慶年間	民歌小調、灘簧	含山	含山、和縣、巢縣、無為、當塗、蕪湖等地	已消亡
16. 太和清音戲	明末清初	四句腔、俗曲	太和	流行於阜陽、太和、穎上、臨泉、界首、亳縣、壽縣等地	
17. 蕪湖梨簧戲	清末	梨調、民歌及簧調	蕪湖一帶	流行於蕪湖、馬鞍山、當塗、和縣、含山、繁昌一帶	已消亡
18. 文南詞	清末	南詞、文詞、正板、快板等	至德縣	東至、宿松一帶	已消亡
19. 皖南花鼓戲	清末	陶腔、四平調、花腔、北扭子	宣城	宣城、廣德、寧國、朗溪	

安徽歷史文化地理研究（1667～1949）

20. 衛調花鼓戲（鳳陽花鼓）	清末	漫趕牛、捲簾子、鬆緊口	蚌埠市長淮衛	蚌埠、鳳陽、定遠、滁縣	
21. 淮北花鼓戲	不祥	宿州調、會北調、口子調等	宿縣	皖北	
22. 推劇	1955年	四句推子	鳳臺	鳳臺、穎上、壽縣及淮南市	
23. 嗨子戲	嘉慶、道光年間	老公調、花調、開門調、笑娃子	阜南	阜南、穎上	已消亡
24. 洪山戲	清末	洪山調	來安	來安、天長	已消亡
25. 湖陰曲	清道光年間	絃索、二黃平調	蕪湖	蕪湖	已消亡
26. 太湖曲子戲	清末	弋陽腔	太湖	太湖	已消亡
27. 祁門採茶戲	清末		祁門	祁門、霍山	
28. 京劇	清代中葉	西皮、二黃	北京	蚌埠、合肥、六安、滁縣、安慶、太平、銅陵、貴池、石臺、休寧、黟縣	外來劇種
29. 越劇	清末	吟哦調、四工調、尺調、弦下調	浙江、上海	蕪湖	外來劇種
30. 評劇	清末	慢板、二六、原版、垛板等	唐山	穎上	外來劇種
31. 揚劇	1935年前後傳入	探親調、補缸調、梳粧檯等	揚州	天長、滁縣、來安	外來劇種
32. 曲劇	1930年代傳入	大調、小調	河南	阜陽、界首、臨泉、太和	外來劇種
33. 四平調	1945年前後	原板、慢板	界首	界首、阜陽	外來劇種
34. 二夾弦	清末	大板、二板、娃娃、山坡羊等	皖蘇魯豫相鄰地區	亳州	外來劇種
35. 道情戲	道光年間			界首	外來劇種
36. 楚劇	清末	迓腔、悲腔、四平	黃陂、孝感		外來劇種
37. 錫劇	乾隆年間	簧調、玲玲調、大陸調	無錫、常州	郎溪	外來劇種

— 118 —

　　爲更爲直觀的分析清代以來安徽戲曲劇種的空間分佈情況，筆者又繪製
了安徽戲曲劇種空間分佈圖如下：

　　說明：上圖作爲清代以來安徽戲曲劇種的空間分佈數量圖，大致包括兩種情況：一是
清代以來曾經在安徽流行而今已消亡的劇種；二是 1949 年至 1985 年在安徽流佈（其
中還包括一部分歷史上瀕於消亡，經扶植又逐漸恢復、發展和新形成）的劇種。

　　安徽戲曲劇種所生存的地理環境決定了安徽戲曲劇種的特點，結合上述

圖表和相關歷史資料，筆者歸納總結出清代以來安徽 37 個地方戲曲劇種在空間的分佈上總體呈現的幾個特徵：

（一）安徽地方戲曲劇種分佈廣、種類多

從北到南，從東到西，戲曲劇種遍佈安徽全境。清代各府州縣都有戲曲演出活動，無論是田間地頭，還是富庶城鎮，都可見戲班的表演。安徽既有山地、丘陵，又有臺地、平原，多樣的地形條件孕育了安徽豐富多彩的戲曲劇種──全境曾經有 37 個地方戲曲劇種流佈（含外來劇種）：有戲曲「活化石」之稱貴池儺戲，也有唱遍安徽淮河以南和周邊省份的黃梅戲；有深受民歌薰染具濃鬱地方特色的衛調花鼓戲，也有深受佛教影響的南陵目連戲；還有善於吸收優美動聽的戲曲聲腔和慷慨激越的鑼鼓伴奏樂器而形成的岳西高腔等等；同一聲腔系統──如花鼓戲分佈於全省的情況也不盡相同，處在皖南、鳳陽、淮北等山地、丘陵、江河各種不同區域中的花鼓戲，其藝術風格有較大差異。

（二）安徽地方戲曲劇種主要呈南北多，中間少的地理分佈格局

安徽劇種多沿境內水路爲中心分佈和傳播，以江河湖泊沿線的中心城市爲核心，皖南即以境內長江、蕪湖、巢湖等流域爲中心分佈，皖北則唱響在淮河兩岸，戲曲劇種多分佈在人口密集、經濟富庶的城鎮集中地區，如合肥、蚌埠、淮南等，但因皖南山區人文薈萃，皖西南大別山山區山形阻隔，古老的戲曲劇種一旦進入也保存得比較完好。南北地區的劇種數量明顯多於中部；江淮兩岸的劇種數量明顯多於山區，皖南山區的劇種數又多於皖西大別山區。

（三）黃梅戲、廬劇、徽劇是安徽最具影響力的地方大戲

黃梅戲作爲安徽的地方大戲，在安徽境內，淮河以南地區均有流佈和傳播，不論是山地、丘陵，還是平川、水域；無論是海拔高、氣候冷的大別山，還是氣候溫暖的皖南地區，都是黃梅戲流行的範圍。只要有人家，就會有花腔的響起。安徽的黃梅戲不僅在境內流佈，還沿著長江流域，傳播到省外。作爲地方大戲的黃梅戲，其劇團在安徽全境大部分市縣都有成立（淮河以北除外）。到了皖北，戲曲劇種的地方特色相當鮮明，唱腔粗獷、爽朗、嘹亮的沙河調讓人印象深刻。

（四）清至民國是安徽地方戲交流整合的頻繁時期

清代以來，安徽地方戲曲文化的發展即有本省戲曲劇種文化之間的交流互動，也有本地戲曲劇種在吸收本地民間歌謠、曲藝等基礎上兼收並蓄，博

采眾長而成，如古老的「踏歌」、「桐城歌」都是形成安徽戲曲劇種的文化源流，安徽地方戲的整合併不獨在本省內，而是即參與本地文化，又吸收外來文化，是一個整合互動，多重交流的複雜戲曲現象，被稱爲「海內時尚滾調」的青陽腔就是外來聲腔在安徽本土化的著名的例子。青陽腔，因產生於池州府的青陽縣內而得名。

到了清中期，安徽境內的許多戲曲劇種已經成型，並逐漸向外地傳播，有些劇種還對中國戲曲的發展產生了重要影響，如徽班與徽劇於清乾隆間已流出安徽地界，首先影響鄰省，如江蘇、浙江、江西等地，形成幾大徽班：嘉慶初年活動於江蘇里下河的徽班，浙江杭嘉湖徽班於乾隆年間開始活動，徽伶高朗亭年輕時，即在杭州演出；浙江的金華徽班。於嘉慶年間由徽州直接流入，徽州的老慶升班於嘉慶二十年（1815）到金華演出。此外，徽戲還曾流入江西，贛北一帶的廣信班、饒河班，皆受其影響。徽戲向南方發展，遍及廣東、廣西、湖南、福建、雲南諸省，如廣州《外江梨園會館碑記》刻文顯示，乾隆 45 年即有安徽八班，乾隆 56 年又有安徽七班曾在此搭臺唱戲。徽戲（石牌調）流入廣西的記載，見於乾隆四十五年廣西政府官員的奏摺中。徽班陽春部於乾隆年間，應邀爲檀萃（望江人）祝壽在雲南昆明演唱，《梨園和歌宴》中有記載，此外，流入雲南的尚有吉祥、長春兩個徽班。至於石牌調在湖南的流行，當在乾隆年間，稱爲安慶調或平板二簧戲，爲湘劇常演，湖南巴陵戲的唱腔與劇目，幾與徽戲無異。

徽班北上，對北方劇種亦頗有影響，乾隆三十三年一月，在山東的孔府家班教習稟帖中，言及從安慶懷寧請來演員與教師六人。嘉慶十五年十一月，孔府檔案中，又記安慶「戲班小旦張三元拐竊包銀並戲衣竊逃」事，均爲徽班進入山東的較早記載。乾隆五十五年安慶高朗亭率三慶徽班至北京，便紮下根來，由於徽班的演出聲譽日隆，四慶徽、五慶徽相繼進京，至嘉慶年間在京徽班已有十個。（見北京梨園碑記）道光年間，程長庚入主三慶班直到該班解體，先後在京活動百餘年，其影響遍及全國。〔註29〕

（五）安徽地方戲曲劇種總數和流佈地區逐步衰減並至消失

清代以來，安徽的地方戲曲劇種，從早期的少數幾種——到鼎盛時期的37 種——到如今的 10 餘種，經歷了一個波浪形的變化，像太和清音戲、太湖

〔註29〕王長安主編：《安徽戲劇通史》，合肥：安徽教育出版社，2010 年 9 月。

曲子戲等一批小的戲曲劇種都已經成為絕唱。作為一種非物質文化遺產——安徽戲曲劇種的保護工作如今並不容樂觀。尤其是那些流行窄、表演體系程序不完備、情節不生動、影響力小的戲曲劇種——像目連戲、嗨子戲等，如不加快搶救保護力度，都瀕臨消失。

第四節　安徽戲曲文化景觀

文化景觀一般由物質和非物質兩大部分組成，廣義的文化景觀指「因人類活動而附加在自然景觀上的各種形式」，即包括建築、道路、耕地等有形事物，也包括信仰、觀念、聲音乃至氣味等無形之物。〔註 30〕本節所討論的安徽戲曲文化景觀，係指安徽區域內與戲曲文化關聯的有形與無形之物，既戲曲物質文化景觀和戲曲非物質文化景觀，前者如古戲臺、戲樓、罰戲碑等戲曲古跡；又如戲曲臉譜、戲服、樂器等表演道具樣式以及戲曲家、演員群體、戲班等；後者如與戲曲家有關的傳說、故事、軼聞；隱含在戲曲著作中的價值、觀念、思想以及不同的戲曲唱腔風格等。這些戲曲物質文化景觀和非物質文化景觀，反映了清代以來安徽戲曲文化的地域特色。

一、安徽戲曲物質文化景觀

安徽戲曲物質文化景觀，指有行和可見之物，主要包括以下幾大類型：

第一是古戲臺。古戲臺，就是古代演戲的場所。安徽各地廟宇、會館、祠堂、家院所建成的戲臺，絕大部分是清代建築。從戲臺的建築規模、式樣上又分為廟臺、戲樓及露天台等。廟臺，多建於各州、府、縣的城隍廟、祠堂、關帝、火神等廟內，少數建於道觀內，多稱萬年臺。建立這些戲臺的目的是為了酬敬神靈，多成為廟宇的附屬建築。露天台，多為臨時搭城，隨演隨拆。如繁昌縣的獨腳蓮花臺，六十年搭一次，建於銀杏樹椿之上，分神、人、鬼三層演出，紙紮彩繪，精美壯觀。再如淮北的牛車舞臺，用六至八輛太平洋（即牛車）和土寨門搭成。也有臨時搭成的土臺，都叫露臺。明清時期，安徽各府州縣都修建過不少戲臺，經年不衰的兵燹和水災，使得皖北的古戲臺如今大多已灰飛煙滅。皖南因為多山，戰亂相對較少，不少古戲臺得

〔註 30〕H・J・德伯里《人文地理——文化社會與空間》，王民等譯，北京師範大學出版社，1988 年。

以順利保存下來，成為安徽最引人入勝的戲曲物質文化景觀，清代一首著名的「演春臺」詩，見證了當年古戲臺上搬演劇目的盛況：

> 前村佛會還未歇，後村又唱春臺戲。斂錢里正先定期，邀得梨園自城至。紅男綠女雜沓來，萬頭攢動環當臺。臺上伶人妙歌舞，臺下歡聲潮壓浦。腳底不知誰氏田，菜踏作齏禾作土。梨園唱罷斜陽天，婦稚歸話村莊前。今年此樂勝去年，里正夜半來索錢。東家五百西家千，明朝灶突寒無煙。〔註31〕

據筆者實地田野調查和初步統計，皖南徽州六縣保存較為完好的古戲臺還有 15 座。它們分別是：餘慶堂古戲臺；會源堂古戲臺；敦典堂古戲臺；嘉會堂古戲臺；敦化堂古戲臺；敘倫堂古戲臺；和順堂古戲臺；順本堂古戲臺；新安古戲臺；大本堂古戲臺；聚福堂古戲臺；陽春戲臺；吳宅戲園；璜田戲臺；黟縣萬年臺等。這些古戲臺鮮明的地方特色，成為我們研究安徽戲曲物質文化景觀重要的歷史實物。

皖南戲臺與皖北戲樓有所分異，如徽州古戲臺主要就建在徽州宗族祠堂的前進，與享堂相呼應。皖南古戲臺作為一種演出場所，不僅有娛樂功能，更有宗族教化功能：每一氏族為增強其凝聚力，往往會續「家譜」，家譜一般有兩種：每年筆錄一次的叫「草譜」，相隔數年按既定格式編寫並付印的叫「正譜」。無論是修草譜或正譜，都請外班來祠堂演戲。正譜竣工，族內慶祝尤為熱烈，演出更多，搬演《百忍圖》、《滿堂福》、《全家福》之類的劇目，連演數目不歇，謂之「修譜戲」。祠堂除演修譜戲外，其他凡有能使本氏族感到榮耀的人和事，如族人高中、陞遷、榮歸、賜匾、立碑等等，都一概演戲。其中有的叫「賀匾戲」，有的叫「立碑戲」。這樣一方面可以維繫宗族的血緣關係，安徽人講究忠孝節義、尊祖敬上，演戲時打開享堂的隔門，可與祖宗同樂，使人感到宗族的榮耀；另一方面體現出宗族的威嚴。在古戲臺的後臺，往往還密密麻麻寫滿了題壁，當年演出的戲班子名稱，主角藝名，還有所演的戲碼，都一目了然。祁門縣坑口村會源堂戲臺，後臺的磚牆和木頭擋板上，有不少幾百年前的遺墨。「咸豐三年四月二十二日，德慶班《大辭店》，二十八日《送姑娘看燈》，《二堂罰戲》……」，「光緒五年五月十二日，四喜班進門，《紛河雁》，潛邑，宋桂珍」。而在淮北，亳州古為盛產藥材及商業繁盛之

〔註31〕轉引自陳琪、張小平著《徽州古戲臺》，遼寧人民出版社，2002 年版，第 36 頁。

地，縣城內則是建有戲樓群。其中關帝廟內建的花戲樓，布局嚴謹協調，雕刻精緻，戲樓內外共雕有一百零八齣三國戲，色彩鮮豔，和諧統一，並無太多教化功能。

第二是臉譜。臉譜就是地方戲曲藝術中淨、丑和一部分生、旦角色，為了劇中人物劇情需要，依據相對固定譜式，在臉部勾畫的各種色彩圖形。據上個世紀 80 年代初全國地方戲曲聲腔劇種的調查，安徽地方戲中淮北梆子、徽劇、青陽腔、岳西高腔、儺戲、目連戲以及外來京劇等劇種在演出時有臉譜呈現。

不同行當的表演（唱、念、做、打），根據角色年齡的不同，臉譜形式也不同。淨、丑化妝，全部採用臉譜。因此之故，淨、丑行當的演員，從小在師傅傳授下，不僅練就了左右開弓、雙手並用地為自己勾臉的本領，而且還掌握了所扮演人物的形形色色的臉譜。淨、丑特別是淨角勾臉，程序之多，樣式之繁都為生、旦化妝無與倫比。生、旦化妝樣式簡潔，用色單純，所以稱作「素面」或「潔面」；淨、丑化妝構圖繁複，色彩繽紛，與生、旦素面、潔面相對，俗稱「花面」或「花臉」。

有一種臉譜譜式，京劇舞臺罕見，卻常見於地方戲曲舞臺，徽劇稱之為「陰陽臉」，以一條穿過眉心、鼻梁、人中的直線為中線，左右截然不同，有的是左右圖形相同，色彩不同，如安徽青陽腔的陰陽判。

第三是戲服。「戲具謂之行頭。分衣、盔、雜、把四箱。衣箱、盔箱均有文扮、武扮、女扮之分，雜箱中皆用物。把箱中則鑾儀兵器。此為江湖行頭。」〔註32〕

在安徽戲曲劇種的發展的過程中，由於受南北氣候、地形、生活習慣等不同差異的影響，不同地域的戲曲服飾具有各自分異的特點。

第四是戲文。包括清代屢屢見到的戲曲楹聯、抄本以及詩歌、竹枝詞以及一類較為特殊的罰戲碑等種種戲文資料，成為了安徽戲曲物質文化景觀最真實的寫照。

1. 碑刻

徽州的碑刻中，除了「三雕」中大量的戲曲故事圖案，還有一類有「罰戲碑」；特此引介。它是為了懲罰當地的村民或砍樹、或燒山、或交易不公

〔註32〕 （清）李斗：《揚州畫舫錄》，揚州：廣陵書社，2010 年，第 269 頁。

等訂立的罰戲公約，並將內容刻在石碑上，作爲警示。這種「罰戲碑」，當時一定有很多，就目前所知，徽州祁門有三，婺源存一。如被祁門當地人稱爲「目連村」的彭隆鄉環沙村的敘倫堂堂外西牆上，有一塊嘉慶二年（1797）十一月立的石碑，碑文的內容是，當地村民程之璞等人因爲「邇源人心不一，縱火燒山，故砍松杉，兼之鋤挖柴椿」，合議立「養山合墨公約」，其條文爲：

> 縱火燒山者，罰戲一臺，仍要追陪木價；挖椿腦者無問松杉雜植，罰戲一臺；採薪帶取松杉二木並燒炭故毀，無問乾濕，概在禁內，違禁者罰戲一臺。

這塊罰戲碑上不僅刻著村民們的公約，還刻有縣令的公告，可見當時村民們是非常認眞地用「罰戲」的手段來保護山林的。

祁門縣渚口鄉灘下村也有一塊道光十八年（1838）立的石碑，同樣是有「罰戲」的內容。其碑文如下：

> 官有正條各宜遵守民有私約各依規矩公同勒石永禁
>
> 一禁：公私祖墳並住宅來龍，下庇水口所蓄樹木，或遇風雪折倒歸眾，毋許私搬，並梯椏割草以及砍斫柴薪、挖椿等情，違者罰戲一臺。
>
> 一禁：河州上至九郎塢下至龍船灘兩岸蓄養樹木，毋許砍斫開挖。恐有洪水推攪樹木，毋得私拆私搬，概行入眾以爲橋木，如違，鳴公理治。
>
> 一禁：公私興養松、杉、雜苗、竹以及春筍、五穀菜蔬，並收桐子、採摘茶子一切等項，家、外人等概行禁止，毋許入山，以防弊賣偷竊，如違，罰戲一臺；倘有徇情查出，照樣處罰，報信者給錢一百文。
>
> 一禁：茶葉遞年准摘兩季，以六月初一日爲率不得過期，倘故違、偷竊，定行罰錢一千文演戲，斷不徇情。

婺源縣清華鎮洪村光裕堂外牆上還有一塊道光四年（1824）立的罰戲碑，碑文爲：

> 合村會議演戲勒石釘公秤兩把，硬釘二十兩，凡買松蘿茶客入村，任客投主，入祠校秤，一字平秤。貨價高低，公品共買，務要

前後如一。凡主家買賣客毋得私情背賣。如有背賣者，查出，罰通
宵戲一臺、銀五兩入祠，決不徇情輕貸款。倘有強橫不遵者，仍要
賠罰無異。〔註33〕

祁門縣彭龍鄉彭龍村光慶堂內牆上的一塊罰戲碑的內容是禁止在宗族祠
堂內堆放雜物：「祠首廣場亦毋得曬穀曬衣及堆樹料、匠工造作等事，如違罰
戲。」

以上四塊罰戲碑，有的是禁止砍伐、燒毀樹木山林，有的是禁止在祠堂
堆放雜物，有的是規定公平買賣茶葉的行為，牽涉的方面很多，但處罰的手
段卻相同——「罰戲」。

2. 楹聯

安徽的楹聯裏，記載了大量與戲曲有關的內容。

3. 抄本

在安徽民間還收藏有各種手抄的戲本，如佚名的《歙西竹枝詞》裏有一
首吟詠戲曲演出：

每逢唱戲喜顏開，早囑家人抬女臺。要與戲臺相對面，姑姑嫂嫂結
成堆。

二、安徽戲曲非物質文化景觀

安徽戲曲文化景觀中的非物質文化景觀，筆者理解主要有以下四種表現
形式：一是與戲曲家、民間藝人有關的傳說、故事、軼聞；二是各戲曲劇種
行業神的信仰崇拜；三是不同地域的戲曲音樂、唱腔風格的分異等等，第四
是與安徽地方戲有關的習俗。就清代民國時期安徽戲曲而言，這四種非物質
文化景觀內容豐富、繁雜，筆者試擇其主要部分論述之。

第一、與安徽戲曲家、民間藝人有關的傳說、故事、軼聞

安徽是戲曲之鄉。在安徽各劇種藝人之間流傳著許多軼聞傳說，這些軼
聞傳說，雖無史料可稽，但在廣大藝人之間代代相傳，已成為安徽戲曲非物
質文化景觀的一種重要表現形式，特輯錄若干：

傳說鄭之珍生前文筆可著《春秋》，尤工詞曲。他再被衙門聘為
刀筆吏時，忽雙眼失明，自忖為捉刀積孽神明懲罰，有目無珠。因

〔註33〕朱萬曙《明清兩代徽州的演劇活動》，載《徽學》，2002 年第 6 期。

此，他潛心編著目連戲戲文《勸善記》，刊行於世。事感神明，眼得復明。《勸善記》演出後轟動朝野。鄭感戲不足，乃於戲中摻入風流韻事，不期眼復失明。至此，鄭更加悔悟，遂進而加工，刪去風流韻事的情節，並於刊行時定名爲《新編目連救母勸善戲文》。

　　　　　　　　　　　　　　　　　　——鄭之珍二易《勸善記》

　　明朝末年，詩人吳應箕來到石臺縣高田村。當他看到鄉親們搬演目連戲盛況時，很爲感動，乘興揮毫：寫下了「大演」二字。班主立即將吳的題字，貼於臺首。鄉人崇其風雅，自此，將高田村所在之鄉名，改爲「大演鄉」，直沿用至今。

　　　　　　　　　　　　　　　　　　　　　　——大演鄉的由來

　　傳說明代戲曲作家湯顯祖的代表作《牡丹亭》，是在蕪湖雅積樓創作的。雅積樓是由蕪湖縣縣學訓導李永所建（昔爲文廟，今爲金馬門蕪湖市第十二中學）。萬曆十九年（1591），湯顯祖被貶官去廣東時，與李永之孫李承寵（歷任通政司經歷及廣東南雄府通判）結識。後李承寵任滿回蕪湖，湯顯祖亦移任浙江遂昌知縣，於萬曆二十六棄官，流寓宣城、蕪湖一帶。湯在蕪湖與李承寵相見，李即安置湯與雅積樓上安心創作。一代戲曲名著《牡丹亭》即在此樓寫成。湯去世五十六年後，蕪湖歷任知縣馬汝驤、葛先策、朱有章等，先後纂修《蕪湖縣志》，均明確記載：「世傳湯臨川過蕪，寓斯樓撰《還魂記》（即《牡丹亭》），其中因名曰『雅集』，蓋訛『積』爲『集』，而不知本李氏之舊名也。」

　　　　　　　　　　　　　　　　　　　——《牡丹亭》成於雅積樓

　　明崇禎十三年（1640）張獻忠率農民軍久攻桐城縣不下。夏曆九月農民軍紮營城外掛車河，九月十日乃張獻忠生日，他在老營中爲自己舉行祝壽活動。各營將領，本營親兵，皆來祝賀。大碗酒、大塊肉，盡情歡樂，謂之「上壽」。祝壽期間，並有梨園子弟（一說演出班社是來自張獻忠家鄉的藝人，另一說是張獻忠破鳳陽府時擄來的藝人）搭臺演唱，戲碼爲《關雲長過五關斬六將》、《韓世忠勤王》和《尉遲恭三鞭換兩鐧》等三齣戲。一時之間，三奏既畢，八音復舉，美人歌舞，陳於堂前。壽堂上還掛有兩幅壽聯：堂前柱一

幅，上聯曰：上天命明君，曾見黃河清此日；下聯曰：人間壽新王，爭似嵩月祝千秋。堂後柱一幅，上聯曰：闢江左以奠基，歡同萬國；下聯曰：跨海內而定鼎，祝壽千秋。

——張獻忠在桐城掛車河演戲祝壽

第二、各戲曲劇種行業神的信仰崇拜

戲曲界普遍敬奉戲曲行業神。據《中國行業神崇拜》記載梨園的行業神的名稱有：清源師（二郎神）、田元帥、衝天風火院老郎祖師、田公元帥（雷海青、明武宗）、田正山（火風院鐵板橋老郎君）、胡亥、老郎神（唐明皇）、莊王、焦德侯爺、丘老、張五、武猖神（白猿等）、李龜年、清音童子、開音童子、青衣童子、鼓板郎君、敲板郎君、觀音、音神、三百公公、八百婆婆、九神皇等〔註34〕。安徽 37 個地方戲曲劇種既有各自的行業神，也有共同供奉的行業神，還有佛道及很多自民間崇拜的戲神。有的劇種行業神可有二到三個之多甚至以上。

老郎神：一般的觀點認為老郎神就是唐明皇。梨園之所以奉唐明皇為祖師爺是因為唐明皇曾經大興梨園教坊，傳說唐明皇夢遊月宮，醒後對夢中所見的仙樂仙舞讚歎不已，於是建梨園，廣集天下歌妓演習歌舞。其實是唐明皇在長安設立了左右教坊，管理歌舞、雜技，並擴大機構，將左右教坊升級為獨立官署，史載唐明皇非常喜歡音樂、歌舞，他親自選撥樂師並親自到梨園指導。而關於老郎神即是唐明皇的說法，在清朝以後就非常普遍了。

清源師：又叫二郎神。《比目魚》（傳奇入班，賓白雲）：「凡有一教，就有一教的宗主，二郎神是我做戲的祖宗，就像儒家的孔夫子、釋家的如來佛、道家的李老君。我們這位先師極是靈顯，又極是操切，不像儒釋道的教主都有涵養，不記人的小過。凡是同班裏面有些暗昧不明之事，他就會察覺出來，大則降災禍，小則生病省瘡」。〔註35〕湯顯祖也在《宜黃縣戲神清源師廟記》寫道：「奇哉清源師，演古先神聖八能千唱之節，而為此道。……後稍為末泥三姑等雜劇傳奇……予聞清源，西川灌口神也。為人美好，以遊戲而得道，流此教於人間」〔註36〕。

〔註34〕李喬《中國行業神崇拜》，北京：中國華僑出版公司，1990 年，第 382 頁。

〔註35〕王小岩：《李漁〈比目魚〉與明末清初皖西鄉村演劇》，載《中華戲曲》2010年第 6 期。

〔註36〕轉引自朱恒夫：《推進與制約：民俗與戲曲之關係》，載《藝術百家》，1997 年。

　　咽喉神：傳說咽喉神的誕生日為正月初八，他是安徽戲曲劇種社班崇拜的一位行業神。他可以保祐演唱藝人的咽喉，將戲唱好唱順，從而廣受各地戲曲社班的歡迎。

　　下表是筆者統計清代民國時期安徽部分地方戲劇種的信仰崇拜：

表 4-2　安徽部分地方戲劇種與行業神信仰

地方戲劇種	行業神
泗州戲	老郎神、三聖宮、丘老、
徽戲	老郎神、喜神
青陽腔	老郎神、田正山、開音童子、敲板郎
淮北梆子	老郎神、胡亥
太和清音戲	玄壇法師
外來劇種	咽喉神

第三、不同地域的戲曲音樂、唱腔風格

　　「南柔北剛」，這是清代民國時期安徽地方戲曲南北差異的一個顯著特徵。皖北地方戲粗獷豪放、勁朗潑辣、激越高亢；皖南地方戲因長期處於江南，以黃梅戲為引領，風格清麗婉轉、靈動秀色。

表 4-3　安徽南北地方戲曲語言、風格分異之比較

戲曲文化區名	地方戲代表性劇種	方言特點（襯詞、聲調）	音樂唱腔	藝術風格
皖北淮河流域	泗州戲	無入聲	分南北兩派，北路粗獷、爽朗，音域跳躍較大，高亢有力	粗獷豪放勁朗潑辣激越高亢
	淮北梆子（沙河調）	哪、呀、啊、嗷、吼、哇	板腔體式，主要有慢板、二八、流水、飛板四大唱腔	
	淮北花鼓戲	音色渾厚，為絕對音高，屬中音區。噢、昂、了	說唱為主，兼有詠唱，唱腔分「曲」、「調」、「娃」、「瓢」四種類型	

皖南長江沿岸	黃梅戲	哪、啊、哇、呀呀子喲、呀呵	花腔、彩腔、主調（女腔徽調式，男腔宮調式）	清麗婉轉靈動秀色柔和細膩
	夫子戲	方言有六聲調	唱高腔（鑼鼓伴奏、人聲幫腔），上下句結構	
	岳西高腔	滾調	南戲聲腔系統，曲牌聯套	
	皖南花鼓戲	哪、噢、啊、哇、啦	主腔（淘腔、北扭子）、哭板（亦稱「哭皇天調)花腔（民歌小調、燈曲）	
	文南詞		正本主腔、插戲小雕	

資料來源：《中國戲曲劇種大詞典》、《中國戲曲志‧安徽卷》、《中國戲曲劇種手冊》、《安徽歷史地圖集》等相關文獻資料。

第四、與安徽地方戲有關的習俗

1. 請神

這是貴池儺戲的演出習俗，又稱「請陽神」。請神的時間在演出中會有所不同，請的神也是天地各異：天上之神有如來、觀音、太上老君、結實郎君、降福使者等；地上之神有城隍、五猖、土地及各廟的廟神、還有風水之神，灶王爺等；人間之神有關羽、包拯、楊四郎、昭明太子等；藝術之神有嚎啕耍戲之神、戲中人物、腳色行當之神等等。最後還請儒釋道三教眾位神祇。讀請神文告時，年首燒香、敬酒。

2. 拜臺

徽州一帶演出習俗。鄉村戲班進村演出，要敲鑼打鼓、鞭炮齊鳴。由班主領隊，一拜當地族長，二拜當地廳堂（土紳宅院和宗族的祠堂），三是在臺上點一對蠟燭，演員全體，向臺下觀眾，雙手抱拳，再鞠躬三次，名曰「拜臺」。不如此便會招來想像不到的麻煩。

3. 送子

婚後三年未生育者，鄉鄰友好相約為其送子。由主人擇定吉日，約藝人先以一升米粉，做成米麵娃娃，外著童裝，稱「麟兒」。送子日，二藝人分扮觀音、土地，另二人穿獅子皮扮麒麟。觀音懷抱麟兒，坐麒麟背上，敲鑼打鼓，送入主人家。主人鳴炮迎接。請觀音抱子坐於方桌之上，觀音唱《觀音

送子》戲段。一面唱，一面將麟兒交土地轉賜於主人。接子之婦，將米娃蒸吃，據說可生子。此岳西習俗，由高腔藝人裝扮。

4. 掛銀牌

觀眾對優秀演員的一種獎賞。淮北梆子戲、曲劇、泗州戲、花鼓戲、道情戲等班社的主要演員，技藝超群而又表演賣力者，觀眾贈銀牌以獎勵。牌為銀薄片鑄成，長約三十公分，上大下小，狀如倒置之葫蘆。牌面有花紋，上栓彩綢，下懸黃穗。多由群眾集資或鄉紳購置。掛銀牌儀式在舞臺舉行。敲鑼打鼓，吹奏嗩吶，鳴放鞭炮。由出資者或代表人當眾授於演員。江南徽班戲稱為「進喜」。以紙質金、銀牌插於演員鬢腳，演畢，演員拿此牌領賞。散戲時，全體演員不卸妝，列臺口送客。正生手執寶劍在臺上舞三圈，向臺下觀眾敬拜。並念：「一門三進士，福祿壽康泰。」眾演員齊念：「平安吉慶。」在嗩吶吹奏聲中，把戲台臺板抽出一塊，豎起來表示戲到此結束。

5. 跳加官

舊時演戲開場時的一種討賞的舞蹈形式。徽班和京戲班，早期複雜，後簡化為只跳加官；一演員扮演天官模樣，身上帶著寫有「加官進祿」、「五穀豐登」等成語的紅色條幅，在鑼鼓聲中不斷舞蹈，每舞若干動作後，隨著身體旋轉，抽出紅布條幅，逐一向觀眾展示，以示祝福。或於展示布條時，班主立一旁高叫：「為某某某先生加官！」如遇太太和小姐賞錢，還要由旦行演員著紅帔，戴鳳冠，套面具，跳女加官，也同樣由班主呼賞錢人姓名為其加官。早期徽班跳加官形式較複雜，由生、旦各一人表演。生戴紗帽，著官衣，戴面具，手執朝笏板。旦戴面具，穿紅帔，藏紅布條。上場繞行一周，生、旦分念：「天有道風調雨順，地有道五穀豐登，家有道子孝孫賢，國有道國泰民安。」後場出福祿壽三星，齊唱《萬福來朝》神腔，福星念：「王子去求仙。」壽星念：「丹成入九天。」祿星念：「洞中方七日。」眾合念：「世上幾千年。」東家點戲後，接跳八仙。由扮八仙演員分由後臺上場，先舞蹈一番，再拜觀眾。此時，正生加官致詞：某某先生今年加官！某某先生明年加官！旦行演員同時展示紅布條幅。被點名加官人要付給賞錢。接著演出《八仙祝壽》。退場後正戲開始。〔註37〕

小　結

　　現有史料表明，安徽戲曲文化起源很早：先秦時期，民間歌舞、儺戲已在江淮一帶盛行；漢代樂府、歌謠一直在皖江流域傳唱；元代出現了已知最早的安徽戲曲劇目──《魔合羅》；清代乾隆年間，隨著徽班進京，徽調、二黃又在全國佔據了舉足輕重的地位，隨著對秦腔、漢調的融會貫通，不斷取其精華，最終形成了中國戲曲集大成者──京劇。而且安徽地方戲與安徽早期的民間文藝和民俗活動也是息息相關，安徽民間歌舞、樂府、歌謠也和戲曲有著天然的親緣關係，成爲不同地方戲的文化源流。與全國戲曲的發展一樣，安徽建省以前，其戲曲文化大致經過了先秦萌芽──漢唐匯流──宋元形成──明清成熟的演變過程。

　　筆者將清代以後安徽地方戲曲文化興盛的原因歸結爲：一、元明以來，安徽發達的戲曲文化傳統奠定了歷史基礎；二、傳統說唱藝術給予了充足的養分。三、清初「私奴」制度的廢除解放了民間藝人；四、清代安徽經濟與集鎮的發展促進地方戲曲的興盛；五、徽商對戲曲文化的強烈愛好與支持。作爲我國歷史上政治、經濟、文化都較爲發達的地區，安徽曾是「東柳、西梆、南昆、北弋」〔註38〕等各種戲曲聲腔的重要交匯地和流傳地，受地域文化、地方方言及其它因素的影響，不同的地方戲在傳播的過程中會逐漸形成具有地域特色的戲曲劇種，進而形成戲曲劇種文化區和文化亞區，並具有相對穩定性和排他性，據筆者考證，清代以來在安徽境內存在或流行過的地方戲曲劇種曾達到 37 種之多〔註39〕。其中一些劇種是其獨有或發源於安徽的，另有一些則是由外地傳入的，根據安徽各地區主要的特色地方戲爲指標，筆者將安徽地方戲大致劃分爲皖北淮河流域區、皖中、皖南長江流域三個主要戲曲文化區，北部劇種的分佈基本是各自爲政，南部劇種呈現「戲中套戲」的特點，「南柔北剛」，亦是南北不同戲曲劇種風格的眞實寫照。本章所討論的安徽戲曲文化景觀，有物質與非物質之分，前者如古戲臺、戲樓、罰戲碑、臉譜、戲服、樂器等；後者如與戲曲家有關的傳說、故事、軼聞、戲曲行業

〔註38〕 東柳是指柳琴戲，俗稱拉魂腔，曲調優美，演唱時尾音翻高或有幫和，1953年依據所用伴奏樂器柳葉琴（彈撥樂器）而定名。

〔註39〕 清代是各種地方戲曲劇種勃興的時期，安徽的很多地方劇種就產生在這個時期，另外還有一些是在民國時期正式形成的，有的甚至是到解放後才定名，因此本章的時間斷限定爲明末清初至解放初期。

神崇拜以及不同的戲曲唱腔風格等。這些戲曲物質文化景觀和非物質文化景觀，反映了清代民國時期安徽戲曲文化不同的地域特色。

第五章 清代民國時期安徽宗教文化地理

　　安徽於康熙六年（1667）建省後，一度轄鳳陽、潁州、廬州、安慶、太平、寧國、徽州、池州 8 府，泗州、廣德、六安、滁州、和州 5 直隸州。宗教文化是八百里皖江最悠久、綿長和最具魅力的文化，鄉村聚落、城鎮山林都留下宗教活動的痕跡；鄉紳、百姓、官吏、士人都熱衷參與宗教活動，尤以佛教和道教盛行。

　　宗教是人類歷史發展過程中形成的一種意識形態，同時也是一種人生的信仰。在不同民族、不同地區乃至同一民族、同一地區的不同層次、不同性別的社會群體中，宗教信仰都是表現得紛繁複雜，內容斑斕多彩。各地區自然地理環境是宗教形成和發展的重要因素，宗教與地理環境形成了一種特殊的人地關係。一方面，任何一種宗教的傳播都離不開一定的區域空間，宗教依賴於地理環境；另一方面，宗教一經存在，滲透到社會各個領域，就會反作用於地理環境，宗教地理學已經成為文化地理學的一個分支。〔註1〕在研究區域歷史文化地理時，宗教文化地理是重要範疇，佛教和道教又是其中的重中之重。佛教和道教文化本身所涉及範圍非常廣——除了不同宗派以外，還有教義、僧侶、建築、藝術、經典等等，不同的研究者的側重點都會有所不同。受資料和時間限制，筆者無法對安徽的佛道文化地理進行全方位的梳理與解讀，在初步梳理佛道兩教在安徽的傳播與變遷後，主要選取了清代佛教

〔註 1〕 介永強《歷史宗教地理學芻議》，陝西師範大學學報哲學（社會科學版），2004
　　　　年，第 3 期。

寺院以及道教宮觀作爲觀照對象，重點研究它們的地域分佈與時空差異，力爭從一個側面對這一時期的宗教文化地理作出闡釋。

第一節　清代安徽佛教文化地理

一、佛教在安徽的傳播與變遷

公元 68 年，漢明帝在洛陽建立了我國歷史上第一座佛教寺院，並稱之爲「白馬寺」。而安徽淮北地區毗鄰洛陽，至遲在東漢中後期，安徽便開始有了佛教的傳播，就如湯用彤在其著作《漢魏兩晉南北朝佛教史》中提到「洛陽以東，淮水以北，佛教已有流傳」〔註2〕。

佛教自傳入安徽，經歷了不同的發展與變遷：東漢永平十三年（70 年），崇佛的漢明帝之弟——楚王劉英因爲被貶黜到丹陽郡（今宣城市）涇縣，他是中國最早的有記載的佛教徒，當時跟隨他往皖南遷徙的有數千人，其中不乏崇佛者，從此佛教也開始傳播到皖南地區。

受到楚王南遷的影響，不久後的丹陽人笮融利用職務之便在徐州、揚州間「大起浮屠祠。悉讀佛經，令界內及旁郡人有好佛者，聽受道，復其他役，以招致。由此遠近前後至五千餘人，戶民人來觀及就食者且萬人」〔註3〕此時，另有臨淮（今安徽鳳陽）人嚴佛調在皖北正式出家爲僧，並與東來的沙門安玄等人合作參與譯經事務，《開元釋教錄》有記載：「優婆塞安玄，安息國人也。玄以光和四年辛酉，與沙門嚴佛調共出《法鏡》等經，玄口譯梵文，佛調筆受理」，〔註4〕嚴氏以學佛心得，又自撰《沙彌十慧章句》一本，以闡述佛旨，被史學稱爲是我國第一部爲佛經注疏之著述，因此備受尊崇。

三國時期，安徽處吳國境內，戰亂相對比較少，佛教影響日益增大，也開始有了建立佛寺的最早記載。據《安徽通志》記載：「石溪寺，在縣西七十里，吳赤烏二年建」；「廣濟寺，在府（太平府，治所今當塗）北采石山、吳赤烏二年建」、「古化城寺，在府（太平府，治所今當塗）城內向化橋禮賢巷，吳大帝（孫權）時爲康里國僧會法師建三道場，此其一也」。〔註5〕到了兩晉

〔註2〕　湯用彤，《漢魏兩晉南北朝佛教史》，第 58 頁。

〔註3〕　《三國志》吳志・劉繇傳。

〔註4〕　（唐）釋智昇撰，《開元釋教錄》・卷一。

〔註5〕　（清）陶澍等修，《安徽通志》卷四十一《寺觀》。

時期，佛教在長江流域以及淮河流域的發展得到進一步擴大，這些地區關於寺廟建立的記載增加了許多，例如壽縣的石澗寺、潛山縣的百丈寺等。這時安徽境內也出現了遵誨和卑摩羅叉兩個高僧。遵誨是亳州開元寺僧，譙郡（亳縣）人，精於《法華經》，朝廷賜號眞行大師。而卑摩羅叉是壽縣石澗寺僧，西域賓國（今克什米爾一帶）人，《高僧傳》有云「及羅什棄世，又乃出遊關左，逗於壽春止石澗寺，律眾雲聚盛闡毗尼」。〔註6〕當時諺語稱：「卑羅鄙語，慧觀才錄，都人繕寫，紙貴如玉」。〔註7〕卑摩羅叉爲歷史上善長《十誦律》，弘揚律藏的重要人物，開安徽律宗之先河。

　　南北朝時，由於北方動蕩不安，關內兵禍頻繁，導致大部分的僧侶四處逃散，並大部分都逃到了南方。「漢魏之間，兩晉之際，俱有學士名僧之南渡，至此爲第三次矣」。〔註8〕宋、齊、梁、陳四代，佛教逐漸流傳，以梁武帝時最盛。齊梁帝王多信仰佛教，影響所及，沿江各地皆盛行佛教，僧寺眾多。南京成爲繼洛陽、長安後的又一中國的佛教重鎮，靠近南京的安徽地區深受其佛教發展的影響，其中長江兩岸及靠近南京的皖東地區的佛教更是發展迅速。例如皖中的廬江郡何氏家族世代尊崇佛教，與當地的名僧結交，並樂於捐贈佛教寺院。中國的佛教在經過南北朝的發展後，逐漸與中國的社會生活和文化相結合，並導致了禪宗的產生。

　　在隋朝時期，禪宗二祖慧可來到了安徽傳播禪宗，史載「隋慧可，初名神光，受法於達摩，更名，授之衣缽，爲釋門二祖，嘗來司空山建刹其上，付法與璨師，今有傳衣石、葫蘆石、秘記靈跡存焉！」〔註9〕而慧可的弟子是僧璨，佛教史上將僧璨奉爲「禪宗三祖」，僧璨的主要活動地點集中在岳西縣的司空山以及潛山縣的天柱山，而早在唐朝，刺史獨孤及就在《山谷寺覺寂塔碑記》記載道：「禪師號僧璨，不知何許人，出見於周隋間，傳教於惠可大師，摳衣鄴中，得道於司空山。」〔註10〕三祖僧璨還作有「信心銘」，並廣宣禪宗「佛法心傳、不立文字」之佛法。僧璨的重大貢獻不僅在於他傳承了慧可禪法，更在於他培養了禪宗四祖道信。道信爲隋唐之際人，於公元 591 年入皖公山師從僧璨，前後近十個年頭。得到法傳之後，道信先後在吉州寺和

〔註6〕　《高僧傳》卷二・卑摩羅叉。
〔註7〕　《安徽佛門龍像傳》本傳。
〔註8〕　湯用彤《漢魏兩晉南北朝佛教史》第 241 頁。
〔註9〕　光緒《重修安徽通志》卷三百四十八《雜類志・仙釋》。
〔註10〕　康熙《安慶府志》卷二十六《碑記上》。

廬山大林寺傳法，初唐之時移居湖北黃梅雙峰山，與其弟子弘忍共創「東山法門」聲名大振，成爲禪宗四祖。〔註11〕

　　唐朝是佛教在安徽傳播的鼎盛時期，僧璨以後禪宗在安徽地區逐漸傳播開來，先在安慶地區，然後再後擴展到其他地區。雖然有佛教其他宗派在安徽地區傳播，但從總的來看看以禪宗勢力最爲強大。唐代安徽境內興建了很多寺廟，例如天柱寺、大中祥符寺、普光王寺以及化城寺等等。而泗縣的普光王寺則是唐代佛教徒集中朝拜的佛教四大聖地之一，這是因爲普光王寺的僧伽大師得到唐中宗的重視，關於普光王寺的由來，光緒《重修安徽通志》的「僧伽大師傳」有記載：「僧伽大師，西域人，俗姓何。龍朔初來遊，欲於泗州臨淮縣信義坊乞地施標，將建伽藍於其標下。有賀元濟者，請捨所居爲之，掘得古碑，乃齊香積寺銘記並金像一軀，上有普照王光佛字，遂建寺焉。景龍二年，中宗迎師入內道場，尊爲國師，出居薦福以祈雨，有驗詔，賜所修寺額，師請以『普照王』爲名。帝以照字是天后諱，改爲普光王寺，書額以賜焉。四年卒於薦福，五月送至臨淮起塔，大中祥符六年，加號『普照明覺大師』」。〔註12〕唐代安徽還有很多其他高僧，除了泗州普光王寺釋僧伽，還有天柱寺釋崇慧，九華山釋金喬覺，盧州大蜀山釋慧滿等。其中對後代安徽佛教影響較大的當屬金喬覺，佛教傳說釋迦滅後1500年，地藏菩薩化身爲新羅國（今韓國）王子，穎悟天然。少落髮沙門，唐至德初年（756年）航海來，至九華山，向邑紳閔讓和乞得東崖地居之。山人諸葛節等敬其苦行，爲之建寺。唐建中（780～783年）初池州太守張岩奏賜額曰「化城寺」。唐貞元十年（794年）七月三十日夜，99歲時召眾告別，跏趺示寂。越年（797年）建塔。今九華山月身殿相傳爲其成道處。此後四方頂禮不絕，地藏菩薩道場盛，在經過漫長的歷史發展之後九華山遂成爲中國佛教四大名山之一。大量僧人的活動推動了佛教在安徽境內的廣泛傳播。由於全境的統一和安定，經濟的發展以及統治階級的崇佛，佛教在安徽的傳播越來越廣泛。

　　唐末政治腐敗，社會矛盾激化，人們迫於賦稅兵役，往往逃爲僧尼或投身寺院做奴婢，官府仍不放過，對僧尼發放度牒，收度牒費，乘機斂錢。如

〔註11〕 李霞，《論皖江佛教傳播中心與文化特質的變遷》，《安徽大學學報（哲學社會科學版）》，2009年第2期第32頁。

〔註12〕 光緒《重修安徽通志》卷三百四十八《雜類志·仙釋》。

唐敬宗時，徐州節度使王智興，聚貨無厭，以敬宗誕月，請於泗州置僧壇度人資福，以邀厚利，史載「徐州節度使王智興聚貨無厭，以天子誕月，請以泗州置僧尼戒壇以邀厚利，江淮間民皆曹輩奔走。德裕劾奏云：『戶有三丁必令一丁落髮，意在規避王徭，影庇資產，臣於蒜山渡點其過者，自正月以來，一日百餘人，比到誕節，計江淮以南失六十萬丁壯」〔註13〕僧尼的泛濫，使社會生產力受到一定影響。唐武宗會昌五年（845年）大滅佛法，毀各地佛寺，令僧尼還俗，解放寺院奴婢，佛教遭受一次重大打擊。黃巢起義使唐朝分崩離析，唐末至五代，封建統治階級中間相互爭權奪地，戰亂不斷，繼會昌滅佛之後佛教又遭受了一個時期的破壞，這一時期新建的寺院，爲數極少。

　　進入北宋之後，在五代十國遭受戰亂重創的佛教開始復興和發展，許多因戰亂而毀廢的寺廟得到修復，並且擴大了建築規模。然而，宋朝廷被迫南遷之後，淮河兩岸就先後成爲宋金和宋元長期的主戰場，長江以北的佛教長期遭受戰火的蹂躪，逐漸陷入了停頓甚至是倒退。而在南宋統治下的江南地區，佛教才得以幸免於難。兩宋時期安徽地區不僅修復了前代的寺院，而且還新建了著名的寺院，如太湖縣的海會寺，池州府的齊山寺和九華山的淨居寺，巢縣的相山寺等等。宋代安徽地區除了禪宗外，淨土宗的影響也比較廣泛。另外，宋代華嚴宗的代表人物長水子璿，初學《楞嚴經》，後參滁州琅琊山慧覺，遵照慧覺「勵志扶持」華嚴宗的囑咐，到陝西住於長水（即產水）眾幾一千。撰有《楞嚴經疏》十卷，後稱作《長水疏》，爲宋代華嚴宗重要著述。宋代士大夫信佛者眾多，皖境亦然。如歐陽修「自致仕居潁上，日與沙門遊，因號六一居士，名其文曰《居士集》」〔註14〕。

　　明太祖朱元璋，由於他早年曾流落寺院之中，對佛教有好感，在建立明朝之後，由於政治、經濟的逐步穩定和繁榮，爲佛教的發展提供了條件。明代安徽境內寺廟的大興可說是從修龍興寺起。龍興寺在鳳陽，舊名皇覺寺，朱元璋年輕時曾流寓於此。建立明朝後，大事營建，改名龍興寺。成化《中都志》有記載：「大龍興寺，在府治北，洪武間撤中都宮室名材建，規模宏壯，設僧錄官一員，住持降龍興寺印，拜進表箋用賜田地山場以供僧用。正統五年寺燬，於大天順三年住持左覺義肇常奏准撤皇城內中書省等衙門房五百餘

〔註13〕嘉定《鎮江志》卷三《風俗》。
〔註14〕《佛祖統記》卷四十五。

間依式重建。」〔註15〕又乾隆《江南通志》：「龍興寺，在府東三里盛家山南，初名皇覺寺，明太祖微時潛蹤之地。洪武初改今名，有太祖御書『「第一山」三字碑，陰有御製文，又有神宗勅賜藏經』。〔註16〕與此同時或稍後，許多毀廢的歷代寺廟在明初得到重建或擴建，主要的有阜陽資福寺，蒙城慈氏寺，滁州琅琊山開化寺，以淮河南北地區，朱元璋興起之地爲多。其它如安慶地區，皖東、皖南也有不少寺廟被修復。明朝並新建了一些寺廟，主要有：安慶迎江寺，潛山天柱山佛光寺等，但是在明代安徽地區到底有多少的寺院，並沒有明確的記載和統計。

　　在明朝滅亡之後，許多前朝的遺民都不願意進入清朝廷，而是隱居在山林之中，有些人甚至削髮爲僧，這可以說是明清之際佛教發展史上的一個特殊歷史現象，例如明末清初僧人誦林：「誦林，明末進士，因明亡而出家，住通慧庵。自食其力，不事募化。博學能詩，時與吳七雲尙書唱和。晚年退居東岩竹林靜室，砥礪清修。吳亦讀書東岩天籟軒，時與之遊，並書『應如是觀』四字持贈」。〔註17〕清代著名學者方苞說到「先兄嘗言：『自明中葉，儒者多潛遁於釋，而釋者又爲和通之說以就之，於是儒釋之道混然』」。〔註18〕其中最典型著名的如方以智，桐城人，在南明時期，因爲不滿馬阮的執政而出家，自號「無可」，歸隱山林潛心學術，學者稱之爲「愚者大師」，他後來在江西省清原山的佛堂講授佛法，門徒眾多。像方以智這樣的僧人，在歷史上還有很多，他們身雖出家，卻心懷故國。

二、清代安徽寺院的地理分佈特徵

　　清朝建立以後，由於清朝統治者注重扶持佛教，所以清代前期佛教得以廣泛傳播，全國各地的城鄉都分佈著大大小小的寺庵，而眾多僧尼也散居大江南北。除了修復和擴建前代建立的寺院以外，大量小型寺庵的建造是清代中後期一個顯著的特點。據史料記載，到乾隆年間「通計直省敕建大寺廟共六千七十有三，小寺廟共六千四百有九，私建大寺廟共八千四百五十有八，

〔註15〕成化《中都志》，卷四。
〔註16〕乾隆《江南通志》卷四十八《輿地志・寺觀》。
〔註17〕民國《九華山志》卷四《高僧門・誦林》。
〔註18〕（清）方苞，《方苞集》卷十四《重修清涼寺記》，上海：上海古籍出版社，2008。

小寺廟共五萬八千六百八十有二」，〔註19〕，這種情況從明清時期安徽省各地方志所記載的寺庵數量前後比照可以看出，例如明萬曆年間的《祁門縣志》所記載的寺庵只有 52 座，而清同治的《祁門縣志》所記載的寺庵數量共有 134 座，在 134 座寺庵裏絕大多數都是清代修建的小型寺庵。這樣的寺庵居住僧尼不多，建築較簡陋，在稍大一點的村鎮，或山川道路的要津，皆有分佈，在名都勝邑或名山大川，則聚集更多，如康熙《安慶府志》記載：安慶府治及懷寧縣，就有寺 35 個、庵 86 個。

　　本文之所以選擇寺院作為主要的研究對象，主要是「因為寺院作為僧侶的棲息之地，又是大多數情況下的弘法場所，它構成了研究佛教活動層面的一項重要指標。」〔註20〕然而就如上文所論述的，由於一般的府志和縣志所記載的寺院，其中就有很多小型的寺庵，而且不同地區的方志對於寺院的記載標準都沒有統一，導致在進行全省地域分析時會產生更大的誤差，所以本文主要採用乾隆《江南通志·寺觀志》裏所記載的寺院作為研究對象。在經過對相關的資料進行爬梳之後，製得數據表如下：

表 5-1　清代安徽各府州縣寺廟數量統計表

小計（座）	州　府	州　縣	寺廟數量（座）	州　府	州　縣	寺廟數量（座）	小計（座）
103	安慶府	懷寧縣	35	鳳陽府	臨淮縣	14	53
		桐城縣	17		懷遠縣	7	
		潛山縣	13		定遠縣	12	
		太湖縣	8		虹縣	5	
		宿松縣	17		壽州	4	
		望江縣	13		鳳臺縣	1	
46	徽州府	休寧縣	20		宿州	5	
		婺源縣	8		靈璧縣	5	
		祁門縣	7	潁州府	潁上縣	10	48
		黟縣	4		霍邱縣	13	
		績溪縣	7		亳州	11	

〔註19〕光緒《欽定大清會典事例》卷 501《方伎》。

〔註20〕張偉然，《湖北歷史文化地理》，武漢：湖北教育出版社，1999 年版，第 33 頁。

					太和縣	6	
83	寧國府	寧國縣	41		蒙城縣	8	
		涇縣	16		盱眙縣	14	
		太平縣	8	泗州	天長縣	10	25
		旌德縣	10		五河縣	1	
		南陵縣	8				
84	池州府	青陽縣	48	滁州	全椒縣	21	33
		銅陵縣	9		來安縣	12	
		石埭縣	12				
		建德縣	8	和州	含山縣	36	36
		東流縣	7				
40	太平府	蕪湖縣	26				
		繁昌縣	14	廣德州	廣德州	30	30
		廬江縣	20				
		舒城縣	10				
68	廬州府	無為州	11	安徽省	總計：	649	
		巢縣	10				
		英山縣	13				
		霍山縣	4				

數據來源：據乾隆《江南通志》寺觀志，四庫全書本。

為了可以更加清晰、直觀地比較，我們將寺院數轉化為柱狀圖如下：

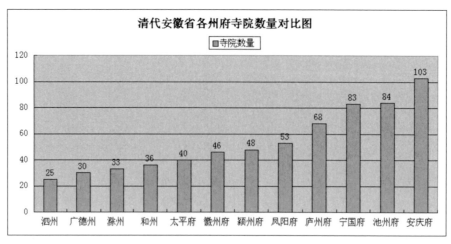

圖 5-1 清代安徽省各州府寺院數量對比圖

　　以上統計表和柱狀圖清晰記載了清代乾隆年間安徽省各個府、州、縣的寺院數量，從這些數據，我們大致可以分析出當時安徽寺院分佈的幾大特徵：

　　（一）府州之間寺院數量層次明顯，差別懸殊。乾隆年間安徽上一定規模的寺院共有 649 座（小寺庵筆者沒有計算），寺院數量安慶府最多，共計 103 座，占全省總數的近 16%；最少的是泗州，只有 25 座，不及安慶府的 1/4，差別非常明顯。爲便於表達各區之間的層級差異，我們將各府州寺院的總數分爲三級：

　　一級區——80 座以上地區：安慶府（103）、池州府（84）、寧國府（83）

　　二級區——40～80 座地區：廬州府（58）、鳳陽府（53）、潁州府（48）、徽州府（46）

　　三級區——40（包括 40）座以下地區：太平府（40）、和州（36）、滁州（33）、廣德州（30）、泗州（25）

　　從以上的分析看來，當時安徽寺院的數量呈現金字塔形分佈，處在一級區的州府只有 3 個，而處在二級區和三級區州府的數量依次遞增。如果從地理空間上看，可以概括爲「兩三角一直線加一點」的分佈特點：第一個「三角」就是一級區，由安慶、池州和寧國三個相鄰的州府組成，集中在皖南；第二個「三角」是二級區（除去徽州府），由接壤的廬州府、鳳陽府和潁州府三個州府組成，集中在皖中和皖北；「一直線」是三級區，由臨近的太平府、和州、滁州、廣德州和泗州組成，主要集中在安徽省的東部；「一點」，是指處於二級區的徽州府。

　　（二）縣域之間寺院數量差別也比較懸殊。從統計表我們可以看到，在有寺院記載的 49 個縣域（包括一些府下轄的州）裏，擁有寺院數量最多的前 5 個縣域分別是：池州府的青陽縣（48 座）、寧國府的寧國縣（41 座）、安慶的懷寧縣（35 座）、太平府的蕪湖縣（26 座）、廣德州的州治（30 座），這五個縣的寺院總數達到 190 座，占到全省寺院總數的 29%。

　　而寺院最少的五個縣域是：徽州府的黟縣（4 座）、廬州府的霍山（4 座）、鳳陽府的壽州（4 座）、鳳陽府的鳳臺縣（1 座）、泗州的五河縣（1 座），總數只有 14 座，數量不及前五位縣域的 1/13，差別相當大。不僅是不同州府的縣域差別大，即使是在在同一個州府裏的縣域，它們之間的擁有的寺院數差別也很大，例如青陽縣境內有 48 座寺院，而同在池州府的東流縣的寺院就只有

7座。由此可以看出，縣域之間寺院數量懸殊也是清代乾隆年間安徽寺院的一個特點。

（三）安徽的寺院主要集中在長江沿岸。爲了得到更準確的結果，我們不用州府作爲分析的單位，而是以轄區更小的縣域作爲研究單位。將有寺院記載的 49 個縣域按寺院數量多少劃分爲五個等級，其中前三個等級爲：

第一等（第 1 至 10 名）：青陽縣、寧國縣、含山、懷寧縣、廣德、蕪湖縣、全椒縣、休寧縣、盧江縣、桐城縣

第二等（第 11 至 20 名）：宿松縣、涇縣、繁昌縣、臨淮縣、盱眙縣、潛山縣、望江縣、英山縣、霍邱縣、石埭縣

第三等（第 21 至 30 名）：定遠縣、來安縣、無爲州、亳州、旌德縣、舒城縣、巢縣、潁上縣、天長縣、銅陵縣

在這三個等級的 30 個縣域裏，屬於長江兩岸的縣域就有 12 個（青陽縣、寧國縣、含山縣、懷寧縣、蕪湖縣、宿松縣、繁昌縣、望江縣、巢縣、無爲州、巢縣、銅陵縣），寺院總數爲 288 座，占到全省總數的 45%，由此可見長江沿岸也是安徽省寺院的密集區。這與此區域的自然人文地理環境有著密不可分的聯繫。

三、清代安徽佛教文化區的劃分

想要合理劃分佛教文化區，其實要考察的方面還有很多，比如說高僧數量、寺院歷史地位等等，限於時間和整理資料的能力，本書主要借助寺院數量的多少來劃分出清代安徽佛教文化區，通過比較，基本瞭解其佛教文化區的疏密程度。爲了更加合理與準確，我們也考慮了各府州地理和人口密度的問題，因爲各府州面積廣狹不同，人口多寡不一，所以寺院總數的多寡並不能完全代表寺院均勻程度的密疏。例如清代前期安徽省面積最大的州府是鳳陽府（2.75 萬平方公里），而最小的州府是太平府（0.25 萬平方公里），鳳陽府的轄區面積是太平府的整整十一倍，所以它們的寺院數量肯定是有差別的；再如在人口方面，安慶府市當時人口最多的州府，有人口 555.7 萬，人口最少的是和州，只有 42.8 萬，它們之間的差別也超過了十倍。但我們並不能認爲和州的佛教文化不興盛。請看筆者做出的相關表格：

表5-2 清代安徽省各州府寺院情況排名表

州　府	寺廟數量（座）	名次	土地面積（萬KM²）	地理密度（座／萬KM²）	名次	人口數量（萬人）	人口密度（座／萬人）	名次
安慶府	103	1	1.93	53.37	4	555.7	1.9	3
徽州府	46	7	1.8	25056	9	247.4	0.81	7
寧國府	83	3	1.73	47.98	8	316.8	2.14	2
池州府	84	2	1.63	51.53	6	275.5	9.9	10
太平府	40	8	0.37	109.59	1	147.9	2.27	1
廬州府	68	4	3.43	19.85	3	354.7	1.09	4
鳳陽府	53	5	2.75	19.27	11	435.5	1.05	5
潁州府	48	6	2.39	20.08	10	397.8	0.12	12
泗州	25	12	1.45	17.24	12	156.9	0.16	11
滁州	33	10	0.66	50	7	60	0.55	8
和州	36	9	0.31	117.65	2	10.5	3.43	6
廣德州	30	11	0.58	51.72	5	55.1	0.54	9

數據來源：1.「寺院數量」：據乾隆《江南通志》，四庫全書本。2.「土地面積」：根據譚其驤《中國歷史地圖集》第8冊，用方格求積法測得各州府土地面積。3.「人口數量」：據嘉慶《重修大清一統志》所記載人口數，《續修四庫全書》。

如表格所示，各府州的寺院分佈，從地理密度看，太平府府最為密集，平均每萬平方公里達160座，泗州最為稀少，平均每萬平方公里僅17.24座，尚不到太平府府的1/9；從人口密度看，太平府最為稠密，平均每萬人口擁有寺院2.27座，潁州府最為稀疏，平均每萬人口僅有0.14座，尚不及太平府的1/16。於是我們將三種排名相加取綜合排名如下：

州　府	數量名次	地理密度名次	人口密度名次	綜合排名
安慶府	1	4	3	1
池州府	2	6	10	6
寧國府	3	8	2	4
廬州府	4	3	4	2
鳳陽府	5	11	5	7

潁州府	6	10	12	11
徽州府	7	9	7	8
太平府	8	1	1	3
和州	9	2	6	5
滁州	10	7	8	10
廣德州	11	5	9	9
泗州	12	12	11	12

　　我們可以看到地理密度和人口密度對不同的州府的位次排名影響的程度大小不同。除了安慶府（排名第一）、滁州（排名第十）和泗州（排名最後）位次沒有變化外，其他州府受到兩種密度的影響位次都有變化，例如皖東太平府，雖然它的寺院總數只排第 8 位，而它的地理密度和人口密度都達到了首位，綜合排名上升到第 3 位，皖西北潁州府，雖然它的寺院總數量排在第 7 位，而它的地理密度和人口密度分別排在第 10 和第 12 位，綜合排名下降到第 11 位，土地面積較大的州府名次受到兩種密度的影響是負數，而對土地面積較小州府的影響則是正數。根據三種排名情況並參考相關史料，我們認爲清代安徽主要有以下幾個佛教文化區：

　　第一，皖江佛教文化區。包括清代的安慶府、池州府和廬州府。皖江佛教文化區可以說是安徽佛教的傳播中心，如果將佛教文化區分爲密集型、一般型和疏鬆型的話，此一區域屬於典型的密集型。從寺院數量上看，清代這三個州府的總數達到 255 座，差不多占到全省數量總數的 40%，此外皖江佛教文化區也是安徽省佛教禪文化的絕對中心，而九華山則是地藏王信仰的核心，那麼皖江地區是如何成爲安徽佛教的中心的呢？

　　說到中國的禪宗就不得不提二祖慧可，三祖僧璨和四祖道信。慧可、僧璨、道信三人在禪宗傳承史上具有承上啓下的作用，構成了從初祖達摩到五祖弘忍之間鍵性的環節。正如史料所言：「自菩提達摩天竺東來，以法傳慧可，慧可傳僧粲，僧粲傳道信，道信傳忍。繼明重跡，相承五光」。〔註21〕三代祖師在皖山地區的弘法活動，對皖江佛教的傳播及其禪文化中心形成意義重大。時至清代，還存在很多關於他們的古跡，例如太湖縣的司空山就有傳衣石，史載「傳衣石，在太湖司空山，二祖慧可傳衣與三祖璨處，又有葫蘆石，

〔註21〕 《全唐文》卷二三一《荊州玉泉寺大通禪師碑銘並序》。

相傳二祖秘記存焉」。〔註22〕還有潛山縣的三祖寺，在清代仍得到地方官的修建——「三祖寺，在府城內朝天坊，原名菩提庵，隋開皇間璨祖卓錫於此……遂改菩提庵爲三祖寺，明嘉靖間重建，康熙七年巡撫張朝珍、臬司佟國禎、知府趙世禎重修」。〔註23〕

　　四祖道信與五祖弘忍在黃梅共開「東山法門」之後，學者雲集，弟子眾多。安徽宿松與北黃梅近在咫尺，遂成弘忍弟子及後世禪師的重要弘法之地。弘忍大弟子神秀以及神秀大弟子普寂北宗禪師亦曾到宿松傳過法，宿松西北的「七祖禪林」即爲普寂所建。中唐之際，南宗禪南嶽法系的名禪師馬祖道一曾遊歷至天柱山，靜坐修禪，留下了馬祖庵、馬祖洞等遺跡。其弟子普願則卓錫池州泉山，潛心習禪傳法，三十年不下山，有弟子數百人。唐末五代時期，禪宗發展達於鼎盛，出現了「五家七宗」的壯觀景象，故這一時期的江淮大地一直是禪宗活躍之地。五家禪中，在皖江傳播的主要是臨濟宗，其次爲曹洞宗。北宋後期，臨濟宗又分化出慧南的黃龍派和方會的楊歧派。這兩派一創建，就紛派門人來皖江地區佔領地盤。如黃龍慧南曾派弟子法宗入住天柱山三祖寺，派弟子德滋入住宿松靈院，其再傳弟子惟清入住安慶太平寺。而楊歧派來安慶傳法的僧人更多，該派成爲安慶佛教的主力。張軾統計，從五代至兩宋期間，先後有近五十名禪師在安徽境內傳法，絕大部分均活動於舒州、池州地，〔註24〕說明當時的皖江地區確實形成了以禪宗文化爲主的佛教文化中心。

　　隨著時代的發展，到了清代雖然皖江地區特別是安慶府仍然是安徽省禪宗傳播的中心，但是由於九華山的地藏王信仰迅速崛起，使得皖江地區的佛教文化中心由安慶的宿松縣和潛山縣，從而轉移到了池州府的九華山。雖然九華山的地藏王信仰在明清時才崛起，可是早在唐代地藏王信仰就已經在九華山開始了，史載「金地藏者，唐時新羅國王金憲英之近族也。自幼出家，法名喬覺。於二十四歲時，航海東來，卓錫九華。初棲東岩，土雜半粟，苦行多年。逮至德初，有諸葛節等見之，遂群相驚歎曰：和尙苦行如此，某等深過已。乃買僧檀公舊地，建化城寺請居之。貞元十年，壽九十九歲，跏趺示寂。兜羅手軟，金鎖骨鳴，靈異昭著，識者知爲是地藏王菩薩化身，仍稱

〔註22〕光緒《重修安徽通志》卷四十四《古跡》。
〔註23〕康熙《安慶府志》卷四《古跡》。
〔註24〕參見張軾著《佛教與安徽》。

其本姓爲金地藏」，〔註25〕他的事跡吸引了大批的僧侶前來九華山參道，九華山也名震一時。但在當時，九華山尚未成爲佛教文化傳播中心。因爲地藏道場形成不久，就遭遇了唐武宗發動的會昌法難，一大批寺廟被毀，僧尼被迫還俗，九華山也不例外。所以整個唐末五代，九華山佛教均處於低谷時期，無法成爲佛教文化中心，之後九華山的發展也是起伏不定，直到明清時期，九華山的佛教文化才得到繁榮發展。

明朝開國皇帝朱元璋 17 歲時曾在家鄉的皇覺寺出家當過和尚，這位出身佛門的皇帝在登基的第一年，就在應天府 （今南京）召集高僧大會，爲各大寺廟選派住持，舉辦法會，爲國祈福。對於自己苦戰十餘載的池州和九華山，朱元璋更是懷有深情，稱之爲「興王之地」，九華山佛教受到了朝廷多方扶持。洪武二十四年（1391 年），朱元璋賜金修繕化城寺。〔註26〕其後，明朝歷代皇帝均奉行敬佛、護佛、興佛的政策，九華山佛教得到了迅速的恢復和發展。明朝末代皇帝朱由檢還給在九華山活了 100 多歲的無暇和尚贈款建萬年寺（即百歲宮），賜封他爲「應身菩薩」。再加上明代著名思想家王陽明曾兩次雲遊九華，更使九華山名聲大振。總之，整個明代，九華山的佛教得到了空前的發展，香火十分興旺，號稱「東南第一山」。也就是在這一時期，九華山與五臺山、普陀山、峨眉山並列爲中國佛教四大名山，眞正形成了不同於五臺山文殊信仰、普陀山觀音信仰和峨眉山普賢信仰的九華山地藏信仰，名揚天下。

清朝統治者雖推崇喇嘛教，但對漢地佛教也十分敬重，對九華山佛教更是大加扶持。康熙在位期間，曾三次派朝廷官員到九華山朝山進香，賜予重金。康熙四十四年（1705 年），他南巡迴鑾駐江寧府時，又賜御書「九華聖境」。〔註27〕乾隆南巡時，亦在南京御書「芬陀普教」，賜予九華山化城寺。由於朝廷最高統治者對九華山佛教如此敬重，因而地方官府對九華山佛教更是崇奉有加，使九華山佛教獲得了良好的發展機遇。至清代中葉，九華山的僧人達三四千之多，香火盛極一時。清代縣令蔡立身在他的《九華山供應議》中就提到了當時民眾到九華山朝山進香的盛況：「地藏王香火靈異得名，遠

〔註25〕釋印光，《九華山志》，《中國宗教歷史文獻集成‧藏外佛經‧第二十冊》，第298 頁。合肥：黃山書社，2005。

〔註26〕釋印光《九華山志》，第290 頁。

〔註27〕釋印光監修，《九華山志》，中國宗教歷史文獻集成‧藏外佛經，第二十冊，第298 頁。合肥：黃山書社，2005，第95 頁。

近燒香者日牽連如蟻而上，每隊不下數十人，無多無春，肩摩不絕於道。至於八月初一佛誕大會，其僧各攜茶酒下山，中途要迎其至舍也，張筵唱戲以待，甚至有爭王顧相毆殺者。香客或南自浙江、徽郡，北自山、陝，遠來其施捨動數十金，少不下二三兩」。〔註28〕到民國年間，九華山有寺廟110多座，〔註29〕其中，祇園寺、甘露寺、東崖寺、百歲宮四大叢林開始形成。

　　第二，皖東佛教文化區。皖東佛教文化區包括清代的和州、滁州以及太平府。這三府州的寺院總數為109座，占全省寺院總數的近1/6，本區可以說是皖江佛教文化區的延伸。與皖江佛教文化區一樣，本區主要信仰禪宗中的臨濟宗和曹洞宗。例如有臨濟宗的著名禪師——紹隆禪師，紹隆，和州含山人，曾主持蘇州虎丘名剎，是臨濟宗發展史上的一個關鍵人物，史稱「今臨濟之宗遍天下，皆其嗣」。還有元朝著名的無用禪師，史載「元無用寬禪師，生有神光照室，披緇悟道。元世祖詔，祖曰『僧乃無用之人』，由是稱無用禪師。歸和居天門之普明菴，開堂說法，座下頂禮者瑜萬人」。〔註30〕而無用禪師所建的太湖寺也是含山縣的著名寺院之一，太湖寺在含山縣的太湖山，無用禪師涅槃後，建有無用肉身塔，也稱普明塔，元末寺毀於兵。明洪武三年（1370年）僧行慶重建。清普明和尚重擴建，又稱「普明禪寺」，殿宇建築代有興廢。太湖山上又有飛錫泉、鍾山、鼓山諸名勝。

　　而曹洞宗則有清朝的知暹禪師，他還得到康熙皇帝的接見，史載「國朝知暹，湖廣人，號天鑒。少參宜興百愚和尚，悟曹洞宗旨，卓錫含山縣之鼓山，康熙四十四年迎鑾時年八十一歲，著有《天鑒語錄》十二卷」。〔註31〕

　　皖東佛教文化區除了崇信禪宗以外，在清朝末年還興起了地藏王信仰，在蕪湖縣境內就有被稱為「小九華」的廣濟寺。廣濟寺，在蕪湖縣北赭山南麓。唐乾寧二年（895年）始建，又稱廣濟院。經歷代修葺，寺內三大殿及軒、塔等，尚保存較好，而在清光緒年間仿九華山增建地藏殿一座，逐漸地廣濟寺成為了安徽境內除了九華山之外的又一地藏王菩薩的重要道場，所有去九華山進香之前都要先在廣濟寺進香，史載「凡朝九華者必先於此進香，以俗又謂稱小九華故也」，所以每逢地藏王誕辰（農曆七月三十日），各地來此進

〔註28〕　（光緒）《青陽縣志》‧藝文志。
〔註29〕　數據來源：民國版《九華山志》卷三‧梵剎門。
〔註30〕　光緒《直隸和州志》卷三十八‧仙釋。
〔註31〕　同上。

香教徒數以千計，場面非常壯觀——「七月晦日，俗傳地藏王誕日，向赭山燒香者百十爲群，夜則人持一燈，魚貫而上，望之如燭龍然，老僧相伴有煙霞地藏金句」。〔註32〕

第三，皖東南佛教文化區。皖東南佛教文化區包括了寧國府和廣德州。皖南佛教文化區主要信仰的也是臨濟宗，不過更傾向於黃蘗禪師改造過的臨濟宗。這是因爲黃蘗禪師曾在這個地區做過寺院住持，其中著名的水西寺和廣教寺就與黃蘗禪師有著很深的關係。

水西寺，在涇縣城西邊水西山上，原有寶勝、崇慶、白雲三所寺院，總稱水西寺，爲佛教黃蘗宗的重要道場。寶勝寺，爲古五松院，始建於南朝。唐李白有詩贊曰：「天宮水西寺，雲錦照東郭。清湍鳴迴溪，綠竹繞飛閣。涼風日蕭灑，幽客時憩泊。」（《游水西簡鄭明府》）。後宋太平興國中（976～984年）僧處元領弟子數十人重建，宋元豐五年（1082年）敕改奉國寶勝禪院。宋大觀二年（1108年）造壽聖崇寧塔，明洪武初，僧宗泐重建法堂廊廡，以後又修復、重建藏經閣42間，內有黃蘗禪師希運塔。崇慶寺，在寶勝寺左，南朝齊永明元年（483年）相國淳于棼捨宅始建。名淩岩寺，隋朝廢。唐上元中（760～761年）改名天宮水西寺，唐會昌年間（841～846年）廢。唐大中二年（848年）刺史裴休重建，黃蘗禪師住持。宋太平興國五年（980年）改今名，規模較大。明洪武辛末（1391年）立爲叢林，以後歷朝皆有募修。白雲院：在崇慶寺左，亦淳于氏舊基、初與淩雲寺同興廢。唐乾寧二年（895年）賜爲白雲院，爲乾應伏虎禪師道場，明正統年間（1436年～1440年）毀，僧知原重建，改爲西方院明嘉靖壬寅（1542年）又重建。明崇禎間（1628～1644年）改稱水西首寺，清初毀於火。

廣教寺，在宣城敬亭山，唐刺史裴休爲僧人建。殿前有千佛閣、慈氏閣，相傳其材皆籮松，係黃蘗禪師募之安南，史載「大中間刺史裴休建廣教寺，其材皆松蘿，惟安南有之，相傳爲黃蘗禪師所募，時寺後有二金雞相鬥入井中，材皆從井中出。寺成餘松蘿八株，蘗師植之殿前，輒敷榮長茂，別有柏二株，遇僧有異行者輒開異花數色。今井中斷木尚存」，〔註33〕又「金雞井，城北廣教寺右，唐黃蘗禪師建寺千間，其樹皆松蘿，相傳禪師託跡海外安南國募化松蘿萬株，至期百金雞鬥入井中而松蘿隨泉湧出。架屋九十九間，後

〔註32〕 （民國）《蕪湖縣志》卷五十九·雜識。
〔註33〕 （嘉靖）《寧國府志》卷十·雜紀。

災毀，至今井口橫塞一木尚存」。〔註34〕

第二節 清代安徽道教文化地理

一、清代以前安徽道教的發展與變遷

早在春秋戰國時期，皖北與老子、莊子關係密切。東漢靈帝時（167～189年），張角創立太平道，教徒數十萬，遍佈青、徐、幽、冀荊、揚、兗、豫八州。其中徐、揚二州包括了今安徽大部分地區。中平元年（184年）張角利用太平道發動黃巾軍起義，各地教徒響應，被鎮壓後，轉入民間秘密流傳，安徽當然也不乏其事，開始有了早期道教的流傳。

三國時期，安徽道教俗神祭祀也開始產生，吳赤烏二年（239年）通過孫權之手第一次在安徽蕪湖建立了城隍祠，〔註35〕這是關於中國城隍廟的最早記載。隨後各地也都產生了一些道教俗神祭祀，如今和縣烏江項王廟，巢湖姥山聖妃神宮，史載：「聖妃神宮，在府東湖內姥山上，晉時敕建」，〔註36〕各地的關帝廟、城隍廟、土地廟等等。據清乾隆《含山縣志》等地方志書記載，安徽在三國、兩晉時建立了最早的道觀，如含山縣運漕鎮三元觀，史載「三元觀，在運漕鎮，吳赤烏中建，原名太白龍王廟，至唐重建改今名」〔註37〕，巢縣金庭山紫微宮，晉咸康四年（338年）創建。

南北朝時，北魏嵩山道士寇謙之改革五斗米道，提倡壇儀，輔以服氣、食藥、閉精、練氣之法，增加了一些新科儀，創北天師道，道教興盛起來。南朝宋明帝時，廬山道士陸修靜廣集道經，編著齋戒儀範等經書 100 卷，基本上完成了道教科儀。把大師道和金丹道彙歸一流，形成南大師道。這時安徽的道教也得到較大發展，興建了一些宮觀，如和縣如方山麓龍興觀，梁建。宿松縣靈泉觀、靈祐觀、元真觀也俱梁建。受廬山道教的影響，這時安徽道教主要在長江兩岸的皖西發展較多。

唐朝是道教的興盛時期，李唐王朝統治者，自稱老子後裔，尊崇道教。唐高祖武德八年（625年）規定道先、儒次、佛最後的三教次序，並將亳州老

〔註34〕 （光緒）《宣城縣志》卷三十七·古跡。

〔註35〕 《春明夢餘錄》卷二十二。

〔註36〕 光緒《重修安徽通志》卷五十八《輿地志》。

〔註37〕 乾隆《含山縣志》卷三《輿地志·典祀》

子廟改稱慶唐觀。唐高宗乾封年間（666年），到亳州參拜老君廟，並尊老子爲「太上玄元皇帝」，擴建廟宇。唐玄宗開元二十九年（741年）諸州各置玄元皇帝廟，廣爲祭祀，皖境各州也都添建。到唐武宗會昌年間（841～846年），全國範圍的興道滅佛，道教更得到空前未有的發展。除皖北亳州成爲道教祭祀老子的中心外，安徽境內其他地區的道教也大爲發展。以興建的宮觀而言，皖南地區居多。這時的道教宮觀，主要是個人修煉外雜以經咒符籙之術，未形成明確的宗派，道術方面以外丹（在爐火中燒煉鉛汞及其它藥物而成，也稱仙丹）爲主，各地的志書多載有道士服食仙丹後白日飛升成仙的傳說。

到宋朝，道教得到進一步發展，宋眞宗、宋徽宗時崇道尤甚。道教在南方偏重符籙，逐漸發展爲正乙派。北方遼金之地偏重清修，金大定年間（1161～1175年），王重陽創全眞道，這時的道術以煉養內丹（人身內精、氣、神三者修煉）爲主。全眞道由於南北的分峙，尚未能在南方傳播，安徽境內主要流行符籙各派。這一時期對唐建的宮觀進行了修復、重建，同時也興建了不少宮觀。主要有各州、府的天慶觀（大中祥符元年〔1008年〕以正月初三日爲天慶節，詔天下置天慶觀），休寧縣新安道院、滁州眞武觀、六安祐聖觀、潛山天祚宮等等。

中國進入元代統治以後，道教全眞派創始人王重陽的弟子長春眞人受到成吉思汗的重用，道教全眞派得到較大發展，導致全眞派從北到南傳到安徽省境內。元成宗大德八年（1304年）授予三十八代天師張與材爲「正乙教主」，自此天師道又稱正乙教、正乙道，在元代江南地區勢力較大，皖南地區主要流行正乙道。

朱元璋在建立明朝以後，實行了一系列提高漢族地位的政策和措施，其中扶持漢族傳統的道教也是重要的政策之一，而嘉靖皇帝更是自封「玄都境萬壽帝君」。在統治階級的扶持下，道教在各地城鄉得到迅速發展。明代的安徽省建立了非常多的宮觀，其中著名的就有休寧縣的齊雲山太素宮、郎溪縣的存眞道院以及泗縣的眞武廟。

二、清代安徽宮觀的地理分佈

清代，滿族統治者比較崇信佛教中的藏傳佛教，而起源於中原的道教由於沒有統治者的支持而日漸衰敗，從而導致出現了宮觀破舊，道士生活無法維持的。所以大部分的道士爲了日常生活，而不得不參與到一些迷信活動中，

通過爲民間百姓提供祈禱齋醮而獲得酬勞。正是因爲如此，雖然清代安徽省也建立或者修復了某些宮觀，但規模都大不如明代，而當時很多的民間道教活動都集中在城隍廟、關帝廟、火神廟等道教廟宇中進行，所以清代地方志關於道教宮觀的記載是比較少的，道教宮觀的數目也就遠遠落後於佛教的寺院數目。筆者經過對相關資料的耙梳，得出「清代安徽省各州府宮觀數據表」：

表 5-3 清代安徽省各州府宮觀數據表

州　府	宮觀數量（座）	土地面積（萬 KM^2）	宮觀密度（座/萬 KM^2）	人口數量（萬人）	人口密度（座/萬人）
徽州府	20	1.80	11.11	247.4	0.081
安慶府	20	1.93	10.36	555.7	0.036
鳳陽府	13	2.75	4.73	435.5	0.030
潁州府	12	2.39	5.02	397.8	0.030
泗州	12	1.45	8.28	156.9	0.076
盧州府	11	0.89	12.36	354.7	0.031
寧國府	10	1.73	5.78	316.8	0.032
滁州	10	0.66	15.15	60.0	0.167
池州府	9	1.63	5.52	275.5	0.033
和州	9	0.31	29.03	42.8	0.210
太平府	6	0.25	24.00	147.9	0.041
廣德州	5	0.58	8.62	55.1	0.091
六安州	4	1.23	3.25	143.3	0.028
安徽省	10.85	17.60	7.95	3189.40	0.044

數據來源：1.「宮觀數量」：據乾隆《江南通志》，四庫全書本。2.「土地面積」：根據譚其驤《中國歷史地圖集》第 8 冊，用方格求積法測得各州府土地面積。3.「人口數量」：據嘉慶《重修大清一統志》所記載人口數，《續修四庫全書》。

以上表格詳細地記載了清代乾隆年間安徽省各州府的宮觀數據，下面筆者就清代安徽省的宮觀情況的各個方面進行分析與比較，並得出當時安徽宮觀分佈的幾大特性：

（一）從宮觀數量來看，全省的宮觀數量是 141 座，而擁有宮觀最多的州府是徽州府（20）和安慶府（20），兩者共占宮觀總數的 28%，最少的是六

安州（4）。從總體來看各州府的宮觀數量呈現兩種層級的特點，若將安徽省一個州府平均擁有的宮觀數量 10.85 作爲分界線，可以將各州府的宮觀數量規模分成兩個等級，各州府的宮觀等級分佈是：

第一等級（宮觀數量大於 10.85）地區：徽州府（20）、安慶府（20）、鳳陽府（13）、潁州府（12）、泗州（12）、廬州府（11）。

第二等級（宮觀數量小於 10.85）地區：寧國府（10）、滁州（10）、池州府（9）、和州（9）、太平府（6）、廣德州（5）、六安州（4）。

從地圖上看，第一等級地區除了徽州府外，如果將其他州府連接起來剛好呈現「T」形分佈，主要包括了皖北以及皖中的中部地區；而第二等級地區除了六安州外，其他州府連接起來則呈現反「L」形分佈，主要分佈在皖東以及皖南地區。

（二）相對於宮觀數量來說，各州府的宮觀密度的層級則更加明顯。清代前期整個安徽省的宮觀密度是 7.95（座/萬 km^2），若將 7.95 及其倍數 15.9 作爲分界線的話，則可將各州府的宮觀密度分成三個等級：

第一等級（宮觀密度大於 15.9）的地區：和州（29.03）、太平府（24）。

第二等級（宮觀密度小於 15.9，大於 7.95）的地區：滁州（15.15）、廬州府（12.36）、徽州府（11.11）、安慶府（9.85）、廣德州（8.62）、泗州（8.28）。

第三等級（宮觀密度小於 7.95）的地區：寧國府（5.78）、池州府（5.52）、潁州府（5.02）、鳳陽府（4.73）、六安州（3.25）。

如果我們將第一等級地區稱爲密集區，第二等級爲一般區，而第三等級爲稀疏區，從上述數據來看，安徽省的宮觀密集區是最少的，大部分地區的宮觀都是屬於一般區或者是稀疏區的。爲了更好地比較三個等級之間的差別程度，可以選出兩個等級的臨界數據進行對比：太平府（24）與滁州（15.5），泗州（8.28）與寧國府（5.78）。由此可見第一等級與第二等級之間差別還是比較大的，而第二等級與第三等級的差別不是很大。

（三）而宮觀的人口密度方面，各州府的差別也非常明顯。人口密度最大的是和州——0.210（座/萬人），而人口密度最小的是六安州——只有 0.028（座／萬人），兩者相差將近十倍，同樣地，將安徽省的宮觀人口密度 0.044 及其倍數 0.088 作爲三個等級的分界線，可得出各州府的等級情況：

第一等級（宮觀人口密度大於 0.088）的地區：和州（0.210）、滁州（0.167）、廣德州（0.091）。

　　第二等級（宮觀人口密度大於 0.044，小於 0.088）的地區：徽州府（0.081）、泗州（0.076）。

　　第三等級（宮觀人口密度小於 0.044）的地區：太平府（0.041）、安慶府（0.036）、池州府（0.033）、寧國府（0.032）、盧州府（0.031）、潁州府（0.030）、鳳陽府（0.030）、六安州（0.028）。

　　由此可以看出，清代安徽省的大部分州府的宮觀人口密度都比全省的平均密度要低的，從另一方面也說明了各州府之間宮觀的人口密度差別還是很大的。

三、清代安徽道教文化區的劃分

（一）皖北道教文化區

　　皖北道教文化區包括清代的潁州府、鳳陽府和泗州。

　　道教與皖北地區有著很深的淵源，這是因為道教歷史上重要的人物老子與莊子與皖北有很大關係。春秋時期的道家創始人——老子，在道教創立之後被尊稱為道教始祖。據《史記》中的記載「老子者，楚苦縣厲鄉曲仁里人也」，〔註38〕而如今學界關於老子故鄉的說法有二：一種說法認為老子的故鄉在河東鹿邑縣東；而另一種說法認為老子的故鄉在今日的安徽亳州境內。但是這兩種說法其實都不矛盾：因為從歷史上看，鹿邑縣很多時候都是屬於亳州，而且從地理上看，鹿邑縣與亳州接壤，因此這兩種說法都是可以的。而莊子被後世的道教奉為南華真人，史載莊子是宋國的蒙人，而莊子也曾經當過蒙漆園吏，蒙城在戰國的時候又稱漆園，因此莊子也可以算是皖北人。道教雖然與道家有著很深的淵源關係，但是道教正式創立的標誌是張角在東漢末年創立太平道，據《後漢書》記載：「（張角）遣弟子八人使於四方，以善道教化天下，轉相誑惑，十餘年間眾徒數十萬，連結郡國，自青、徐、幽、翼、荊、揚、袞、豫八州之人，莫不必應」。〔註39〕在後漢時期，皖北地區屬於徐州，所以早在道教創立的時候，皖北地區就已經受到太平道教徒及太平道的影響，皖北可以說是最早接觸到道教的地區之一。正是皖北道教有如此悠久的歷史，所以早在唐宋時期，皖北就出現了很多著名的宮觀，其中亳州的太清宮以及蒙城莊子祠是皖北最為著名的。

〔註38〕《史記》卷六十三《老莊申韓列傳第三》。

〔註39〕《後漢書》卷一百一《皇甫嵩朱儁列傳第六十一》。

　　亳州眞源縣的太清宮早在漢代就已經得到皇帝的重視，據宋張君房的《亳州太清宮老君挫賊記》中的記載：「亳州眞源縣太清宮，聖祖老君降生之宅也。歷殷周至唐，而九井三檜宛然常在，武德中枯檜再生，天寶年再置宮宇。其古跡自漢宣、漢桓增修營葺，魏太武、隋文帝別授規模，邊詔薛道衡爲碑以紀其事。唐高祖、太宗、高宗、中宗、睿宗、明皇六聖御容，列侍於老君左右，兩宮二觀古檜千餘樹，屋宇七百餘間，有兵士五百人鎭衛宮所」。〔註40〕由此可以看出太清宮從漢代開始就已經成爲了祭祀老子的場所，在北魏太武帝以及隋文帝時期都有得到修葺。而到了唐代，唐高祖、太宗、高宗、中宗、睿宗、玄宗親自前往太清宮祭祀老子，因此在唐代太清宮享受著很高的祭祀規格。唐末五代國時期全國戰亂不斷，道教「經籍亡佚，宮宇摧頹，巋然獨存者，唯亳州太清宮矣」。到宋代，太宗「淳化四年，遣（中使）修宮宇，至至道元年工畢，沼水部員外郎和山蒙撰碑銘」，其後復值淮河、渦河合流，太清宮被沖毀無存。元初由於全眞派的丘處機得到元世祖忽必烈的重用，所以道教有興起之趨勢，在眞常眞人李志常主持下，太清宮開始了龐大的修復工作，至元世祖至元五年，太清宮的太極殿建築完成，太清宮終於恢復了被沖毀之前的規模。到了元朝末年淮北地區爆發了農民起義，農民軍首領韓林兒在亳州稱帝，撤太清宮紫極殿爲帝宮，在後來的爭奪戰爭中，太清宮屢遭戰火，遭到極大的破壞，從此不斷衰落，到清末光緒年間只存正殿五楹，其他建築皆毀。

　　莊子祠，在今蒙城公。莊子名周字子休，戰國時宋國蒙人。宋元豐元年（1078），蒙城縣令王竸在漆園古城倡建莊子祠，蘇軾爲之作《莊子祠記》碑。宋元之際，黃河改道，淮渦合流，漆園古城的莊子祠被洪淹毀。明萬曆九年（1581），知縣吳一蠻主持重建，共有逍遙堂、夢蝶樓、卷篷、大門、二門、道舍、魚池橋、觀魚臺等建築，規模齊整壯觀。崇禎五年（1632）知縣李時芳新建五花亭，又闢池爲壕上觀魚園。到清朝末年，歷遭兵劫，漸頹毀，僅餘正殿三椽和莊子像，今皆不存。

（二）徽州齊雲山道教文化區

　　皖北禹王宮與清天觀爲全眞派宮觀，而齊雲山則爲安徽省的正乙派道教活動場所。

〔註40〕　（宋）張君房，《雲笈籤》卷一百一十七《亳州太清宮老君挫賊記》，四部叢刊景明正統道藏本。

齊雲山最早有道教的傳播是開始於齊，據傳說，唐代四川青城山天穀子道人的門徒余氏六三娘從武當山來齊雲山修道，其子文生、耀生、志生、立生也皆入道，形成齊雲山最早的四大道房，為開山建道之始。弘治《休寧縣志》在記述齊雲山上的石門巖時說到「乾元中有道士龔棲霞絕粒隱此」，從而也就證明了齊雲山道教始於唐代的傳說。到了南宋寶慶年間，道士余道元來到齊雲山並建立了祐聖真武祠，史載「宋寶慶丙戌，方士余道元初建祐聖真武祠於齊雲山」，〔註41〕這是關於齊雲山道教最早確切的歷史記載。到了1226年，宋朝廷正式下令在齊雲山大規模建築道教宮觀，從而奠定了齊雲山道教發展的基礎，但進入元朝之後，由於元朝統治者崇尚道教全真派，所以屬於正乙道的齊雲山倒沒有得到很大的發展。進入明朝以後，由於統治者的政策扶持，齊雲山道教得到了發展的機會，其中又以嘉靖、萬曆年間最為興盛，史載「世廟中興，以祈禱驗，於是拔而望拜，遣祠官至山告禱如儀，間歲屢至，尋出內府錢幣作宮觀、增廣壇場……今上御極，益嚴神人之祀，遣官祀如世廟禮。十方士人奔走祈禱不下，太和宮殿、精舍、亭樹月增而歲飾，藻煥儼翼視前十倍勝矣」，〔註42〕，嘉靖帝賜名「玄天太素宮」，並親題「齊雲山」匾額。清代齊雲山道教得以延續，乾隆帝曾題寫「天下無雙勝地，護翻有第一名山」讚語。齊雲山就逐漸發展成為與湖北的武當山、四川的青城山、江西的龍虎山並稱四大道教名山。一直到民國時期，齊雲山道教尚有相當規模，道院眾多，香火旺盛，月華街上香客遊人摩肩接踵。

（三）皖東南太和道教文化區

此區為太平府和和州直隸州，從乾隆《江南通志》寺觀志中統計的宮觀總數分別為 9 座和 6 座，並不算多，但是從宮觀密度看這兩個地區佔據了排名的第一等級：和州 29 座／萬 KM²、太平府為 24 座／萬 KM²，遠遠超過了安徽其他區域。但關於這一道教文化區的相關史料闕如。

第三節　清代安徽的民間信仰

民間信仰是古代統治階級維持社會秩序的重要支撐力量，也是研究地方

〔註41〕道光《休寧縣志》卷二十四《寺觀》。
〔註42〕盧點撰，《齊雲山志·序》，《中國宗教歷史文獻集成·三洞拾遺· 第十三冊》，第 706～707 頁。合肥：黃山書社，2005。

特色、文化風俗等方面的重要對象，「宗教明顯是社會性的，宗教表現是表達集體實在的集體表現；儀式是在集合群體之中產生的行爲方式，它們必定要激發、維持或重塑群體中的某些心理狀態」。〔註43〕

一、清代安徽民間信仰的省域特徵

　　其實就像道教、佛教的發展一樣，民間信仰的發展也是深受國家政策和統治者的態度影響，特別是宋代以後，中央政府就更加注重對民間信仰的控制，中央以及各地政府往往通過賜號、建立壇廟等措施來確定它們所承認的「民間神」在民間信仰中的正統地位。所以在宋代以後特別是明清時期，政府就更加注重對「民間神」的塑造活動，這就導致了在政府能夠控制的範圍內出現了具有濃重「官方色彩」的民間信仰，而有些壇廟是必不可少的，因爲這些壇廟代表了國家的統治意志，這種情況在清代無論是安徽省，還是全國範圍都是一樣的。這些「必不可少」的壇廟主要包括：社稷壇、先農壇、關帝廟、城隍廟、風雲雷雨壇等等，例如光緒《重修安徽通志》關於各州府城隍廟的記載：

> 安慶府：城隍廟，在府治鎮海門內，同治八年前署巡撫吳坤修捐遣重修。
>
> 徽州府：城隍廟，在府治南門內。
>
> 寧國府：城隍廟，在府治西南。〔註44〕
>
> 池州府：城隍廟，在府治西北。
>
> 太平府：城隍廟，在府治東。
>
> 盧州府：城隍廟，在府治東北。
>
> 鳳陽府：城隍廟，在府城西門外感應坊。
>
> 潁州府：城隍廟，在府治東門。〔註45〕
>
> 滁州：城隍廟，在府治西。
>
> 和州：城隍廟，在府治東南。

〔註43〕（法）涂爾幹，《宗教生活的基本形式》，上海：上海人民出版社，1999。
〔註44〕以上皆引自：光緒《重修安徽通志》卷五十四《輿地志·壇廟一》。
〔註45〕以上皆引自：光緒《重修安徽通志》卷五十五《輿地志·壇廟二》。

　　廣德州：城隍廟，在府治橫山嶺。

　　六安州：城隍廟，在府治東。

　　泗州：城隍廟，在府治西。〔註46〕

　　其實，除了上面所說的具有濃重官方色彩的壇廟之外，還有很多稍有「民間色彩」的壇廟與信仰，這些壇廟不是政府進行祭祀儀式的場所，這種壇廟裏供奉的「神」之所以被當地人信仰，甚至得到官方的承認，是因爲這些「神」是「於民有益的」並「合於祭法」的，就如光緒《重修安徽通志·壇廟》的前言中所說的那樣：「古聖王先成民而後致力於神，祀典之設，凡皆以爲民也。風雲、雷雨、山川、社稷、先農諸壇，民生之所瞻仰，而庇賴報功，崇德率土，攸同若乃，法施於民，以勞定國，以死勤事，禦大災，捍大患，其有合於祭法者，則各視郡邑之所宜，而廟祀之。國家典隆祠享治洽幽明，諸所建修，飭有司將事，吉蠲春秋匪懈粢盛籩豆感格馨香，夫是以民和年豐而神降之吉也，非是者，謂之淫祀、淫祀，弗福。」〔註47〕由此可以看出，這種神主要分爲兩種，一種是「以勞定國，以死勤事」的功臣崇拜，另一種是「禦大災，捍大患」的神仙崇拜，而在安徽省前者以各州府歷史上對當地百姓有功的官宦爲主，而後者則以「龍神信仰」以及「劉猛將軍信仰」最爲普遍。

（一）功臣崇拜

　　所謂的「功臣崇拜」就是因爲這些官宦對當地有保境安民的功勞，而有些功臣經過歷史的發展而成爲驅逐癘厲，使災害不爲虐鄉里的神明了。在安徽各種方志的關於各種「某公祠」的記載有很多，例如一般對一個地方的壇廟進行統計的話，這種功臣崇拜壇廟的數量都會占全部壇廟數量的 70% 以上，由於方志裏關於「功臣崇拜」的例子有很多，筆者就不在此一一介紹。

（二）神仙崇拜

1. 龍神信仰

　　龍神信仰是屬於水神信仰的一種，在中國民間信仰的體系中，水神信仰佔據著非常重要的部分。中國民間認爲，江、河、海、湖甚至水井、水潭中都有不同的水神在司職，而這種意識，在安徽地區表現的尤爲明顯。一方面，

〔註46〕以上皆引自：光緒《重修安徽通志》卷五十六《輿地志·壇廟三》。

〔註47〕光緒《重修安徽通志》卷五十四《輿地志·壇廟一》。

安徽地區地處江淮之間，而且又有眾多的湖泊，因此當地人的日常生活都會與水發生關係，無論是農業的種植、交通還是自然災害都與「水」有著重要的聯繫，特別是頻繁的水災使當地人對「水」產生了敬畏之心；另一方面，安徽地區自古以來就有「信鬼神，好淫祀」的民風，關於這一點，史書上有眾多的記載：《史記‧封禪書》：「越人俗信鬼，而其祠皆見鬼，數有效，昔東甌王敬鬼，壽至百六十歲。後世怠慢，故衰耗」、〔註48〕「《隋書》：『同安郡俗信鬼神，好淫祀』」〔註49〕。在這種「信鬼神，好淫祀」的風俗影響下，安徽的民眾很容易將對「水」的敬畏從而轉化對為水神的崇拜，賦予水以超自然的力量。很顯然，安徽地區的自然環境和風俗氛圍，為水神信仰的產生和傳播提供了重要的前提條件。而作為水神信仰最重要的代表——龍神信仰更是在安徽省遍地開花，無論是淮河沿岸，還是長江兩岸，甚至是皖北地區，龍神信仰都有著廣泛的分佈。龍神作為掌握施雨職責的神仙，在乾旱時期向其「禱雨」則是最為常見的祭祀活動，早在唐朝就有一個關於龍神施雨的傳說，這個傳說載於唐朝的《永濟龍王廟碑》：「貞觀間，慧滿禪師在山誦《蓮花經》二十餘年，忽有白衣造門曰：『我東海龍王少子，聞師誦經，故表聽受』。其時苦旱，為說法已求其降雨，答曰：『水旱，上帝司之，若盜布天澤，當死』，僧曰：『汝捨此身救我此民，我誦此經救汝此身』，諾諾而去，須臾雨。三日，龍死，師救葬之，民為立祠建牌，其後水旱祈之必驗」。〔註50〕

　　在這眾多的龍王廟中，還有一些是享受官方祭祀的，例如舒城縣的「龍神祠，舊在縣西南十八里，周瑜城北，名龍王廟。明洪武初建歲祭，以五月二十五日禱雨則應。國朝康熙六十年知縣蔣鶴鳴重修，後廢。光緒十五年知縣吳雲翔因城內常平倉舊址改建，春秋致祭」，〔註51〕又如巢縣「金龍四大王廟，在浮橋南岸，春秋仲月致祭」〔註52〕。而金龍四大王其實並不是本地的神仙，而是黃河流域流傳過來的，關於金龍四大王的事跡，光緒《亳州志》有記「（金龍四大王）神姓謝，名緒，南宋人也。時元兵方盛，神以戚畹憤不樂仕，隱於金龍山，築望雲亭以自娛。元兵入臨安，即赴江死」，〔註53〕雖然

〔註48〕《史記》卷二十八《封禪書第六》。
〔註49〕康熙《安慶府志》卷六《風俗》。
〔註50〕光緒《續修廬州府志》卷九十四《金石略》。
〔註51〕光緒《舒城縣志》卷九《輿地志‧壇廟》。
〔註52〕道光《巢縣志》卷五《輿地志五‧壇廟》。
〔註53〕光緒《亳州志》卷四《營建志‧壇廟》。

謝緒的事跡在元代就開始流傳，而在元末戰爭中關於謝緒的神跡開始出現並得到明朝廷的封號：「元至正二十六年，明將傅友德與元兵大戰於呂梁。元順流合擊，友德勢不支。忽黃河水逆流而上，兵士皆見金甲神行空。橫塑刺元將於河下。」〔註54〕又「金龍四大王姓謝，即亡宋時謝太后子姓也，赴水死，誓云黃河北流胡運乃滅。至元亡，黃河果北流。又以陰兵助我太祖，故封號特隆，靈跡尤著。」〔註55〕而到了清代，謝緒就得到了「金龍四大王的稱號」，清《通志・禮略》記載道：「順治三年，封黃河龍神爲顯祐通濟金龍四大王之神，封運河龍神爲延麻顯應分水龍王之神，令河臣致祭」，〔註56〕但是即使是在順治年間才得到朝廷封號的金龍四大王，到了清代後期就在安徽傳播開來了，除了上文提到的巢縣和亳州之外，安徽的其它地區都有金龍四大王廟的存在：

宿州：大王廟，在小回村，祀金龍四大王。〔註57〕

五河縣：金龍四大王廟，在三北里。〔註58〕

廬州府：大王廟，在郡時雍門外，祀金龍四大王，歲春秋仲月致祭，
　　　　開銷祭銀一兩五錢。〔註59〕

太和縣：城西沙河岸有金龍四大王廟，祀宋謝緒。〔註60〕

蕪湖縣：大王廟，一在縣河南大江口，一在魯港江滸。〔註61〕

太平府：金龍四大王廟，在荻鎮江口，大清順治五年鎮人及舟商建，
　　　　崩岸時，四圍民居皆陷，廟獨存。〔註62〕

六安州：金龍四大王廟有二，一北門外，鹽商建；一段家觜。〔註63〕

懷寧縣：大王廟，在正觀門外新河灣，祀宋謝緒。〔註64〕

〔註54〕乾隆《原武縣志》卷九《藝文》。
〔註55〕（明）徐樹丕，《識小錄》卷四《金龍廟詩》，涵芬樓秘笈景稿本。
〔註56〕（清）官修《清通志》卷三十七《禮略》。
〔註57〕光緒《宿州志》卷四《輿地志三・壇廟》。
〔註58〕光緒《重修五河縣志》卷五《建置志》。
〔註59〕光緒《續修廬州府志》卷十八《祠祀志上》。
〔註60〕民國《太和縣志》卷一《輿地志一》。
〔註61〕嘉慶《蕪湖縣志》卷三《祀典志》。
〔註62〕康熙《太平府志》卷二十五《古跡》。
〔註63〕同治《六安州志》卷七《輿地志十三・廟》。
〔註64〕民國《懷寧縣志》卷九《祠祭》。

涇縣：金龍四大王廟，在下坊河東，國朝康熙十七年知縣鄧琪棻建。
〔註65〕

東流縣：金龍四大王廟，舊志在西城外，康熙乙酉知縣張璉募建，
乾隆二十二年知縣蔣綬捐修，又張溪鎮沙波洲於嘉慶五年
新建大王廟。〔註66〕

以上所舉的只是可見於方志並且是專門祀金龍四大王的，如果加上不見於方志而且是與其他神仙合祀的廟宇，金龍四大王廟的數量就會更多，分佈也會更廣。

2. 劉猛將軍信仰

「驅蝗神」信仰是中國古代重要的民間信仰之一，中國範圍內的驅蝗神主要有劉猛將軍、八蠟神、金姑娘娘、薄太后、蝗神卓茂等幾種，而安徽省則以劉猛將軍、八蠟神影響範圍最大。劉猛將軍的蝗神信仰最早是形成於宋代的江南地區，主要流行於江淮和山東地區，其形象自宋至清各有不同，宋代劉猛將軍的本身是宋朝揚威將軍劉琦，而清代宣揚劉猛將軍則是元人劉承忠，清人陳其元說道「《怡庵雜錄》云『宋景定四年旱蝗，上敕封劉武穆琦為揚侯天曹猛將之神，蝗遂殄滅』。而《畿輔通志》載『劉猛將軍，名承忠，廣東昊川縣人，元末官指揮，有猛將之號，江淮蝗旱，督兵逐捕，蝗盡殄死，後因元亡自沉於河，土人祠祀之』。」〔註67〕而進入清代雍正年間，劉猛將軍被正式封為國家祀典中的驅蝗正神，成為得到中央朝廷認可的攘除蝗災神靈的重要代表，《清文獻通考》載：「雍正二年，立劉猛將軍廟，將軍未詳所始，相傳神能驅除蝗螟，頗著顯應。雍正三年奉世宗憲皇帝諭旨，舊歲直隸總督利瓦伊鈞奏稱畿輔地方每有蝗螟之害，土人虔禱於劉猛將軍之廟，則蝗不為災。」〔註68〕雍正以後的安徽省各地方志中的多有關於奉敕建劉猛將軍廟記載，據乾隆《江南通志》記載，乾隆時，安徽省的劉猛將軍廟已經遍佈全省了，筆者經過對各地地方志的資料進行爬梳，得出了「清代安徽省各縣劉猛將軍廟分佈表」如下：

〔註65〕嘉慶《涇縣志》卷九《壇廟》。
〔註66〕嘉慶《東流縣志》卷十七下《古跡志下》。
〔註67〕（清）陳其元《庸閒齋筆記》卷十一，清同治十三年刻本。
〔註68〕《清文獻通考》卷一百五《群祀考》。

表 5-4 安徽省各府州縣劉猛將軍廟分佈表

縣　別	位　置	資料來源
泗州	在東門外	康熙《泗州直隸州州志》
青陽縣	在城內察院西	乾隆《池州府志》卷十八
銅陵縣	在祝聖祠旁	乾隆《池州府志》卷十八
石埭縣	不詳	乾隆《池州府志》卷十八
建德縣	西關外	乾隆《池州府志》卷十八
含山縣	在縣城西門內	乾隆《含山縣志》卷三
霍邱縣	城隍旁	乾隆《霍邱縣志》卷三
績溪縣	在西門內	乾隆《績溪縣志》卷五
潛山縣	在五顯巷	乾隆《潛山縣志》卷三
阜陽縣	在北門外	乾隆《潁州府志》卷二
潁上縣	同八臘廟	乾隆《潁州府志》卷二
貴池縣	在八蠟廟後	乾隆《池州府志》卷十八
東流縣	在迎曦們外	嘉慶《東流縣志》卷十三
懷遠縣	城隍廟之後	嘉慶《懷遠縣志》卷四
涇縣	舊在縣北五里幕山，今移建縣東一里迎春亭先農壇之左	嘉慶《涇縣志》卷九
旌德縣	在縣北三里	嘉慶《旌德縣志》卷九
合肥縣	在東門城外白衣庵西	嘉慶《合肥縣志》卷十二
南陵縣	在縣西三里	嘉慶《南陵縣志》卷四
蕪湖縣	在北門八蠟廟內	嘉慶《蕪湖縣志》卷三
蕭縣	在縣南門外	嘉慶《蕭縣志》卷七
休寧縣	在崇壽觀奉神牌	嘉慶《休寧縣志》卷二
巢縣	在牛山文昌閣西	道光《巢縣志》卷五
繁昌縣	舊設在南門外萬壽宮，嘉慶十九年知縣曹德贊移置於八臘廟	道光《繁昌縣志》卷四
阜陽縣	北門外	道光《阜陽縣志》卷十八
來安縣	在開元觀西，國朝雍正二年奉敕建	道光《來安縣志》卷二
寧國縣	在縣學前	道光《寧國縣志》卷三
歙縣	在府城隍廟內	道光《歙縣志》卷二之四
桐城縣	在宜民門內	道光《續修桐城縣志》卷四

祁門縣	在五里牌	同治《祁門縣志》卷九
太湖縣	在縣治南	同治《太湖縣志》卷六
亳州	在南門外三里	光緒《亳州志》卷四
鳳臺縣	城東門內大寺巷	光緒《鳳臺縣志》卷五
鳳陽縣	在府城西門外	光緒《鳳陽縣志》卷十一
霍山縣	在南門外社稷壇之左	光緒《霍山縣志》卷七
舒城縣	在大東門外	光緒《續修舒城縣志》卷九
廬江縣	在郡威武門外	光緒《續修廬州府志》卷十八
宣城縣	在北關外，放生池前	光緒《宣城縣志》卷十
和州	在州治東南，四牌坊左	光緒《直隸和州志》卷五
五河縣	在縣治北	光緒《重修五河縣志》卷五
當塗縣	凡四：一在三忠祠之後；一在黃敦鄉；一在北廣濟圩；一在新興圩	民國《當塗縣志》
全椒縣	在東門太平橋下	民國《全椒縣志》卷一
宿松縣	在治東察院中道	民國《宿松縣志》卷九
太和縣	在太平門內，舊為八臘廟	民國《太和縣志》卷一
渦陽縣	不詳	民國《渦陽縣志》卷十一
歙縣	在府城城隍廟內	民國《歙縣志》卷二
蒙城縣	在八臘廟內	民國《重修蒙城縣志》卷二

由表中可以看出，安徽省各縣基本上都有劉猛將軍廟的分佈，其中有專門祀劉猛將軍的，有與八蟲神合祀的，還有附祀在當地的城隍廟裏。而關於劉猛將軍的祭祀儀式，嘉慶《東流縣志》則有著詳細的記載：「劉猛將軍廟，在迎曦門外，每年長至後第三戊日，並正月十三日猛將誕辰，例應各致祭一次。至期，主祭官具補服詣廟、僉祝文、起鼓三通、畢，引至拜位贊，就位行一跪三叩頭禮，興詣神位前進香贊，跪贊，眾官皆跪，奠帛三獻爵，讀祝文，畢，贊。俯伏興復位，再行一跪三叩頭禮，焚祝帛，禮畢。」〔註69〕

二、清代安徽各地區民間信仰分析

以上是對清代安徽民間信仰省域特徵的一個基本分析，雖然不同的地區在一些「大神」信仰上是相同的，但是各個地區還是有很多具有當地特色的

〔註69〕嘉慶《東流縣志》卷十三《壇廟》。

民間信仰，有必要對不同的地區的民間信仰進行分析。而由於各個地區的民間信仰紛繁複雜，所以筆者在分析一個地區的民間信仰時，只選擇具有地方特色或者是具有較大影響力的民間信仰作為分析的對象。

1. 皖西南地區

本區主要包括皖西的安慶府以及皖南的池州府徽州府以及寧國府、廣德州。這個地區主要的民間信仰類型是功臣信仰，當地的百姓往往對有恩或有功與當地的官宦都是世代祭祀，而且有些功臣的形象經過漫長的歷史發展之後就會變成「神」。雖然安慶府、池州府以及徽州府都是以功臣信仰為主，但是各府主要的信仰的對象卻是不同的，安慶府以余闕為代表，池州府以昭明太子為主，而徽州府則有汪華信仰等等。

余闕可是說具有封建社會典型的「忠臣父母官」形象特點，他不僅用心經營安慶，而且還幾次救安慶府於危難之中，並最終因安慶陷而自刎而死。史書記載道「余闕，字廷心，一字天心，合肥人。本唐兀氏，世家河西武威，父沙剌藏卜官廬州，遂為廬州人。少喪父，授徒養母，與吳澄弟子張恒遊，文學日進。元統元年賜進士第，授同知泗州事，為政嚴明，宿吏皆憚之。」〔註70〕

在至正十三年擔任都元帥府副使的余闕以兵守安慶，雖然期間偶然會有兵事，但是余闕還是以「民事」為主，例如至正十三年安慶軍兵乏食，余闕在經過與部下商量之後，決定於潛山縣八社進行屯田以解決軍糧問題。而在十四年安慶府發生了饑荒，甚至到達了「人相食」的地步，在此期間，余闕帶頭捐俸煮粥以賑濟災民，有很多災民因此而存活，後來他又向中書省申請銀三萬錠來賑濟災民。十五年，由於連日大雨，導致長江暴而損壞農田，在暴雨過後，余闕主持修建複雜的水利工程。在進入至正十六年以後，余闕兩次擊退趙普勝軍隊對安慶府的圍攻，在十六年趙普勝聯合祝寇和陳友諒的軍隊，對安慶府進行輪番進攻，最後安慶陷落，余闕自刎而死，史書對這次的戰爭記載非常詳盡：「（至正十七年）十月沔陽陳友諒自上游直搗小孤山，伯顏與戰，四日夜不勝，急趨安慶。賊追至山口鎮，明日癸亥遂薄城下，闕遣兵扼於觀音橋，俄饒州祝寇攻西門，闕卻之，乙巳賊乘東門紅旗登城，闕簡死士力擊，賊復敗去。戊申賊並軍攻東西二門，又卻之，賊恚甚，乃樹柵起

〔註70〕光緒《續修廬州府志》卷三十五《忠義傳·余闕》。

飛樓。庚戌，復求攻，金鼓聲震地，闕分諸將各以兵扺賊，晝夜不得息。癸卯，賊益生兵攻東門。丙午，普勝軍東門，友諒軍西門，祝寇軍南門，群盜四面蟻集，外每一甲之援，西門勢尤急，闕身當之，徒步提戈爲士卒先，士卒號哭止之，揮戈愈力。仍分麾下將督三門之兵，自以孤軍血戰，斬首無算，而闕亦被十餘割，日中城陷，城中火起，闕知不可爲，引刀自刎墮清水塘中，闕妻耶卜氏及子德生、女福童皆赴水死」。

　　後來當地人就在余闕自刎的清水塘建立了墓地，當時就得到元朝廷就贈予「行省平章事闕國公」，而明太祖朱元璋在建立明皇朝之後賜表，命當地官員建立廟宇並在定時祭祀，這是當朝統治者給予余闕極高的榮譽。〔註71〕

2. 皖中地區

　　皖中地區包括和州、太平府、廬州府、六安州，這個地區的信仰的特點就是水神信仰最爲廣泛，水神種類也很多，除了常見的龍王信仰以及各種井神、河神信仰之外，還有特別的信仰——巢湖聖妃以及靈澤夫人信仰。巢湖聖妃以及靈澤夫人信仰不僅特別，而且還是本地區所獨有的。

　　靈澤夫人祠，祭祀劉備妻孫尚香，《清文獻通考》記載「（嘉慶二年）又敕封節惠利蟂磯靈澤夫人廟，祀安徽蕪湖縣。（臣謹案：神即蜀漢昭烈帝孫夫人）。」〔註72〕相傳孫權用船迎接孫尚香回東吳，而在焦磯溺水而死，到了宋代則得到朝廷的多次封號「靈澤夫人祠，在建康府城東，光堯皇帝紹興二年十一月賜額『嘉惠』。使鄭熏遇亂亦獲冥助，景福中封『昭威侯』，僞唐保大中封『昭威王』，徽宗崇寧四年九月封『昭明廣惠王』，政和元年賜額，宣和三年閏五月進封『忠護昭明廣惠王』，光堯皇帝紹興六年六月加封『誠應忠護昭明廣惠王』」。〔註73〕因靈澤夫人廟在蟂磯山上，所以又稱「蟂磯廟」，史載「今之廟，其藏棺所也。宋賜額曰『靈澤』，舟人阻風泊此，必祭之。……咸豐中毀於賊，同治間兵部右侍郎彭玉麟捐廉重建，並置田六十畝，每歲所入由主持僧司之。」關於祭祀靈澤夫人的信仰，清人朱珪在其《靈澤夫人襃封疏》中就有提到「題爲呼請恭懇聖恩錫予襃封，以崇祀典事該。臣看得蕪湖縣壞蟂磯，峙江流枕，臨地險，近封蕪湖開口，實爲糧舳通津。粵唯靈澤之神流傳起於蜀漢，考之陳壽、裴松之所述志，有未詳。封於政和、洪武之年，

〔註71〕嘉靖《安慶府志》卷十六《藝文志上·余忠宣公廟記》。
〔註72〕《清文獻通考》卷一百五十八《群祀考二》。
〔註73〕《宋會要輯稿》《禮二〇》。

今尤爲烈。如明臣王守仁、徐渭之題句，及本朝王士禛、宋琬之詩篇，雖皆指實蜀吳表敢據爲典則，但其風颯浪舶，靈願屢彰，禱雨祈晴，輿情共戴，有街民之功德，實江瀆之靈祇，祀典允宜襃加有待可否。仰懇天恩錫予崇封扁額，以廣皇仁，以慰民望，臣不敢壅於上，聞謹會題請旨。」〔註74〕由此可見，靈澤夫人在清代比前代更盛，她的主要作用就是保證當地船運的暢通，而且還有「禱雨祈晴」的神職。

3. 皖北地區

從總體上看來，皖北地區的地理環境和社會風氣都與前文的兩個地區大不相同，皖北可以說是安徽省自然災害最爲嚴重的地區，其中又以淮河以及黃河的泛濫的危害最大，再加上常年的戰亂，所以當地形成了崇尚武功的社會風氣。頻繁的戰亂和動蕩的社會，導致皖北地區的民間信仰也是支離破碎，除了一些官方規定的祠廟以及祭祀歷史上的官宦之外，皖北當地人主要信仰的都是被官方認爲是「淫祠」的精靈顯怪，而有關這種「精靈顯怪」的史料相當缺乏，只能留待進一步深入查找資料後再進行相關研究。

小　結

本章主要瞭解清代安徽宗教文化地理的相關情況，將在中國有著悠久歷史並對中國社會產生重大影響的佛教和道教作爲主要的研究對象，並分析了民間信仰在安徽的省域特徵，選擇一些具有地方特色或者是具有較大影響力的民間信仰作爲分析的對象。

安徽可說是中國最早接觸佛教的地區之一，早在東漢時期佛教就在安徽的淮北地區傳播，此後佛教在安徽多有發展，一度成爲全國禪宗甚至佛教的中心之一。清代，當地民眾崇信佛教，佛教仍然對安徽省民眾的生活有著很大的影響。

筆者通過對清代安徽的寺院數量、寺院密度以及寺院人口比率等數據的整理與分析，從而得出了清代安徽佛教寺院的分佈特點：府州之間寺院數量層次明顯，差別懸殊；縣域之間寺院數量差別也比較懸殊；安徽的寺院主要集中在長江沿岸。筆者根據這些數據、分佈特點以及不同地區佛教的信仰差異，將清代安徽省主要的佛教信仰區劃分爲三個佛教文化區：皖江佛教文化

〔註74〕嘉慶《蕪湖縣志》卷二十一《藝文志》。

區，本區是安徽佛教發展最爲興盛的地區，這裡被視爲禪宗的起源地區，而
池州府的九華山則是中國佛教的四大名山之一；皖東佛教文化區，本區可以
看做是皖江佛教文化區的一個延伸，信仰禪宗的臨濟宗和曹洞宗；皖東南佛
教文化區，本區主要信仰禪宗的臨濟宗，不過更傾向於黃蘗禪師改造過的臨
濟宗，本區的佛教信仰深受黃蘗禪師的影響。

　　道教作爲中國的本土宗教，也對中國產生過重大的影響，而安徽則被視
爲道教的發源地，安徽的皖北地區是道教始祖老子和莊子的故鄉，而安徽也
是道教最早傳播的地區之一。三國時期，安徽建立了中國有記載的最早的城
隍廟，而在晉朝安徽的很多地區則有道觀的建立。隨著時代的發展，道教在
安徽的範圍越擴越大，並從北到南不斷強化。通過對清代安徽的宮觀數量、
宮觀密度以及宮觀人口比率等數據的整理與分析，得出清代安徽道教宮觀的
分佈特點：無論是從宮觀數量還是密度來看，不同地區的道教發展差異大，
皖北道教文化區的道教信仰遠遠比佛教信仰更加發達，徽州齊雲山是新興道
教文化區，主要以齊雲山的道教信仰爲中心，另有皖東太和道教文化區與佛
教並重。

　　清代民國時期安徽民間信仰的神主要分爲兩種，一種是「以勞定國，以
死勤事」的功臣崇拜，另一種是「禦大災，捍大患」的神仙崇拜，而在安徽
省前者以各州府歷史上對當地百姓有功的官宦爲主，而後者則以「龍神信仰」
以及「劉猛將軍信仰」最爲普遍。皖西南地區主要的民間信仰類型是功臣信
仰，皖中地區除了常見的龍王信仰以及各種井神、河神信仰之外，還有特別
的信仰——巢湖聖妃以及靈澤夫人信仰。而皖北當地人主要信仰的都是被官
方認爲是「淫祠」的精靈顯怪。

第六章　清代民國時期安徽教育文化地理

　　歷史教育文化地理一般分爲兩個層面進行研究，其一是學校，其二是人才。清代民國時期安徽的教育文化地理研究亦如此。王洪瑞在論述清代河南學校教育的時空差異時曾經談到：「實際上，教育問題包含兩個系統，一是培養系統，二是選拔系統。科舉是選拔制度，人才是選拔結果，兩者都屬於選拔系統。而學校是培養系統，一個地區教育水平的高下，是這兩個系統綜合比較的結果。」〔註1〕這就意味著我們研究歷史時期的教育文化地理，不僅要瞭解歷史時期學校的類型與空間分佈等情況，對於歷史時期各類人才的地域分佈和成因同樣不能偏廢。經過對清代以來安徽相關教育史料的耙梳，筆者認爲，清代民國時期安徽教育總體來說具有類型多樣、人才多樣的特徵：學校有官學型、私學型、混合型之分，人才有科舉制度下產生的進士、舉人，也有屢仕不中而滿腹詩書的民間人才——如吳敬梓等，還有多數從戲班裏培養的戲曲名伶等，本章將主要梳理清代民國時期安徽這兩個系統文化因素的地域分佈，瞭解其變化的相關規律及成因。

〔註1〕王洪瑞，《清代河南學校教育發展的時空差異與成因分析》，陝西師範大學博士論文，2007年。

第一節　清代安徽學校教育的類型與特點

一、私學類型——義學和私塾

　　義學又稱義塾，教師稱塾師。北宋著名的政治家范仲淹曾以「千畝土地」作爲義田，用來接濟自己族內生活貧困的人，並且設計比較基礎的學校讓同族的貧困子弟可以免費入學，這就是中國古代義學的開始。可見從義學誕生之日起，就具有明顯的宗族性和對豪紳的依賴性，故除豪紳原籍外，多設在京城。入清後國家倡導民間辦學，各州縣亦紛紛設立，義學因其免費性遂成爲一種使孤寒生童接受初級教育的機構。其入學年齡一般不超過 12 周歲（主要是爲了和社學相銜接），性質介於社學和私塾之間，官方色彩沒有社學突出，民間色彩沒有私塾明顯，屬官倡民助辦學，一般是由地方官員率先捐助，爾後號召當地士紳商賈共同捐助而立。各縣的知縣、教諭或訓導在任期間，都有可能出面組織一所義學。其次，此時義學的學習內容不等，官方並沒有完全把它列入地方的教化系統。雍正即位後，始命各省改生祠書院爲義學，延師授徒，以廣文教，並頒佈義學條例，規定義學的學習內容爲「《聖諭廣訓》，待熟習後再令誦習《詩》、《書》，以六年爲期，如果教導有成，塾師准作貢生。三年無成，該生發回，別擇文行兼優之士。應需經書日用，令該督撫照例辦給」。〔註 2〕義學的發展開始明確化。各地置義田，立義學，令士捐助，此起彼伏。據不完全統計，清代前期安徽共有 70 餘州縣設立了數百所義學。

　　當然，由於民間捐助薄弱而義學免交學費的特點，隨著時間的發展，它的可持續性問題便日益突出。許多義學僅有數量很少的義田，根本無法保證學校的基本開支。所以不久以後這些義學大多相繼湮廢，直至道光年間重新掀起一次興建義學的高潮，並大多延至清末，或荒廢或改制，結束了這種在封建落後經濟條件下苦苦掙扎的民間公益性質的教育機構。（附：《清代安徽各地義學概況》）

〔註 2〕《清朝文獻通考》卷七十《學校八‧直省鄉黨之學二》。

表6-1　清代安徽省義學概況表

地　區	義　學　概　況
安慶府	在敬敷書院東，清順治九年（1652 年）巡撫李日梵建。選聘秀才爲教師，以教里人子弟，月給膳米 5 斗。康熙九年（1670 年）又舉辦義學 6 處。又有宿松縣義學，康熙十六年（1677 年）縣令胡永昌創建。
黟縣	1 所在一都，又名靄門書屋，嘉慶九年（1804 年）一都眾姓公建。另有 4 所，一是二都的松山書屋，二是五都石屏的環山書屋，三是九都的南溪書屋，四是十都的歷舍義學。
涇縣	在學宮左，雍正初知縣李玫創建，名曰三樂書院。雍正九年（1731 年）知縣劉千重修，改名義學，日久漸圮，嘉慶年間貢生朱璽重建。
繁昌縣	借縣學尊經閣爲肄業地，以後自建一屋在縣治東大有倉庫後
霍邱縣	有 3 處，一在城內，一在臨水鎮，一在丁塔寺。
蒙城縣	一在城內，一在東鄉。
含山縣	在環峰書院右邊，康熙十六年（1677 年）縣通判黃際會興辦，後爲訓導借住，咸豐四年（1854 年）遭兵毀。
六安州	康熙二十九年（1690 年）邑人魏世忠捐北門內大街房，聘請教師教民間無力讀書子弟，後廢。三十八年知州楊恢基、學正吳某改建於儒學之東，後又廢。
泗州	儒學節孝祠內，乾隆五十一年（1786 年）知州葉蘭建。
五河縣	在縣城東大興集，康熙三十三年（1694 年）知縣玠郅建。乾隆二十八年（1763 年）知縣羅金齊，嘉慶三年（1798 年）知縣沈南春、教諭言尙煒，相繼重修。
宿州	有 2 所，一在察院西，一在馬神廟西，故址無所考。另外，古饒集安樂寺於光緒四年（1878 年）改建爲義學，有廟產地 70 畝。
和縣	清道光十五年（1835 年）有 4 處，一在東門海會庵，一在西門安和宮，一在南門觀音庵，一在北門澹園祠。以後在歷陽書院增 2 所，光緒末年，城西尙賢坊法國天主教總堂辦義學 1 所，雍家鎮美國福音堂辦義學 1 所
靈璧縣	光緒初年，在正學書院內設義學 1 所。
歙縣	有 3 所，鄭村師山義學，三陽坑梅溪義學，岔口大州公學。

資料來源：光緒《重修安徽省志・學校志》。

　　除義學外，還有另一種初級教育機構——私塾。由於封建國家輕教重舉，初級教育，多賴民力，作爲初級教育之基礎的啓蒙教育更是只能依賴純粹的

民間學校—私塾。清代安徽私塾有大有小，大者數十人，小者三五人，星羅棋佈，遍佈城鄉，朗朗書聲，里陌相聞。一縣多至數百、上千所，是當時城鄉基礎教育的主要場所，也是初級教育體系的重要組成部分。就教學程度而言，可分爲蒙館和經館。蒙館主要誦習《三字經》、《百家姓》、《千字文》等蒙學讀物，爲初級的識字教育；經館除識字之外，還誦習《四書》、《五經》，研習八股文和做詩對對。個別官僚富賈家庭還教授各種古代典籍和史書，甚至琴棋書畫。比較而言，專館和蒙館最爲常見。

私塾學生的學習年限不定，蒙館學生一般三五年，而經館的學生可能稍長些，有些學生甚至直至考中秀才爲止，除了學習內容不同外，這與塾師的教學水平也有很大關係。一般來說，每個私塾都會設立一名塾師，而由於塾師的知識水平、教育宗旨不同，所以不同的塾師的綜合素質相差也非常懸殊。他們有的是不屑權貴的正直文人；有的是不問世事的的隱居者；但這些塾師中更多的是在科舉考試中名落孫山的童生或者是落魄的秀才，他們爲了養家糊口，不得不參加「教授鄉里」的工作，他們一般生活貧困，但均爲當地的基礎教育做出了較大貢獻。

總的來說，義學和私塾構成了清代前期安徽城鄉初級教育的辦學體系。其發展在全國處於相對領先地位。但由於科舉制度的強大滲透力，這些機構也未能幸免，義學教授儒家經典，私塾經館研習八股技巧，都深深地打上了科舉的烙印，嚴重違背了基礎教育的生動活潑、有益性靈，阻礙了文化教育的健康起步，在一定程度上爲這種發展打了折扣。

二、官學類型——社學和儒學

社學是設在鄉鎮地區最基層的一種地方官學，最早起源於元朝。明朝建立後也繼承了社學這種制度，到了嘉靖年間，社學已經遍佈安徽城鄉，然而由於明末戰亂頻繁，導致大部分的社學被毀。到了清朝初年，社學的恢復開始被提上日程，順治九年（1652）題准各地設置社學，配備社學教師，規定「每鄉置社學一區，選擇文藝通曉、行誼謹厚者，補充社師。免其差役，給汽廩養膳。提學案臨日，造姓名冊申報查考」〔註3〕。隨後安徽各地奉詔於各鄉鎮興辦社學，並招收一般平民子弟，推行社學教育。而由於明末社學存廢

〔註3〕光緒《欽定大清會典事例》卷三百九十六《禮部・學校・各省義學》。

不一，所以有的地區以恢復和重修爲主。

社學的官辦成分較大，其經費一般由州縣長官負責解決，多數從公款內動支，各州縣的學官教諭代表知州、知縣對所轄社學進行定期督導。實際上是國家對民間基層教育的一種有限干涉。它規定凡年齡在 12 歲以上、20 歲以下者，皆令入學，以習禮儀、學文化爲務。所開課程，一般從認字開始，教學生讀《三字經》、《百家姓》、《千字文》、《唐詩三百首》等，進而學習《小學》、《論語》、《孝經》及史政、詩文、掌故等，還要講習御製大誥，本朝律令，以及婚、喪、嫁、娶、祭祀等禮節，使貧窮無力上學者「盡萃其中」。雍正元年（1723），敕令各地於各置社學，並重新審定社學辦理規定，加強對社師的督察。規定「（社師）將學生姓名造冊申報。學政按臨時，如有能文入學者，社師優賞，若怠於教習、鑽營充補者，被革」〔註4〕。同時要求社學學生學習過後要接受社師的考試及應學校院試。凡成績優秀者，可升入府、州、縣學而成爲生員。反之，則被要求退回社學學習，這樣社學便在學制上與府、州、縣學緊密聯繫，解決了社學學生的進退之法。

據光緒《重修安徽通志》及安徽各府、州、縣志的記載，清代前期截至鴉片戰爭以前，安徽各地先後建立起來的社學約有 500 餘所，基本上已涵蓋全省。

儒學又分爲府、州、縣學。順治元年（1644），「詔各省府、州、縣儒學，食廩生員仍准廩給，增、附生員仍准在學肄業，俱照例優免。」並定各學支給廩汽法，「在京者戶部支給，在外者州、縣官支給」〔註5〕。順治二年三月，清廷平定中原後，便按照這一詔令，在明代的基礎上，以每年修復或重建前代儒學 6 所的速度逐步建立起安徽地區的府、州、縣學。同時，在軍隊駐紮的地方建立衛學（有的地方設爲所學），以教育「武臣子弟」。

對於這些學校的管理，除了按其所在地區人口多寡、文風高下、賦稅多少等因素進行分級外，還設提督學政（初期稱提學道），總理全省教育，「掌學校政令，歲、科兩試」〔註6〕。在地方則配備師長，嚴明職責。各府、州、縣學的教官依然採取傳統封建教育的做法：官師合一。府學設七品教授一名，州學配八品學正一名，縣學配八品教諭一名。其職責是「訓迪學校生徒，課

〔註4〕　《清朝文獻通考》卷七十《學校八・直省鄉黨之學二》。

〔註5〕　《清朝文獻通考》卷六十九《學校七・直省鄉黨之學一》。

〔註6〕　《清史稿》卷一百一十六《職官志三・外官・儒學條》。

藝業勤惰，評品行優劣，以聽於學政」。府、州、縣學又各配從八品訓導一名。協助教授、學正、教諭教導學生。這些人既是教師，也是教育行政長官，多由進士或舉人出身者擔任。教諭、訓導在縣學的設立不同時期不同地區略有差異。

　　教諭又分經制教諭和復設教諭。經制教諭出身較高，一般由舉人擔任，復設教諭出身稍低，一般由恩貢、拔貢或鄉試副榜擔任。復設教諭一則多設在文風相對落後地區，二則多設在學校級別稍低地區，特別是有些縣裁撤後儒學依然保留的地區，整體而言，清代前期，由於行政區劃的變更，安徽各類教官的設置亦有不同，大致府學教授 8～10 人，州學學正 10～12 人，縣學教諭 95～99 人，訓導 120 人左右。

　　府、州、縣學的學生亦稱生員，如明制分為三類：廩膳、增廣、附學。廩膳生員食廩饌、免賦役、享禮遇（如見官不跪），增廣生員不食廩饌，附學生員僅享禮遇。順治四年，規定各學各類生員額數，廩生：府學 40 名，州學 30 名，縣學 20 名，衛學 10 名。增生與此相同，附生不定。廩生額數與前述入學額數一致，此後變動亦如前述。只不過，雍正二年九月，進行了一次大規模的增廣學額。

　　生員的日常管理，一是實行考課制度，《清史稿·選舉志》載：「新進生員，如國子監坐監例，令在學肄業。依次期新生入學為滿。教官考校之法，有月課、季考……除丁憂、患病、游學、有事故外，不應月課三次者，誠傷；無故終年不應者，斥革。試卷申送學政查覆」〔註7〕雍正 12 年（1734），朝廷專門頒佈了月課季考條例，除對生員參加課考作出種種限制外，還規定「如教官不力行課試，經上司察出揭報咨參，計其月課季考廢弛次數，每次罰捧三月，若視為具文，竟不舉行者，革職〔註8〕，二是實行「六等黜陟法」，將生員歲科兩試的成績分為六等，然後根據等次，對他們的級別或升或降。其基本特點是把生員的等級與學業成績掛鈎，實行動態管理。但由於三等以下處罰較重，甚至可以革去生員資格，所以在實際執行中考官為了求得士子頌揚，便往往只列三等，「六等黜陟法」似乎成了一紙具文，真正實行的是「三等優劣法」而已，雖然如此，「六等黜陟法」對生員心理上的震懾作用和學業上的督促效果還是存在的。

〔註7〕《清史稿》卷一百零六《選舉志一·學校條一》。
〔註8〕《清朝文獻通考》卷七十《學校八·直省鄉黨之學二》。

對生員思想道德和行爲規範的管理主要通過倡儒術、苛文獄的文教政策和一系列的皇帝訓諭實現。清統治者定都不久即通過封蔭、懸匾、頒典等一系列措施崇尚儒家經術，提倡程朱理學，在生員學習的地點一儒學內遍設文廟，各類建築的名稱如「明倫堂」、「敬一亭」「崇德齋」等充斥著儒學的字眼，「鄉賢祠」、「名宦祠」等供奉著理學名臣，生員一入學就要在文廟大成殿拜謝師長，初一、十五在教官帶領下向孔子行禮，平時則學習儒家經典，據《清朝文獻通考‧學校考七》記載：「（順治九年）嗣後直省學政將《四子書》、《五經》、（《性理大全》、《資治通鑒綱目》、《大學衍義》、《歷代名臣奏議》、《文章正宗》等書，責成提調教官課令生儒誦習講解」。不單教官講解，一些熱衷教育的知縣、知府亦時常臨學授課，潛移默化，授業傳道，總之整個儒學集教學與祭祀於一身，從各個方面對生員灌輸、滲透儒家理念。同時嚴定學規，苛興文獄。順治九年（1652）頒佈《訓士臥碑文》，康熙 39 年（1700）頒佈《聖諭十六條》，雍正二年（1724）頒佈《聖諭廣訓》等一系列規範性條文，對生員的思想、行爲、學習、生活等各個方面提出了明確要求。

三、官私混合型——清代安徽的書院及其特徵

與封建官學體系的系統性、規範性不同，書院的特點較爲複雜。其產生之初只是一種爲應舉士子傳授科舉所需的詩賦文學知識而設立的教育組織形式，但到清代以後，書院已經演變成一系列不同性質、不同層次、不同種類的教育機構的總稱，可以滿足不同地區、不同時期、不同人群對教育的不同需求，堪稱一種與官學體系並存的獨立教育體系。〔註9〕

具體到安徽地區亦是如此，並不是像傳統研究者認爲的那樣：只是一種成人教育組織。因爲從辦學形式看，有官辦、民辦、官辦民助或民辦官助等多種形式。如雍正時期遵照世宗諭旨，經安徽督撫大力整頓擴建後的大梁書院，就是較爲典型的官辦書院。至於官辦民助或民辦官助的書院則不勝枚舉，清代安徽創建的書院大部分都屬於這兩種形式。

從教學內容看，有以講授儒家基礎文化知識爲主的普通型書院、學術研究爲主的研究型書院以及傳授特殊知識和技能爲主的實用型書院等。普通型書院最多，主要以研八股、應舉業爲旨。研究型書院是以高深學問爲教學內

〔註 9〕 鄧洪波《論中國書院教育的層次性》，《南京曉莊學院學報》，2005 年第 4 期。

容的書院，雖然這種書院在清代已經不是很多，但它們以培養學術種子爲己任，具有學術原創性，上接萬古學統而開其新緒，使儒學常新，下啓普通書院而導其流變，影響一代學風，於教育於文化的發展都具有重要的意義。

總之，書院是一種總稱，它具有豐富的內涵和獨立的體系，是官私混合型的教育機構。

第二節　清代安徽學校的空間分佈——以書院爲中心

一、清代安徽書院的發展變遷

整個順治年間是安徽書院發展的徘徊階段。清初鑒於明末書院「諷議朝政」的教訓，對書院採取抑制政策，規定「不准別立書院」，可在省城設一書院。順治九年（1652），清政府諭告各省：「各提學官督率教官、生儒，務將平日所習經書義理，著實講求，躬行實踐，不許別創書院，群聚黨徒。」〔註10〕而就在同一年，清政府又頒行《訓士臥碑文》八條：「軍民一切利病，不許生員上書陳言。如有一言建白，以違制論，黜革治罪；生員不許糾黨多人，立盟結社，把持官府，武斷鄉曲，所作文字，不許妄行刊刻。違者聽提調官治罪」〔註11〕。「實際上扼殺了書院發展中最活躍的因素：自由講學和議論朝政」〔註12〕。從中可以看出，清朝統治者非常害怕漢族的士大夫利用書院講學來抨擊時政並且在宣傳「反清復明」的理念，所以在清朝剛剛建立的時候中國的書院發展受到了嚴重的影響，但是也意識到在警惕漢族士大夫反清行動的同時，也要籠絡一些在漢族統治階級裏有著較大影響力的士大夫，而清政府爲了籠絡這些漢族士大夫以安定普通百姓的人心，它就往往對一些有著悠久歷史和社會影響力的書院網開一面並且給予扶持。受到這種政策氛圍的影響，順治年間，全國包括安徽書院出現了曲折前進的發展局面。在順治十八年間，安徽全省新建書院4所修復前代書院9所。

康熙和雍正年間，是安徽書院發展重要的恢復階段。在這七十多年的時間裏，由於前期統治者的政策得當，使得清政府在中國的的政權得到鞏固，

〔註10〕《古今圖書集成・經濟彙編・選舉典》卷十七《學校部》。
〔註11〕《清朝文獻通考》卷六十九《學校七・直省鄉黨之學一》。
〔註12〕李國鈞，《中國書院史》，湖南教育出版社，1998年，第778頁。

在康熙年間雖然發生了「三藩之亂」，但並未直接影響到安徽書院的發展，而在康熙二十年「三藩之亂」被平定之後，安徽書院的發展則有了更加良好的社會環境。還有就是一些安徽的地方官員也察覺到對百姓進行整治教化的迫切性，當時的地方官觀察到當地的百姓「豐稔之歲，則相與賭博酣歌，沉湎荒淫，流蕩而忘返；饑凶之年，則但見鳩形鵠面，攜老扶幼，逃散而無歸，人民流散，田地荒蕪，盜賊頻發，獄訟繁興」，所以他們認為「官斯土者，其可不急為早辦詳求其故，以期力挽頹風而尚泄泄從事乎」〔註13〕與此同時，康熙皇帝在重要的漢族文臣的影響下，對漢族的儒家文化產生了濃厚的興趣，他在即位不久就提出「崇儒重道」的政策理念，因此當時的清政府在整頓各地基礎官方教育機構——「社學」的同時，又對書院採取了從默許到鼓勵創辦的態度。在康熙皇帝的帶動下，各省督撫也紛紛行動，在地方新建或修復書院，如康熙十年，安徽巡撫靳輔應安慶士紳之請下令修復當地培原書院，改名修永書院，「乃命府學教授勤課生童，講貫理學」。〔註 14〕又如康熙二十年，池州府知府喻成龍建池陽書院，「集六邑諸生，肄業其中，置田七百餘畝，以為供膳，講誦極盛」。〔註15〕

雍正皇帝即位後，就對康熙皇帝的書院政策加以修改，在雍正十一年（1733），他正式頒佈政令要各直省根據實際情況建立書院：「朕御極以來，時時以教育人才為念，但撫聞書院之設，實有裨益者少，浮慕虛名者多……近見各省大吏漸知崇尚實政，不事沽名邀譽之為，而讀書應舉者亦頗能屏去浮囂奔競之習。則建立書院，擇一省文行兼優之士，讀書其中，使之朝夕講誦，整躬勵行，有所成就，稗遠近士子觀感奮發，亦興賢育才之一道也。督撫駐箚之所，為省會之地，著該督撫商酌奉行，各賜帑金一千兩。將來士子群居讀書，須預為籌劃，資其膏火，以垂永久。其不足者，在於存公銀內支用。封疆大臣等並有化導士子之職，各宜彈心奉行，黜浮崇實，以廣國家菁莪棫樸之化，則書院之設，於士習文風，有裨益而無實弊，乃聯之所厚望也」〔註16〕同時，又諭旨「其餘各省府州縣書院，或紳士出資創辦，或地方官撥公經理，俱申報該管官查核」。此後，在這項政策的帶動下，各府州縣書院亦

〔註13〕 康熙（十四年）《安慶府志》卷六《學校志》。
〔註14〕 康熙（六十年）《安慶府志》卷七《學校志》。
〔註15〕 光緒《重修安徽通志》卷九二《學校志》。
〔註16〕 《清朝文獻通考》卷七十《學校八·直省鄉黨之學二》。

發展起來。

　　既然各地均建立了層級分明、規章完備的相應官學，爲什麼還要鼓勵各省府州縣創辦書院？難道僅僅是因爲書院「亦興賢育才之一道」嗎？其實，發布如此上諭，雍正皇帝也是實屬無奈。因爲清代的官學與前代並不一樣，它並不是眞正的學校，起不到培養人才的作用，眞正培養人才還需依靠書院。既然官學無舍教士，士子散處四方，作爲一種聚集生童研磨砥礪，共求提高的場所，書院便以一種客觀的社會需要而導致各地競相創辦。這種適應了社會需要的學習場所，在各地的客觀存在，使得清朝的統治者不得不認清現實，主動出擊，制定政策，規範引導。

　　乾隆年間，清朝統治進入了全盛時期，與此相應，清代書院發展的繁榮時期，乾隆元年諭曰：「書院之制，所以導進人才，廣學校所不及。我世宗憲皇帝命設之省會，發帑金以資膏火，恩意至握也。古者鄉學之秀，始陞於國，然其時諸侯之國皆有學。今府州縣學並建，而無遞陞之法，國子監雖設於京師，而道里遼遠，四方之士不能皆會，則書院即古侯國之學也。居講席者固宜老成宿望，而從遊之士亦必立品勤學，爭相灌磨，稗相觀而善，庶人材成就，足備朝廷任使，不負教育之意。若僅攻舉業，已爲儒者末務，況藉爲聲氣之資，遊揚之具，內無益於身心，外無補於民物，即降而求文章成名。足希古之立言者，亦不多得，寧養士之初旨耶？該部即行文各省督撫學政，凡書院之長，必選經明行修，足爲多士模範者，以禮聘請。負笈生徒，必擇鄉里秀異、沉潛學問者肄業其中。其恃才放誕，佻達不羈之士，不得濫入書院中。酌仿朱子白鹿洞規條，立之儀節，以檢束其身心。仿分年讀書法，予之程課。使貫通乎經史，有不率教者，則擯斥勿留。學臣三年任滿，咨訪考覈，如果教術可觀。人材興起，各加獎勵。六年之後，著有成效，奏請酌量議敘。諸生中材器尤異者，准令薦舉一二，以示鼓勵。」〔註17〕之後不久，乾隆皇帝又陸續採取各種措施，鼓勵官民士庶興建書院，並加強朝廷對書院的控制，乾隆皇帝的這種做法，極大地帶動了地方政府興建、修復、發展書院的熱情。據不完全統計，乾隆一朝，安徽先後新建書院 60 所，修復書院 9 所。

　　在書院數量增加的同時，清政府又多次頒旨加強控制和管理各地的書院，無論院長的任命、教學理念和內容，還是生徒錄取的標準、考試、學習

〔註17〕《清高宗實錄》卷二十《乾隆元年六月甲子》，北京：中華書局，1986 年。

的內容，都需要按照官方的規定運作。在這種政策的影響下書院基本上取得了與官方的教育機構同等的地位，同時書院官學化的程度也達到了空前的程度，以前自由的書院講學傳統喪失殆盡，導致書院淪爲科舉的附庸，乾隆以後，隨著清政府的腐敗和官學的衰落，書院不可避免地也就頹敗了。

二、清代安徽書院的時空分佈與特點

（一）清代各朝安徽書院修建情況

在眾多的衡量標準中，修建書院的數量是衡量當時國家政策對當地書院發展的影響的一個最重要的標準，爲了更好地瞭解清代各朝安徽書院的發展情況，筆者經過對大量史料的耙梳，以時間爲順序、以清代各朝爲界限，得出清代各朝安徽新建書院情況表以及清代各朝安徽修復、重建書院一覽表，圖表如下：

表 6-2 清代各朝安徽新建、修復書院一覽表

朝代總數	地　點	書院名稱	修建時間	備　註
順治朝 15	懷寧縣	培元書院	順治九年	新建書院
	懷寧縣	敬敷書院	順治九年	
	績溪縣	敬業書院	順治九年	
	績溪縣	崤公書院	順治九年	
	泗州	泗水書院	順治十年	
	潁州	仰高書院	具體年份不詳	
	婺源縣	紫陽書院	順治七年	修復前代書院
	歙縣	紫陽書院	順治七年	
	太平縣	天都書院	順治八年	
	懷寧縣	山谷書院	順治九年	
	石埭縣	陵陽書院	順治九年	
	銅陵縣	紫陽書院	順治九年	
	休寧縣	還古書院	順治十年	
	涇縣	水西書院	具體年份不詳	
	天長縣	同人書院		

	潛山縣	三元書院	康熙三年	
		三立書院	康熙三年	
	巢縣	鳳儀書院	康熙五年	
	廣德州	茅茹書院	康熙五年	
	懷寧縣	培原書院	康熙十年	
	虹縣	夏丘書院	康熙十二年	
	含山縣	環峰書院	康熙十四年	
	虹縣	夏邱書院	康熙十六年	
	望江縣	雷陽書院	康熙十九年	
	池州	池陽書院	康熙二十年	
	滁縣	趙公講學書院	康熙二十二年	
	懷遠縣	洪山書院	康熙三十年	
	池州	迴瀾書院	康熙三十二年	
	蕪湖縣	滴翠書院	康熙三十二年	
	合肥縣	廬陽書院	康熙四十四年	
康熙朝 55	鳳陽	鳳臨書院	康熙四十七年	新建書院
	和州	和陽書院	康熙三十七年	
	歙縣	斗山書院	康熙九年	
	宣城	敬亭書院	康熙十一年	
	石埭縣	廣陽書院	康熙十一年	
	歙縣	天都書院	康熙十二年	
	蕪湖	荊山書院	康熙十三年	
	宿松縣	禹江書院	康熙十六年	
	寧國	西津書院	康熙十六年	
	歙縣	南山書院	康熙二十一年	
	休寧縣	海陽書院	康熙二十九	
	旌德縣	大學書院	康熙三十五年	
	盱眙縣	崇聖書院	康熙四十年	
	當塗縣	采石書院	康熙四十八年	
	婺源縣	明經書院	康熙五十二年	
	六安州	龍津書院	康熙五十三年	
	懷遠縣	文昌書院	康熙五十六年	

	臨淮縣	鳳臨書院	康熙四十七年	
	定遠縣	仁壽書院	康熙四十九年	
	舒城縣	崇文書院	康熙六十年	
	懷寧縣	遂寧書院	具體年份不詳	
	涇縣	紫山書院		
	池州	秀山書院		
	繁昌縣	龍門書院		
	合肥縣	斗文書院		
	潁上縣	河州書院		
康熙朝 55	歙縣	斗山書院	康熙九年	修復前代書院
	宣城	敬亭書院	康熙十一年	
	石埭縣	廣陽書院	康熙十一年	
	歙縣	天都書院	康熙十二年	
	宿松縣	禹江書院	康熙十六年	
	寧國	西津書院	康熙十六年	
	歙縣	南山書院	康熙二十一年	
	休寧縣	海陽書院	康熙二十九	
	旌德縣	大學書院	康熙三十五年	
	盱眙縣	崇聖書院	康熙四十年	
	當塗縣	采石書院	康熙四十八年	
	婺源縣	明經書院	康熙五十二年	
	六安州	龍津書院	康熙五十三年	
	懷遠縣	文昌書院	康熙五十六年	
雍正朝 7	涇縣	三樂書院	雍正元年	新建書院
	太平縣	翠螺書院	雍正六年	
	亳州	柳湖書院	雍正六年	
	英山	淩雲書院	雍正七年	
	廣德州	正誼書院	雍正八年	修復前代書院
	巢縣	巢湖書院	雍正十二年	
	巢縣	牛山書院	雍正十二年	

	旌德縣	旌陽書院	乾隆二年	
	銅陵縣	五松書院	乾隆五年	
	舒城縣	桃溪書院	乾隆八年	
	六安州	廣颸書院	乾隆八年	
	穎上縣	梧岡書院	乾隆九年	
	盱眙縣	敬一書院	乾隆九年	
	東流縣	天然書院	乾隆十年	
	東流縣	菊江書院	乾隆十二年	
	蕪湖縣	荊山書院	乾隆十二年	
	穎州	清穎書院	乾隆十二年	
	宿松縣	松滋書院	乾隆十三年	
	滁縣	豐山書院	乾隆十四年	
	建平縣	郎溪書院	乾隆十四年	
	來安縣	建陽書院	乾隆十五年	
	太湖縣	熙湖書院	乾隆二十年	
	壽縣	壽陽書院	乾隆二十年	
乾隆 69	霍山縣	衡山書院	乾隆二十年	新建書院
	太和縣	壽山書院	乾隆二十三年	
	霍邱縣	翠峰書院	乾隆二十三年	
	霍邱縣	翠華書院	乾隆二十五年	
	定遠縣	曲陽書院	乾隆二十八年	
	蕪湖縣	中江書院	乾隆三十年	
	廬江縣	潛川書院	乾隆三十一年	
	來安縣	江青書院	乾隆三十四年	
	歙縣	問政書院	乾隆三十五年	
	繁昌縣	鵲江書院	乾隆三十七年	
	舒城縣	龍山書院	乾隆三十六年	
	太和縣	經鋤書院	乾隆四十年	
	東流縣	秀峰書院	乾隆四十二年	
	廣德州	愛蓮書院	乾隆四十七年	
	南陵縣	春谷書院	乾隆四十八年	
	宿州	培菁書院	乾隆五十一年	
	蒙城縣	養正書院	乾隆五十五年	

	桐城縣	毓秀書院	具體年份不詳	
	蕪湖縣	龍門書院		
	臨淮縣	淮南書院		
	定遠縣	冶溪書院		
	望江縣	蓮花書院		
	宣城	南湖書院		
	婺源縣	世賢書院		
	婺源縣	心遠書院		
	婺源縣	尊羅書院		
	婺源縣	龍川書院		
	婺源縣	雙賢書院		
	婺源縣	明德書院		
	婺源縣	山霧書院		
	婺源縣	桂林書院		
乾隆 69	婺源縣	道川書院		
	婺源縣	藻潭書院		
	婺源縣	山屋書院		
	婺源縣	詞源書院		
	婺源縣	二峰書院		
	婺源縣	雙杉書院		
	婺源縣	騏陽書院		
	建德縣	玉峰書院		
	潁上縣	甘城書院		
	廣德州	斗南書院		
	霍山縣	潛谷書院		
	績溪	萃升文會		
	涇縣	震山書院		
	鳳臺	循理書院	乾隆二年	修復前代書院
	廣德州	復初書院	乾隆四年	
	無爲州	芝山書院	乾隆十八年	
	涇縣	峨岱書院	乾隆二十二年	
	青陽	蓉城書院	乾隆三十五年	
	婺源	福山書院	乾隆三十六年	
	祁門	東山書院	具體年份不詳	
	黟縣	碧陽書院		
	歙縣	道存書院		

嘉慶朝 10	霍山縣	奎文書院	嘉慶三年	新建書院
	歙縣	岩溪書院	嘉慶十九年	
	天長縣	石梁書院	嘉慶二十年	
	桐城縣	培文書院	嘉慶二十五年	
	亳州	培英書院	嘉慶二十五年	
	涇縣	龍山書院	具體年份不詳	
	旌德縣	毓文書院		
	廬江縣	蓮溪書院		
	涇縣	梅溪書院		
	歙縣	西疇書院	嘉慶八年	修復前代書院
道光朝 26	郎溪縣	聚奎書院	道光五年	新建書院
	宿州	古睢書院	道光七年	
	來安縣	安南書院	道光七年	
	蒙城縣	新養正書院	道光十年	
	涇縣	涇川書院	道光十一年	
	宿州	正誼書院	道光十三年	
	桐城	桐鄉書院	道光二十年	
	績溪	濂溪書院	道光二十三年	
	潁州	聚星書院	道光二十六年	
	婺源縣	開文書院	道光二十七年	
	太和縣	文峰書院	道光二十八年	
	桐城縣	白鶴書院	具體年份不詳	
	臨淮縣	臨淮書院		
	滁縣	平虛書院		
	全椒縣	井養書院		
	歙縣	秘閣書院		
	歙縣	飛布書院		
	歙縣	岑山書院		
	歙縣	竹山書院		
	績溪縣	湯光書院		
	績溪縣	桂枝書院		
	涇縣	獅山書院		
	婺源縣	教忠書院		
	婺源縣	湖山書院	道光十三年	修復前代書院
	靈璧縣	正學書院	具體年份不詳	

咸豐朝 1	寧國府	教忠書院	具體年份不詳	新建書院
同治朝 11	婺源縣	崇報書院	同治二年	新建書院
	蕪湖縣	鳩江書院	同治二年	
	鳳臺縣	州來書院	同治二年	
	涇縣	三隅書院	同治四年	
	五河	澮河書院	同治五年	
	建德縣	研經書院	同治六年	
	渦陽縣	義正書院	同治六年	
	宿州	立成書院	同治九年	
	盧江縣	崇正書院	具體年份不詳	
	建平縣	郎川書院		
	當塗縣	天門書院	同治三年	修復前代書院
光緒朝 10	懷寧縣	鳳鳴書院	光緒三年	新建書院
	桐城縣	天成書院	具體年份不詳	
	桐城縣	樂豐書院		
	婺源縣	青雲書院		
	績溪縣	東山書院		
	廣德州	翼興書院		
	婺源縣	萬山書院		
	合肥縣	肥西書院		
	潛山縣	雲溪書院		
	全椒縣	襄水書院	具體年份不詳	修復前代書院
總計 205				

數據主要來源：白新良著《明清書院研究》，北京：故宮出版社，2012 等。

　　由上表可知，按白新良等學者的統計法，清代安徽新建以及修建的書院有 205 所，其分佈狀況基本可以代表清代安徽新建和修建書院的總體分佈狀況，從中可瞭解清代安徽書院的發展的一些基本特徵，由這 205 所書院反映出來的清代安徽書院的時空分佈特徵至少有以下幾點：

1. 時間分佈特徵：

（1）從設置總數上看，康熙、乾隆和道光年間是有清一代設置書院數目較多的三個時期，尤以乾隆朝為最。雍正、嘉慶、咸豐是設置書院數目較少的三個時期，尤以咸豐朝為最少，只有 1 所。乾、康、光三朝共置書院 150 所，占整個清代可考總數 205 所的 73%。咸、雍、嘉三朝共置書院 18 所，僅佔有朝段可考書院總數的 9%。其中設置最多的乾隆朝與設置最少的咸豐朝相差竟達 69 倍。所以清代安徽書院的一個顯著特點就是修建書院時段的集中程度比較高，這是政治、經濟、文化發展等多方面原因綜合作用的結果。

（2）從年均設置書院數上看，乾隆、康熙、同治是書院設置的三個高峰期，咸豐、光緒、嘉慶是書院設置的三個低谷期。康、乾、同三朝 134 年，剛好是清代總體年數的一半，共設置書院 135 所。不但設置總數較高，其年均設置數也遠高於清代其它任何時段和整個清代的整體平均數，如前所述，從書院的設置總數上看，乾、康、道居前三，咸、雍、嘉居後三，但僅依據一個朝段設置總數而判定其書院設置的繁榮與衰落也不合理。因為各朝統治時間長短不一，單從設置總數上並不能看出各朝修建的書院的頻度，而只有頻度才最能體現各時期書院設置的被重視程度和繁盛情況。因此結合各朝段的年均設置數，經過筆者統計，可以看出乾隆、康熙、同治三朝是書院設置明顯的高峰期，咸豐、光緒、嘉慶是明顯的低谷期。

（3）省下不同地區以及府州書院設置的時間分佈與全省的總體情況不盡一致。筆者按照地理分區的特徵，按照皖北、皖中、皖西南、皖東南、皖南五大區域，並以清代歷朝為經以各地區為緯，製得「清代歷朝安徽各州府書院修建表」如下：

表6-3　清代歷朝安徽各州府書院修建表

		順治	康熙	雍正	乾隆	嘉慶	道光	咸豐	同治	光緒	總計
皖北	泗州	2	4	0	1	1	0	0	1	0	9
	鳳陽府	0	7	0	6	0	3	0	2	0	18
	潁州府	1	1	1	6	1	3	0	1	0	14
	合計：	3	12	1	13	2	6	0	4	0	41
皖中	六安州	0	1	1	5	1	0	0	0	0	8
	廬州府	0	4	2	4	1	0	0	1	1	13
	和州	0	2	0	0	0	0	0	0	0	2

											合計
	滁州	0	1	0	3	0	3	0	0	1	8
	合計：	0	8	3	12	2	3	0	1	2	31
皖東南	寧國府	1	7	2	5	2	2	1	2	0	22
	太平府	1	5	0	3	0	0	0	2	0	11
	廣德州	0	1	1	3	0	1	0	0	1	7
	合計：	2	13	3	11	2	3	1	4	1	40
皖西南	安慶府	3	7	0	5	1	2	0	0	4	22
	池州府	2	6	0	6	0	0	0	1	0	15
	合計：	5	13	0	11	1	2	0	1	4	37
皖南	徽州府	5	10	0	22	3	9	0	1	3	53
	合計	5	10	0	22	3	9	0	1	3	53

　　從以上五大區域來看，設置書院最多的時期都是乾隆、康熙和道光，但是從各州府來看，具體的情況又有所不同。設置書院最多的三個時期有徽州府、滁州、鳳陽府三個州府與全省情況一樣，只是順序不同而已。其他各州府與全省的總體情況是不同的，現依次將這些州府情況列出如下（數字為相應時段的創建書院數，有設置書院為 0 的時期不列入，如果有多個時期的數目是一樣的，取最前的時期）：

　　徽州府：乾隆、康熙、道光——（22 所）、（10 所）、（9 所）

　　滁州：乾隆、道光、康熙——（3 所）、（3 所）、（1 所）

　　鳳陽府：康熙、乾隆、道光——（6 所）、（7 所）、（3 所）

　　六安州：乾隆、康熙、雍正——（5 所）、（1 所）、（1 所）

　　廬州府：乾隆、康熙、雍正——（4 所）、（4 所）、（2 所）

　　寧國府：康熙、乾隆、雍正——（7 所）、（5 所）、（2 所）

　　廣德州：乾隆、康熙、雍正——（3 所）、（1 所）、（1 所）

　　池州府：康熙、乾隆、順治——（6 所）、（6 所）、（2 所）

　　泗州：康熙、順治、乾隆——（4 所）、（2 所）、（1 所）

　　安慶府：康熙、乾隆、光緒——（7 所）、（5 所）、（4 所）

　　太平府：康熙、乾隆、同治——（5 所）、（3 所）、（2 所）

　　潁州府：乾隆、道光、順治——（6 所）、（3 所）、（1 所）

　　從以上 12 州府的數據來看，康熙和乾隆兩個時期除了在潁州府以外，在

其他每個州府設置書院的數目都能夠進入最多的前三位，除了康熙和乾隆時期以外，進入前三最多的時期分別是雍正（4次）、順治（3次），所以從各州府分散情況來看的話，清前期（順治至乾隆年間）在各州府設置的書院比清中後期要多。這是清代安徽書院時間分佈的一個特點。

（二）清代安徽書院的區域分佈與特點

與考察書院設置的時間差異不同，考察清代安徽書院的區域分佈，筆者爬梳了光緒《重修安徽通志》，不僅把清代設置的書院列入，而且把前代建立但在清代仍然存在的書院也全部列入（這也是白新良書院統計數據偏少的原因），這樣我們更能看清每個地區書院文化的變遷與持續性。特製表如下：

表 6-4　清代安徽各州府書院統計表

州　府	縣　別	名　　稱	地　　點	創建年代	創始人名
安慶府	懷寧	敬敷書院	府學東魁星樓址	清順治九年	操撫李日芃
		青陽書院	余忠公祠內		
		二良書院	舊府治東即今龍門口	明嘉靖初	知府胡纘宗
		近思書院	舊府治北即今昭忠祠附近	明	知府胡纘宗
		山谷書院	舊藩署之東	明嘉靖初	知府胡纘宗
		龍山書院	舊府治北	明	知府李遜
		逐寧書院	西門外		督學張鵬翮
		鳳鳴書院	豐備倉舊址，現為懷寧中學	清光緒三年	邑令彭廣鍾
	桐城	桐溪書院	縣西北隅，即靈泉寺	明嘉靖初	知府胡纘宗、知縣沈教
		桐陽書院	縣東郊外	明萬曆間	知縣王廷試
		毓秀書院	縣治儒學南	清乾隆間	邑人張若瀛
		培文書院	縣治北門內後街	清嘉慶二十五年	知縣李文偕
		天城書院	縣西雙港鋪		
		桐鄭書院	縣東	清道光二十年	
		樂豐書院	縣東陽家溝		

安慶府	潛山	皖山書院	潛山舒王臺上即天靈寺故址		知府胡纘宗
		三高書院	三高亭上		
		三元書院	城內天靈寨內	清康熙三年	知縣常大忠
		山谷書院	在山谷寺中		知府胡纘宗
		三立書院		清康熙三年	知縣常大忠
	宿松	禹江書院	縣治西北半里	明	郡守李禹江
	太湖	太白書院	縣北司空山		
		同春書院	縣東門外	明	知縣羅汝芳
		正學書院	儒學前	明	知縣蕭復陽
		熙湖書院	縣西北二里	清乾隆二十年	知縣吳易峰
	望江	慈湖書院			
		雷陽書院	東郊外	清康熙十九年	知縣陳柿祚
徽州府	歙縣	紫陽書院	紫陽山麓	宋淳祐五年	州守韓補
		紫陽書院	縣學後	清乾隆五十五年	邑人曹文植等
		斗山書院	府東城斗山上	明嘉靖十年	知府馮士雍
		天都書院	府西城外	明崇禎十六年	知府唐良懿
		問政書院	縣學內，名宦祠後	清乾隆三十五年	知縣張佩芳、貢生陳光國
		問政書院	縣學東江家塢		
		師山書院	府城西十里	元	鄭玉
		崇本書院	南溪南		
		崇正書院	堨田蘭溪寺		知府馮士雍
		西疇書院	棠樾	宋	
		三峰精舍	槐塘		唐仲實
		初山精舍	石耳山		曹涇
		南山文會	岩鎮	明	
		友陶書院	叢睦省	元	汪維岳
		祕閣書院	西溪		
		飛布書院	新安衛前		

徽州府	休寧	海陽書院	石羊圩東山之麓	明崇禎八年	知縣王佐
		還古書院	古城萬安山	明萬曆二十年	知縣祝世祿
		率溪書院	率口	明成化五年	程希
		西山書院	會理	宋	
		商山書院	浯田村	明初	
		秀山書院	藏溪村	宋	
		柳溪書院	城內西街	宋	
		天泉書院	東亭	明	
	婺源	紫陽書院	縣治後保安山	元至元二十四年	知本州事汪元圭
		明經書院	縣北三十里考川	元至大中	胡澱
		福山書院	邑南四十五里	清乾隆三十六年	
		霞源書院	二十五都霞塢	明	知縣朱一桂
		闡山書院	闡山	元至正間	
		富教堂	十八都清華	明	
		虹東精舍	虹井東	明嘉靖四十二年	郡守胡孝，知縣張櫃
		東湖精舍	縣東	明嘉靖間	巡撫歐陽公
		太白精舍	太白潘村		
		開文書院	北鄉思溪	清道光二十七年	吳河清
		教忠書院	北鄉清華鎮		
		湖山書院	南鄉太白司前	清道光十三年	
		崇報書院	正東門大街	清同治二年	
		天書院	北鄉	明	
		萬山書院	東鄉九郡		金竺宋，程傳宸
	祁門	東山書院	縣治東眉山	明	郡守志淑
	黟縣	碧陽書院		明正德年	知縣謝廷傑
		集成書院	黃村	元至正十一年	黃眞元
		中天書院	七都魚亭	明	
		林曆書院	五都林歷山		
		桃源書院	石墨嶺	明末	餘心建

徽州府	績溪	峰公書院	儒學前署右	清順治九年	知縣郭四維
		穎濱書院	新西街	明嘉靖間	知縣趙春
		翬陽書院	仁里	元	程瓚
		槐溪書院	縣東	宋淳熙間	戴季仁
		東園書院	縣治東	明	參政胡有明
		謙和書院	署馬	明	陳於泰
		龍峰書院	龍川	明洪武九年	胡德裕
		浣溪書院	浣紗溪	明	
		光霽書院	新西街	明	周頌
		石丈齋	儒學右	明	
		桂枝書院	八都宅坦胡氏宗祠右		
		濂溪書院	縣治西	清道光二十三年	周姓
		湯公書院	縣治西		
		雲谷文會	大谷	明嘉靖中	程寵
		萃升文會	旺川	清乾隆間	曹姓
寧國府	宣城	志學書院	舊府志北景德寺後	明嘉靖間	御史耿定向等
		宛陵精舍	志學書院西司右	明嘉靖中	知縣姜臺
		同仁會館	城西門內	明萬曆中	
	南陵	籍山書院	縣治東北	明萬曆十三年	知縣沈堯中
		春谷書院	察院故址	清乾隆四十八年	知縣周學元
	涇縣	水西書院	寶勝寺右	明嘉靖三十一年	御史黃洪毗、知縣劉起宗、知縣邱時庸
		雲龍書院	縣治二十里臺泉山	明嘉靖間	太平焦職方元鑑
		喻義書院	儒學左西向	明隆慶元年	知縣劉世享
		峨岱書院	縣西鴻峨山	宋	進士文澄源、文洪源
		龍山書院	縣西五龍山		查圖源
		赤麓書院	赤山嶺	明萬曆間	中丞董傑、副使蕭雍

		震山書院	縣西寶峰嶺距城八十里	清乾隆二十五年	查思道、翟薰一
寧國府	涇縣	藍山書院	聳壁寺左	明萬曆間	
		紫山書院	縣東七十里倪家村		倪姓
		梅溪書院	孤峰九甲	清嘉慶間	監生王夏炎、王百祥
		三樂書院	儒學左	清雍正元年	知縣李玫
	寧國	鳳山書院	射圃前	明正德中	知縣王時正
		謝侯書院	關帝廟右遺愛堂	明崇禎八年	知縣謝紹芳
		西津書院	西津橋東滸	清康熙十六年	知縣馬光
	旌德	旌陽書院	小東門內	清乾隆二年	知縣紀咸
		大學書院	縣學西	明	監生姚天澤、宗元勳、郭宗璉
		毓文書院	縣南五十里洋山		職貢譚子文
	太平	天都書院	縣治南里許	明嘉靖中	知縣邱振
池州府	貴池	八桂書院	府城市心街	宋淳祐八年	提舉周必正
		齊山書院	城南五里壽字嶺下	元	
		繡春書院	府城外齊山	明正德十年	知府何紹正
		翠微書院	縣城西街	明正德十四年	知縣謝瑞
		儲材書院	縣城西北城隍廟前	明嘉靖二十年	知府曾仲魁
		會華書院	東門外東湖相公墩	明嘉靖十四年	知府陸岡
		池陽書院	在府學宮西南本常平倉址	清康熙二十年	知府喻成龍
		迴瀾書院	縣城九華門外	清康熙三十二年	
		秀山書院	貢院西孝子祠右	清康熙中	知府李暐
	青陽	陽明書院	九華山化城寺右	明嘉靖初	邑令祝增
		甘泉書院		明嘉靖初	
		臨城書院	縣東妙音寺側	明萬曆四年	知縣蘇萬民
	銅陵	五松書院	敬一亭舊址	清乾隆五年	知縣王錫蕃
		紫陽書院	邑學西		
	石埭	廣陽書院	縣治東郭外	明嘉靖二十年	知府曾仲魁
	東流	菊江書院	瞻極門內	清乾隆十二年	知縣郭縱

太平府	當塗	天門書院	縣西南三十里大信鎮	宋淳祐六年	守臣陳壒
		青山書院	縣城內馬軍寨楊萬戶宅右	明萬曆八年	知府錢立
		采石書院	縣治北二十里采石鎮	元至元十四年	儒士趙必晃
		丹陽書院	縣東南八十里黃池鎮	宋景定五年	劉貢士
		翠螺書院	采石太白樓後虞公祠側	清雍正六年	知府李暲
		當仁會館	黃池鎮		
	蕪湖	陽明書院	縣治南踰河二里南壇左	明隆慶間	府通判胡汝
		求仁書院	縣治東南	明萬曆間	知縣廖同春
		滴翠書院	城隍廟東郡舊義學	清康熙三十二年	知縣紀統
		荊山書院	縣河南小荊山魁星閣前	清康熙十三年	
		龍門書院	縣南關外	清乾隆間	署縣張異鄉
		中江書院	河南蔡廟巷內	清乾隆三十年	巡道李世傑
		鳩江書院	縣城外河南	清同治二年	巡道吳坤修
	繁昌	業文書院	縣治北		
		同仁書院	舊縣遺址濱江		
		金莪書院	北門街	清乾隆三十七年	知縣林一彪
廬州府	合肥	廬陽書院	縣城東南隅本舊育嬰堂址	清康熙四十四年	知府張純修
		孝肅書院	城南濠內香花墩，舊為浮圖寺	明宏治間	知府王鑑
		正學書院	縣學西	明嘉靖間	督學耿定向、知府喻南嶽
		斗文書院	府城隍廟左	清康熙間	知府王葉興
		三賢書院	縣治東	元	
		肥西書院	西鄉大潛山馬跑寺		邑紳劉銘傳

盧州府	盧江	潛川書院	城內鼓樓橋西街	清乾隆三十一年	知縣李天植
		崇文書院	儒學東		
		毛公書院	縣東北七十里毛公洞		
		水濠書院	縣南門外	明嘉靖三十年	知縣何汝璋
		楊林書院	白湖東七十里	明嘉靖三十四年	邑紳朱紱
		蓮溪書院	城南		
	舒城	龍眠書院	縣治東飛霞亭北	天曆二年	知縣變理溥
		崇文書院	縣治東南隅觀音庵後	清康熙六十年	知縣蔣鶴鳴、貢士鍾崇
		龍山書院	城西南隅大街後	清乾隆三十六年	知縣
		桃溪書院	桃溪鎮香社寺	清乾隆八年	附貢生翟雲
		明德書院		明萬曆間	舉人祝有年
	無爲	林泉書院	相山宋樞密王之道讀書處		
		香溪書院	北門外賈家灣	元至正八年	
		興文書院	州學前	元至正八年	
		芝山書院	紫芝山	宋	
	巢縣	巢湖書院	臥牛山麓	清雍正十二年	知縣朱讓
		鳳儀書院	城南三里許望城嶺	清中葉	
		東山書院	東山下		
鳳陽府	鳳陽	鳳臨書院	臨淮西關外	清康熙四十七年	知縣王紘
		淮南書院	府署前	清乾隆間	知府楊毓健、項豫
		臨淮書院	臨淮西壩		
		獨山書院		明	
	懷遠	眞儒書院	縣署東北	明嘉靖十三年	知縣郭翰屛
		文昌書院	縣治西荆山之麓	明嘉靖十三年	
		洪山書院		清康熙三十年	知縣黃啓祚
		西山書院	曲陽門外	明嘉靖十三年	知縣謝廷舉、巡撫張惟恕

鳳陽府	定遠	曲陽書院	文廟東	清乾隆二十八年	知縣鄭基
		仁壽書院	城南	清康熙四十九年	知縣張蔚
		冶溪書院	爐橋鎮		知縣張景蔚
	壽縣	循理書院	城內大寺巷西	明天啓二年	學正黃奇士
		壽陽書院	正陽鎮	清乾隆二十年	廬鳳道尤拔世
		安豐書院	正陽鎮	明	知州王榮
		湧泉書院	八公山麓	明	巡按御史楊瞻
		淮肥書院		明	知州莊桐
	鳳臺	州來書院	縣治中街	清同治二年	知縣裴峻德
	宿州	文山書院		元	
		培菁書院	學宮東北	清乾隆五十一年	知州趙霖
		正誼書院	培菁書院旁	清道光十三年	知州周天爵
		古睢書院	睢溪口	清道光二十七年	周田疇
		立成書院		清同治九年	鳳穎同知賴以平
	靈璧	正學書院	城內東南隅	明萬曆中	知縣鍾大章
穎州府	阜陽	西湖書院	府西湖之南	宋皇祐元年	歐陽修
		仰高書院	仰高祠舊址		
		清穎書院	東城金雞嘴文昌閣下	清乾隆十二年	郡守王啓福
		聚星書院	縣治東韓家巷	清道光二十六年	知縣姚元英
	穎上	梧岡書院	城內金家巷修文坊	清乾隆九年	監生王芹
		河州書院	縣東門外河洲上	清康熙初	縣令勞叔胤
	霍邱	翠峰書院	城南大街		知縣劉吉、丁文燦
	亳州	柳湖書院	東南隅面城臨濠	清雍正六年	劉恩沛
		培英書院	城內東北隅右臨砂坑左傍池	清嘉慶二十五年	知府楊國楨等
	渦陽	義正書院	陽城內	清同治六年	知縣薛元啓
	太和	壽山書院	城西北	明	知縣丁文燦
		文峰書院	城南隅	清道光二十八年	知縣雷時夏等
		經鋤書院	縣北六十里		

潁州府	蒙城	養正書院	水門街	清乾隆五十五年	知縣劉士煌
		新養正書院	舊書院南	清道光十年	知縣劉曾
滁州	滁縣	老豐山書院	文峰塔旁		
		平盧書院	淳德坊東		
		豐山書院	土街貢院之東		
	全椒	南□書院	縣東二里		
		大觀書院	舊儒學巷	明	楊於庭
		襄水書院	學宮左隅	明嘉靖間	知縣楊道成、周汝登
		井養書院	縣治前		
		雙岩書院	舟門橋東	明崇禎十五年	金雙嚴（光辰）
	來安	景濂書院	南門外	明萬曆十六年	知縣周之冕
		建陽書院	縣署後	清乾隆十五年	知縣劉瓚
		江青書院	縣南五十里相官集	清乾隆三十四年	知縣韓夢周
		連龍書院	學宮東	明萬曆二十四年	知縣冷起元
		南書院	明倫堂西	清道光七年	知縣劉廷槐
和州	和縣	和陽書院	北門街	清康熙中	
		古和書院	城西南隅峨眉墩下		
		歷陽書院	州東北之馬廠	明嘉靖初	州同薛祖學
		雲興書院	州治西北香烈祠右		
	含山	環峰書院	學宮東	清康熙十四年	知縣劉祚全
廣德州	廣德	復初書院	州儒學西北舊爲元妙觀	明嘉靖四年	州判鄒守益
		愛蓮書院	文廟西本舊學正署		
		正誼書院	州治東南狀元坊	清雍正八年	知州徐敦蕃
		斗南書院	青雲樓南		
		？書院	斗南書院西		
		茅如書院	明倫堂東	清康熙五年	
	郎溪	聚奎書院	城北	清道光五年	知縣王仲澍
		郎川書院	城西門內臘梅巷	清同治間	

六安州	六安	廣颺書院	城北門內	清乾隆八年	知州盧見曾等
		龍津書院	武定門外一里	明嘉靖六年	州守歐陽德
		麓山書院	州東五十里龍穴山		
		武陟書院	州西三十里武陟山		
		青雲會館	儒學前	明萬曆間	
	英山	凌雲書院	東門外徐家灣	清雍正七年	知縣趙宗靈
		志學書院	界嶺		蕭儀聚
		湖山書院	縣南五里金家橋		夏瓚
	霍山	衡山書院	縣前十字街	清乾隆二十年	知縣張榆甲
		奎文書院		清嘉慶三年	知縣俞廷柏
		東書院	馬神廟		
泗州	泗縣	泗水書院	州城內	清順治十年	知州宋德芬
		夏邱書院		清康熙十一年	知縣？起？
	盱眙	敬一書院	第一山	漢孔安國	
		淮山書院	瑞嚴觀左		薛渭野
	天長	芝生書院	縣治東	明成化五年	知縣易居仁
		同人書院	秦欄鎮朱孝子祠東	明嘉靖間	王心、吳恕
		月渡堂			
		石梁書院	縣治西	清嘉慶二十年	知縣劉珊
	五河	漯河書院	縣城內	清同治五年	知縣裴峻德

　　通過整理和統計光緒《重修安徽通志》裏的書院數量，共錄得清代安徽書院數 250 所，和分析安徽各區域佛教寺院與宮觀數量一樣，因要綜合考慮到州府面積和政區密度對書院的影響，筆者作清代安徽書院綜合數據表」如下：

表 6-5 清代安徽書院綜合數據表

州府	縣別	書院數量	書院總數	名次	州府面積（萬 km²）	書院密度（所/萬 km²）	名次	縣域數	政區密度（所/縣）	名次
安慶府	懷寧	8	27	2	1.93	13.99	6	5	5.40	2
	桐城	7								
	潛山	5								
	宿松	1								
	太湖	4								
	望江	2								
六安州	六安	5	11	10	1.23	8.94	10	3	3.67	8
	英山	3								
	霍山	3								
	合計	11								
徽州府	歙縣	16	60	1	1.80	33.33	2	6	10.00	1
	休寧	8								
	婺源	15								
	祁門	1								
	黟縣	5								
	績溪	15								
寧國府	宣城	3	23	4	1.73	13.29	8	6	3.83	7
	南陵	2								
	涇縣	11								
	寧國	3								
	旌德	3								
	太平	1								
池州	貴池	9	16	6	1.63	9.82	9	6	2.67	10
	青陽	3								
	銅陵	2								
	石埭	1								
	東流	1								

太平府	當塗	6	16	7	0.25	64.00	1	3	5.33	3
	蕪湖	7								
	繁昌	3								
廬州府	合肥	6	24	3	0.89	26.97	3	5	4.80	4
	廬江	6								
	舒城	5								
	無爲	4								
	巢縣	3								
和州	和縣	4	5	13	0.13	16.13	5	2	2.50	11
	含山	1								
廣德州	廣德	6	8	12	0.58	13.79	7	2	4.00	6
	郎溪	2								
鳳陽	鳳陽	4	23	5	2.75	8.36	11	7	3.29	9
	懷遠	4								
	定遠	3								
	壽縣	5								
	鳳臺	1								
	宿州	5								
	靈璧	1								
潁州府	阜陽	4	15	8	2.39	6.28	12	7	2.14	3
	潁上	2								
	亳州	2								
	渦陽	1								
	太和	3								
	蒙城	2								
	霍邱	1								
滁州	滁縣	3	13	9	0.66	19.70	4	3	4.33	5
	全椒	5								
	來安	5								
泗州	泗縣	2	9	11	1.45	6.21	13	4	2.25	12
	盱眙	2								
	天長	4								
	五河	1								

（1）從普及程度看，清代安徽的書院基本覆蓋全省。就嘉慶 20 年的區劃而言，包括各直隸州駐地在內，全省共有 60 個縣域，除池州府建平縣外，其餘各縣域均有書院分佈，普及率爲 98.3%，基本覆蓋全省。在官學化性質逐步加深的同時，清代安徽書院的發展也實現了分佈的普及化。

（2）從書院數量的角度看，徽州府是全省絕對的核心。它的書院數量多達 60 所，占全省 250 所總數的 24%。而從各自區域來看，不同的區域都有各自的核心，整個安徽省共有三大核心的特徵——皖北以鳳陽爲核心（名次爲 5），皖中以安慶爲核心（名次爲 2），皖南以徽州爲核心（名次爲 1）。

爲便於表達各區之間的層級差異，可以將各府州書院的設置總數分爲三個檔次：

一級——20 所以上的地區：徽州府（60）、安慶府（27）、廬州府（24）、寧國府（23）、鳳陽府（23）

二級——10 至 20 所以上的地區：太平府（16）、池州府（16）、潁州府（15）、滁州（13）、六安州（11）

三級——10 所以下的地區：泗州（9）、廣德州（8）、和州（5）

從地理空間看，清代安徽書院的一級區呈現一個縱跨全省的分佈，而第二和第三級區則沿著這條縱線兩線分佈，而且第二級區主要分佈在縱線的西邊，而第三級區主要分佈在縱線的東邊。

（3）各府州之間和各縣域之間差異懸殊。從設置總數看，各府州中徽州府擁有最多，和州擁有最少。徽州府共擁有書院 60 所，爲全省各府州之首，其次是安慶府（27），再次是廬州府（24）。前三位府州共計設置書院 111 所，約占全省設置總數 250 所的 44.4%。和州爲各府州書院擁有數量的最末位，僅有 5 所，其次是泗州（9），再次是廣德州（8），三者合計設置書院 22 所，僅占全省總數的 8.8%。擁有書院數量最多的徽州府是和州的 12 倍。不均衡程度非常突出。各縣域中，歙縣分佈最多，達 16 所，其次是徽州績溪縣和婺源縣，都有 15 所，而這三個縣都是徽州府的下屬縣域。而這些縣域擁有書院的數量都達到甚至超過了許多府州的擁有量，例如歙縣有 16 所書院，它的書院數量不僅比面積較小的和州（4）以及廣德州（8）都要多得多，而且還比面積較大的州府，例如六安州（11）和潁州府（15）都還要多。這些集中了大量書院的縣域不但是所在府州書院設置的密集點，而且是全省書院設置的中心點。分佈較少的縣除建平縣未見設置外，最少均有 1 所。

（4）各府州書院總數的多寡與均勻程度的密疏不盡一致。由於各府州面積廣狹不同，人口多寡不一，縣域多少不等，所以設置總數的多寡並不能代表均勻程度的密疏。爲此必須將各府州書院的分佈密度與設置總數結合考察。一般而言，分佈密度指一種面積密度，即地理密度：每多少平方公里多少所。而縣級政區是各地書院設置的主力軍，所以書院分佈的政區密度亦應考察。

如表所示，各府州的書院分佈，從地理密度看，太平府最爲密集，平均每萬平方公里達 64 所，泗州最爲稀少，平均每萬平方公里僅 6.21 所，尚不到太平府的 1/10。太平府的書院密度也比書院數量最多的徽州府的書院密度（33.33 所每萬平方公里）還要多將近一倍。從政區密度看，徽州府最大，平均每縣 10 所，是地理密度最大的太平府（每縣 5.3 所）的近兩倍，另一方面，潁州府最小，平均每縣僅 2.14 所，尚不及徽州府的 1/4，綜合起來看，徽州府和太平府最爲密集，泗州和潁州府最爲稀少。

與此同時，從各府州書院的各類分佈密度上，依其疏密程度，從稠密到稀疏，地理密度的分佈密度和政區密度的前七位的府州分別是：

地理密度：太平府（64）、徽州府（33.33）、廬州府（29.97）、滁州（19.7）、和州（16.13）、安慶府（13.99）、廣德州（13.79）

政區密度：徽州府（10）、安慶府（5.4）、太平府（5.33）、廬州府（4.8）、滁州（4.33）、廣德州（4）、寧國府（3.83）

書院總數：徽州府（60）、安慶府（27）、廬州府（24）、寧國府（23）、鳳陽府（23）、太平府（16）、池州府（16）

由此可知，在地理密度和政區密度上，前六位的府州是完全重合的，只是位次略有不同。因此從兩種分佈密度的綜合位次看，徽州府、安慶府、太平府、廬州府、滁州、廣德州、寧國府處於較爲密集的前六位，由這六個府州相連組成的一大片區域即構成了清代安徽書院分佈的密集區，這一地區的北面府州則構成了清代安徽書院分佈的稀疏區。如果將各州府的書院總數列入考量的話，在三組數據中都能夠進入前七位的共有六個州府——徽州府、安慶府、太平府、廬州府、滁州、寧國府，而這六個州府基本都是處在皖南和皖中這兩個地區，而且除了徽州府和安慶府之外，其他四個州府都是與江蘇省是有接壤的。

三、影響清代安徽書院時空分佈差異的成因分析

　　影響上述清代安徽書院時空分佈不平衡的原因有很多，經過分析，筆者認爲主要有以下幾點因素：

（一）自然地理環境的影響

　　地理環境是影響安徽書院分佈的一個主要因素。中國古代的書院大都建在依山傍水的山林之中。安徽省位於華東地區，省內淮河和長江把全省分隔爲淮北、江淮、江南三個區域。淮北是一望無際黃淮平原，缺少風景秀麗的山林，書院也就缺少了建築的根基。而江淮之間以及江南主要是丘陵和山區，兩者均是設立書院較爲理想的地方，所以安徽書院大都分佈在江淮之間和皖南地區，皖南更甚。這一地區氣溫適宜，雨量適中，風清氣爽，山清水秀，爲士子們提供了有利的學習條件，如歙縣竹山書院就是建立在風景秀麗的桃花壩上。

（二）社會政治條件的影響

　　國家政治清明、經濟繁榮往往能帶動教育事業的發展，安徽的書院當然也不例外。縱觀清代安徽書院的發展，乾隆朝爲最盛，當時新建、重建書院共計 69 所，而後期的咸豐朝安徽省僅僅新建了一所書院。安徽書院在當時之所以會有這種發展的歷史，是因爲書院的發展深受社會政治條件的影響，在康熙、雍正、乾隆三朝的時候，清政府國力強盛，社會秩序穩定，國家扶持書院的政策刺激了安徽書院的發展，使安徽的書院達到了清朝的發展高峰；由於進入到咸豐年間後，外有列強的侵略與壓制，內有洪秀全領導的太平天國運動，內憂外患，而安徽更是成爲清政府與太平天國之間爭奪的主要戰場，因此在此期間安徽書院的發展也遭到了巨大的打擊。不過除了社會穩定之外，地方官員對書院發展的態度也是影響書院發展的重要因素之一，如來安縣「建陽書院，縣署後。乾隆十五年，知縣劉瓚建。先是順治間知縣湯九團並建社館，捐置田六十七畝五分六釐，尋以經費不敷，暫歸儒學。乾隆十四年奉文飭建書院，仍將社館原田倡邑紳捐助增置，曰二十二畝有奇。後又陸續捐置田畝。道光元年，知縣楊炘詳請歸雁塘田備文廟歲修外，餘貲撥充膏火。四年，知縣符鴻以院田餘貲重茸內堂。七年，知縣劉廷槐酌定章程按課給予膏火」。〔註18〕安徽省大部分書院都是由地方官員投資創建、修復的也說

〔註18〕道光《來安縣志》卷六《學校志》。

明了這一點。

（三）經濟條件的影響

經費支持是書院賴以生存和發展的基礎，總體上來看，清代安徽書院的經費來源主要有三種途徑：

第一種，就是財政的支持，包括國家和地方政府的經費支持。如：「雍正十年，賜敬敷書院帑金一千兩置腴田一百一十一畝，益以歷任府按捐置各屬學田共計三十五頃，六十畝有奇額租麥一千七百一十五石，有奇額銀一百四十八兩，有奇悉歸書院為膏火資。」；鳳臺縣循理書院「（乾隆）三十二年知州張肇楊、知縣亢愫復增置田畝，捐榆錢緡為經久計」；〔註 19〕歙縣紫陽書院「乾隆九年，工科給事中吳烽恭請御書賜書院，得旨，賜『道脈薪傳』字」。〔註 20〕

第二種途徑就是當地士紳階級的自願捐助，包括捐獻資金錢以及學田、學宮等。由於個人的經濟情況、熱心程度等因素的影響，所以不同的人捐贈的數量相差也是很大的。而這些捐贈一般都是在書院的創辦、重建、修復時期進行。如「天城書院，在雙港鋪保梵天城，即社學故址也。嘉慶丁卯，紳士建閣供奉文昌，厥工未竣。道光六年，里人劉存莊、潘楫等廣募租銀，恢擴營造」，〔註 21〕海陽書院「國朝康熙間知縣廖騰烽重修，後燬。乾隆十六年知縣萬世寧倡士民輸貲，建書院於北街，仍名海陽書院。乾隆四十五年，知縣王家幹再倡士民輸貲並田以增膏火。嘉慶十二年，闔邑輸貲移建石羊圩東山之麓」。〔註 22〕

第三種是書院對經費進行經營管理。擁有較多經費的書院一般都會把富餘的經費往往通過設學田、置產業、收取田租園租、店稅、魚塘租等多種形式取得更多的經費，以作為書院的經常性收入。其中書院的學田地租是收入的主要來源，因此很多書院建立以後，首要之事往往就是置辦學田，從而為書院取得更多的經費來源。如合肥縣的廬陽書院「十五年，知府趙瓚添建堂十三楹，底十楹，並購經史諸書，猶慮師生膳脯不敷，捐俸倡議，紳士欣然響應，得白金一千兩有奇，以七百金於合肥縣南鄉五十里鋪置田弓二十六石，

〔註 19〕光緒《鳳臺縣志》卷六《學校志》。
〔註 20〕道光《歙縣志》卷二之三《書院》。
〔註 21〕光緒《重修桐城縣志》卷三《學校志》。
〔註 22〕道光《休寧縣志》卷三《學校》。

歲入租一百二十石」，〔註23〕資金除了置辦田產外，還用來資助學生考試，如懷遠縣眞儒書院「除書院經費有存典生息之舉外，紳士宮、唐、林、孫四姓共捐元銀八百兩，請存典商生息，以備邑中鄉會試盤費之用。紳士楊姓捐文銀三百兩，馬獻廷又捐錢二百千，均請存典生息，以邑諸生鄉試之用。俱如所請，交典商吉長泰、方安義、孫義和一體存典生息存案」。〔註24〕

清代安徽書院在總體發展的過程中，存在著地區之間的不平衡，而造成這種不平衡的發展現象是多種因素相互影響的結果。因此我們在研究的發展狀況時，不能只是看到單方面的原因，而應該從多方面、多角度去考慮、分析，以提高研究的準確性和科學性。

第三節　清代安徽科舉人才的地理分佈——以進士爲中心

爲得到漢族廣大知識分子的支持，緩解民族矛盾，從順治帝開始，清朝沿習明制開科取士，從順治三年（1646 年）到光緒三十年（1905 年）取消科舉制度，歷前期順治、康熙、雍正三朝、中期乾隆、嘉慶、道光三朝、後期咸豐、同治、光緒三朝一共九朝。有清一代，全國開科 112 科，共產生進士26747 名（不包括武進士、博學宏詞科進士和寄籍外省的進士），其中安徽進士 1191 名，占全國進士總數量的比例是 4.45%，位於江蘇、浙江、直隸、山東等科舉大省之後，總體排名第 11 位。

因統計範圍和標準的不同，不同的研究者都會有不同的數量，例如學者沈登苗統計清代安徽進士爲 1119 人，李潤強統計爲 1189 人，而姚娟的論文則認定爲 1290 人，三人之間的差距還是比較明顯的。筆者則根據前人的研究經驗以及自己的研究方法和思路，最終選定江慶柏的《清朝進士題名錄》（2007年 6 月中華書局出版）爲本次安徽進士數量統計的底本，因爲此書是近年來史學界公認的統計清代進士題名的權威工具書，它有諸多的優點：首先，該書所徵引文獻的種類、數量極爲廣泛。它不僅利用了國子監進士題名的拓片、清代各科進士的題名文獻如會試錄、登科錄、小金榜、鄉會試齒錄、會試題名錄、進士題名錄、朱卷履歷、《國朝歷科題名碑錄初集》、《明清進士題名碑

〔註23〕 光緒《重修廬州府志》卷十七《學校志・書院》。
〔註24〕 道光《懷遠縣志》卷三《學校》。

錄索引》等，還廣泛徵引各種地方性進士題名錄、地方志選舉志進士、舉人表以及《清實錄》的相關記載。其次，該書盡可能地徵引最接近所考訂人物年代的文獻，其中尤其是地方志文獻。對於各類清代進士題名文獻，江著基本劃定了它們的可信度等級，但不迷信任何一種文獻的記載，考訂以客觀事實爲依據。第三，該書的考證過程靈活多變，或言簡意賅，三言兩語解決問題，或旁徵博引，相關史料逐一列舉，以考信爲最終目的，從而使得每一位進士的信息都確鑿可信。〔註25〕因此依據江慶柏的《清朝進士題名錄》，再結合安徽各府縣地方志數據加以校正，筆者最後得出清代安徽的進士總人數是1191人。

　　進士作爲科舉制度選拔出來的拔尖人才，在某種程度上能反映出封建社會一個地區人才發展的區域特點，進而體現出綜合文化區的區域特點，本節從時空兩維入手，綜合探討清代安徽進士人才的分佈特點以及區域差異和成因。

一、清代安徽進士人數時間分佈的不平衡性及原因

　　因取士政策、方法、考卷、環境等內外因素的影響，安徽在清代各朝所取進士人數不同，呈現波浪性的變化。我們首先看一下不同階段安徽進士人數在全國進士人數中所佔的比例情況：

表6-6 清代前中後期安徽進士人數及占全國進士人數比例表

年　　號	科　　數	全國進士人數	安徽進士人數	占全國比率
順治—雍正	34	8652	308	3.6%
乾隆—道光	54	11473	544	4.7%
咸豐—光緒	24	6622	359	5.4%
總計／平均比例	112	26747	1191	4.4%

資料來源：江慶柏《清朝進士題名錄》

　　綜合來看，清代安徽進士發展大致經歷了以下三個不同階段：
　　第一階段：清前期，順治、康熙、雍正三朝（1646～1735），這一階段清

〔註25〕金甦，《評江慶柏〈清朝進士題名錄〉》，《南京師範大學文學院學報》，2007年第4期。

政府共舉行科舉考試 34 次，全國錄取進士人數爲 8652 人，平均每科進士數約爲 240 人，安徽共錄取進士 308 人，占全國進士人數的 3.6%，安徽平均每科進士爲 9 人。清政府在入關以後，於順治三年進行了第一次科舉，共取進士四百人。〔註 26〕由於當時清政府在南方的政權仍然沒有穩固，江南地區仍處在反抗清朝統治者的活動當中，所以在順治年間的首科，大部分江南省份的士子都沒有參加這次科舉，安徽省（當時仍與江蘇一起稱爲江南省）當然也不例外。而在第二年，急需政府人才的清政府再次舉行科舉，此次科舉江南士子終於參加了進來，此科共取進士 398 人，其中安徽進士爲 27 人，這也是這段時期錄取安徽進士最多的一次科舉考試。此後，安徽省的中式人數有多有少，當然也有沒有中式的時候，沒有中式的情況出現了兩次，一次是康熙三十三年，另一次就是康熙六十年。從總體上來說，這段時期的三朝安徽共取進士 308 人，占全國總數的 3.6%，低於有清一代安徽進士占全國總數的平均比率。

第二階段：清代中期，乾隆、嘉慶、道光三朝（1736 年到 1850 年），三朝共開科 54 次，安徽共錄取進士 544 人，占全國進士的 4.7%，比上一個時期增加了一個百分點，而平均每科進士 10 人，比上時期平均每科的錄取人數增加了 1 人。從這些數據看來，總體上本時期相對於上個時間段都有一定的上升。其實從全國範圍來看，乾嘉道時期是三個時期中每科錄取進士數最少的，約爲 213 人，遠遠低於順康雍時期的 255 人，也低於整個清代平均數的 239 人，所以乾嘉道時期安徽總體錄取的進人數有所上升，是與安徽當時自身的發展有很大關係。乾隆朝是有清一代經濟社會最繁榮的時期，經過清初將近百年的修養生息，安徽省的經濟逐漸得到了恢復，人口也不斷增長，安徽人口從順治十四年（1657 年）約 575 萬，占全國人口 9305 萬的 6.18%，到乾隆四十五年（1780 年），安徽人口達到 2809 萬，占全國人口的 10.12%。〔註 27〕此外，之前由於戰亂而遭受破壞的農業區也恢復了耕作，無論是沿江的圩田、平原、還是丘陵、山地都得到了開發，再加上徽商在商貿活動中的貢獻，使得安徽的經濟越來越繁榮，經濟的繁榮爲當地的教育事業奠定了堅實的基礎，加強了安徽的科舉中式的能力。

〔註 26〕《欽定大清會典事例》卷三百五十。

〔註 27〕王鶴鳴，施立業，《安徽近代經濟軌跡》，合肥：安徽人民出版社，第 15 頁，1991 年。

　　第三階段：清代後期咸同光三朝（1851 年～1904 年），這一階段共舉行科舉 24 次，安徽共錄取進士 359 人，占全國進士數的 5.4%，平均每科錄取近 14 人，這也是三個時期中最高的。由於這一階段有太平天國運動和捻軍起義，所以筆者把這個時期又分為前後兩個部分：前期，從咸豐元年到太平天國運動結束（1851～1864）是中式的低落期。後期從 164 年到科舉結束（1864～1905）是中式上升期。前期安徽士子中式 52 人，是安徽歷史上進士錄取率很低的一個階段，基本與清初持平。這是因為此時的安徽地區尤其是長江兩岸已經成為清政府和太平天國進行拉鋸戰的主要戰場，而長江兩岸地區一直都是安徽的經濟和文化重心所在，所以當這些地區遭受破壞後，整個安徽地區的教育水平也大大降低；而且在這個階段，全國大部分地區都被捲入了戰爭，尤其是長江流域，由於戰爭導致多個省份的鄉試沒有正常進行，這在一定程度上拉低了長江流域省份的進士錄取率，「江南自咸豐五年停至同治元年，中間借浙闈補行一科，實則江南為停五科」〔註28〕，當然安徽進士的錄取率也不例外。第三階段的後期，全國共開科 15 次，錄取進士 5285 人，其中安徽進士錄取了 278 人，占全國的進士比例是 5.26%，明顯高於前兩個階段，也遠高於前期的 3.6%。出現這樣的結果，一是因為太平天國戰爭結束後，被戰爭破壞的社會基礎和秩序逐漸恢復，而在太平天國戰爭中遭受破壞的教育事業在當地官員和鄉紳的扶持下，逐漸回到了戰前的軌跡，良好的環境和教育使得安徽的在科舉考試中更具實力。第二個原因是北方地區由於義和團運動和八國聯軍進北京等事件的影響，科舉應試也遭到一定的破壞，而南方由於實行「東南護保」的政策而相對安定，對於南方士子來說，在科舉考試中減少了競爭者，進而就加大了他們的錄取機會。第三，咸同年間清政府決定增加鄉試的名額，其中安徽增加的鄉試名額是 10 個，每科鄉試比之前多錄取十名舉人，這就意味著安徽有更多的舉人可以參加會試，從而間接提高安徽省的進士錄取率。

二、清代安徽進士空間地理分佈的不平衡性

（一）各州府之間的不平衡性

　　縱觀清代安徽 1191 名進士的空間分佈，可以說分佈地區相當廣泛，基本上涉及到安徽省下轄的八府、五直隸州，現將清代安徽各府州的進士分佈情

〔註28〕 商衍鎏，《清代科舉考試述錄》，三聯書店，1958 年版，第 100 頁。

況製表如下：

表 6-7 清代不同時期安徽各府、直隸州進士人數變化一覽表

州　府	順治—雍正	乾隆—道光	咸豐—光緒	總　計	名　次
安慶府	73	133	90	286	1
徽州府	42	135	59	245	2
寧國府	49	67	53	165	3
廬州府	30	51	34	114	4
鳳陽府	12	33	26	68	5
太平府	29	21	10	60	6
六安直隸州	6	21	26	49	7
滁洲直隸州	14	25	8	48	8
泗州直隸州	16	10	12	39	9
池州府	9	19	7	36	10
和州直隸州	7	20	8	34	11
穎州府	13	7	23	33	12
廣德直隸州	8	2	3	14	13
總計	308	544	359	1191	

　　如果按照地域區域劃分，我們大致可以看出，皖北淮河流域 2 府 1 州即鳳陽府、穎州府、泗州直隸州清代共產生進士 140 人，只占整個安徽省的11.7%，舉業不興；皖中 1 府 3 州即廬州府和六安直隸州、滁州直隸州、和州直隸州，共有進士 245 人，約占安徽省進士總數的 12.8%；皖西南山區的 2 府即安慶府和池州府，共有進士 322 人，約占安徽省進士總數的 16.9%；皖東南的 1 府 1 州即寧國府和廣德州，共有進士 179 人，約占安徽省進士總數的 9.4%；最後皖南的 1 府即徽州府共有進士 245 人，約占安徽省進士總數的 12.8%。從這些數據看來，除了最高的皖西南（16.9%）以及最低的皖東南（9.4%），其他地區的差別並不是很大。但是我們並不能單純以進士總數量作為衡量一個地區是否是進士大府或大州，因為安徽省的各州府之間的人口和土地面積之間差別還是很大的，例如進士總數排在第五的鳳陽府比排在第六的太平府多了 8 個進士，我們就不能說鳳陽府的進士水平比和州的要高，因為無論是面積還是人口，這兩個州府都在同一個等級上的。還是應該將各州府的進士和

本州府的土地面積以及人口做綜合比較才更加科學，特作「清代安徽省各州府進士密度、比率表」如下：

表 6-8　清代安徽省各州府進士密度、比率表

【單位：土地面積（萬 KM^2）、密度（人/萬 KM^2）、人口數（萬人）比率（人/萬人）】

州　府	總　數	土地面積	密　度	名　次	人口數	比　率	名　次
太平府	60	0.3	240.0	1	147.9	0.41	6
安慶府	286	1.9	148.2	2	555.7	0.51	5
徽州府	245	1.8	136.1	3	247.4	0.99	1
盧州府	114	0.9	128.1	4	354.7	0.32	8
和州直隸州	34	0.3	109.7	5	42.8	0.79	3
寧國府	165	1.7	95.4	6	316.8	0.52	4
滁洲直隸州	48	0.7	72.7	7	60.0	0.80	2
六安直隸州	49	1.2	39.8	8	143.3	0.34	7
泗州直隸州	39	1.5	26.9	9	156.9	0.25	10
鳳陽府	68	2.8	24.7	10	435.5	0.16	11
廣德直隸州	14	0.6	24.1	11	55.1	0.25	9
池州府	36	1.6	22.1	12	275.5	0.13	12
穎州府	33	1.8	18.3	13	397.8	0.08	13

數據來源：人口數來自嘉慶《大清一統志》的記載；土地面積利用方格求積法求得。

　　通過觀察上表，我們發現各州府之間的進士數量差別其實非常大。例如科舉業比較發達的兩府——安慶府和徽州府府的進士總人數是 531 人，占到了安徽省總進士人數的 44.9%，而進士總數排在前四位的安慶府，徽州府，寧國府，盧州府的進士總數是 810 人，占到了全省進士總數的 69%，其餘 9 個府州的進士總人數卻只占 31%，體現出了地域之間發展的不平衡性。另外，無論是從總數還是密度和比率來看，安慶府和徽州府都排在了前列，這表明安慶府和徽州府的進士不僅絕對數量大，並且分佈範圍廣泛，使得安慶府和徽州府成為安徽省名副其實的人才中心；而皖北地區的 2 府 1 州則基本上排名靠後，是安徽省明顯的人才落後區，由此可以看出進士人才與當地政治、經濟以及文化之間有著密切的關係。有清一代，安慶作為安徽的政治、經濟、文化中心，徽州府作為安徽的商業和學術文化中心，兩個地區在進士錄取上

具有強大的競爭力，而皖北由於常年經受戰亂、災害等因素的影響，經濟基礎和文化設施遭受了極大的破壞，使這些地區無法培養出更多的人才。

（二）縣域之間的不平衡性

清代安徽除了各州府之間的科舉水平相差較大，州府下轄的縣域之間的差異也很明顯，爲了更好地分析各縣進士的分佈情況，筆者根據資料整理出「安徽各縣進士的分佈狀況表」如下：

表 6-9　安徽各縣進士的分佈狀況表

府／州	各　縣　進　士　數	總　數
安慶府	懷寧縣（52 人）；桐城縣（138 人）；潛山縣（10 人）；太湖縣（47 人）；宿松縣（21 人）；望江縣（18 人）；	286
徽州府	歙縣（115 人）；懷寧縣（60 人）；婺源縣（39 人）；祁門縣（7 人）；黟縣（9 人）；績溪縣（15 人）；	245
寧國府	宣城縣（35 人）；涇縣（62 人）；南陵縣（12 人）；寧國縣（7 人）；旌德縣（32 人）；太平縣（17 人）；	165
廬州府	合肥縣（62 人）；廬江縣（22 人）；舒城縣（13 人）；無爲州（10 人）；巢縣（7 人）；	114
鳳陽府	鳳陽縣（7 人）；懷遠縣（13 人）；定遠縣（24 人）；靈璧縣（2 人）；鳳臺縣（5 人）；壽州縣（16 人）；宿州縣（1 人）；	68
太平府	當塗縣（25 人）；蕪湖縣（25 人）；繁昌縣（10 人）；	60
六安府	六安（29 人）；英山縣（15 人）；霍山縣（5 人）；	49
滁州	滁州（6 人）；全椒縣（36 人）；來安縣（6 人）；	48
泗州	泗州（10 人）；盱眙縣（12 人）；天長縣（14 人）；五河縣（3 人）；	39
池州府	貴池縣（7 人）；青陽縣（12 人）；銅陵縣（6 人）；石埭縣（5 人）；建德縣（5 人）；東流縣（1 人）；	36
和府	和州（16 人）；含山縣（18 人）；	34
潁州府	潁州（13 人）；阜陽縣（3 人）；潁上縣（3 人）；霍邱縣（5 人）；亳州縣（0 人）；渦陽縣（0 人）；太和縣（0 人）；蒙城縣（0 人）；	24
廣德府	廣德（10 人）；建平縣（4 人）；	14

從表中可以看到清代安徽縣域進士分佈的一些特徵：

第一個特徵：同一個州府下轄不同縣的進士分佈不均衡。科舉實力最強

的徽州府，被稱爲科舉大縣的歙縣在清代共有進士 115 人，而同在徽州府的祁門縣則只有 7 個進士，兩者相差了 16 倍，由此可見差距之大，其他州府下的縣雖然有些縣之間的差距沒有那麼大，不過差距也是明顯存在。

第二個特徵：少數科舉大縣的進士人數佔據了安徽省進士人數的大部分，例如安徽省裏進士數量排在前十的縣域分別爲：桐城縣（138）、歙縣（115）、涇縣（62 人）、合肥縣（62 人）、懷寧（60 人）、太湖（47 人）、婺源（39 人）、宣城（35 人）、旌德（32 人）、六安（29 人），這十個縣域的進士總數是 619 人，占到全省進士總數的一半以上，而全省共有 60 個縣，這也充分說明了各個縣域之間的科舉實力差別還是很大的，且這十個縣域都分佈在皖中和皖南地區。相反，位於淮河兩岸的鳳陽府和穎州府，土地廣袤，人口數量多，但是進士總數卻非常少，淮河以北的皖北平原沒有一個縣進士人數在 20 人以上，有些縣域甚至沒有產生過一個進士，之所以會出現這種現象，是因爲這一地區民風彪悍，歷來就有「尚武輕文」的傳統，加上戰爭和自然災害的影響，導致其教育文化嚴重滯後，突出反映了傳統淮河流域文化教育的衰落。

三、影響清代安徽進士時空分佈差異的成因分析

通過數據統計，我們對安徽進士的地域分佈狀況進行了分析。其實，進士的地域分佈並不是單一因素所能決定的，而是多個因素共同起作用的結果。就清代安徽進士的地域分佈差異而言，主要受經濟、科舉政策和文化風俗等多個因素的影響。

（一）地區經濟的影響

經濟基礎決定上層建築，科舉文化作爲一種上層建築，也是由其經濟基礎所決定的。一般來說經濟發達的地區，當地的文化發展也比較繁榮，而科舉文化作爲社會文化的一部分，也就相應地比較發達，明清以來各地區的經濟發展差距越來越大，即使是在同一省份，甚至是同一州府、縣域的經濟也有很大的差別，這就導致了文化發展的差異，安徽不同地區的進士數量的差異就很好地體現了這種情況。

無論是清代以前還是清代，皖北地區都是災難頻繁的地區，它是中國歷史上多次戰爭的主戰場，再加上黃河改道以及淮河泛濫等自然災害，導致皖北地區的發展遭受了沉重的打擊，艱難的生活環境導致大量的本地居民不斷向外遷

徙，致使當地嚴重缺乏勞動力，落後的經濟無法支撐文化教育的發展。清代淮河以北，除了亳州以及阜陽縣經濟比較繁榮外，大部分的縣域經濟都比較落後，例如元明時期繁華的靈壁縣，在清代就呈現出了衰落的現象，史書記載其市集「元明間號稱繁華，今所存者殘垣破屋，居民逃亡，殆該生聚，亦復難矣。」〔註29〕市集情況的頹敗，折射出當地落後的經濟。除了由於形勢改變而出現衰敗的地區以外，還有一些地區經濟是因為受到自然災害的破壞，例如泗州就深受淮河水災的影響，史載「西五十里淮河東岸龍窩鎮，居民四十餘家，彌來被淮水偃蕩，生意蕭然，宜改為集；北一百三十里藏家集，近綠水炎蕩析，止存地名，無復人煙矣。」〔註30〕由於以上種種因素，導致皖北地區的經濟遠遠落後於皖中和皖南地區，所以皖北地區的鳳陽府、潁州府和泗州進士只有區區的一百三十一人，而這些進士又主要集中在經濟比較發達和交通比較便利的淮河兩岸及淮南各縣，而淮河以北的縣進士數量非常少。

與皖北地區的情況相反，在清朝統治者陸續採取了獎勵墾殖，穩定稅收，興修水利等措施之後，皖中和皖南地區的經濟得到快速恢復和發展。文化依賴於經濟基礎，長江沿岸工商業也較為發達，形成了很多重要的商業或者貿易中心，而這些地區也逐漸發展成為文化發達地區。有清一代皖中和皖南出現了眾多影響中國歷史的名人，如乾嘉學派的戴震；桐城派的開創者和集大成者方苞、劉大魁、姚鼐；還有對清代政治有重大影響的桐城縣的張英、張廷玉家族以及合肥李鴻章家族等。

（二）科舉政策的影響

清代安徽進士數量占全國的比重在不同的階段有著不同的變化，而影響這個變化的主要因素筆者認為有兩個方面，一是南北分卷的變化，二是鄉試、會試中額數量的變化。與其他朝代一樣，清代開科取士科不僅僅是為了選拔人才，而且還要通過分配各方的利益從而達到維護國家穩定的目的，因此隨著清代國家形勢的變化，清政府總是試圖通過調整局部地區的鄉試或會試的錄取名額來協調不同地區的利益。例如在咸豐和同治年間，根據各省輸輦數額的多少，增加它的鄉試中額，而安徽在這次分配中增加了十個鄉試中額，僅比江蘇（18 名）和廣東（14 名）少，鄉試錄取人數的增加，這就意味著安徽有更多的舉人參加會試，提高了安徽士子的進士錄取的機會，所以安徽錄

〔註29〕乾隆《靈壁志略》卷一《輿地·市集》。
〔註30〕康熙《四洲志》卷七《鎮集》。

取數量由咸豐朝的占全國的 3.73%，上升到同治朝占全國的 4.79%，由此可以看出，安徽進士數量的時間分佈，除了受經濟的影響外，同時也受到科舉政策不斷調整的影響。

（三）文化風俗的影響

一個地區的歷史文化風俗，往往對其教育的發展也有重要影響，安徽各地由於自然條件、經濟狀況、生活方式、歷史傳承的不同，形成了不同的文化風俗，不同的文化風俗對教育的發展有不同的反作用，且一個地區文化傳統的形成是長期的，短時間內很難改變。〔註 31〕例如寧國府屬於清代科舉事業比較發達的地區，史書稱寧國府「風物繁華之地，舟車輳集之鄉，衣冠文物之域」，〔註 32〕寧國府南接徽州府，雖然寧國府境內多是山地，但是由於靠近長江水運便利，所以清代以來寧國府的情況是「土地肥饒，民勤稼穡，然河通大江，商賈以貨利相尚」〔註 33〕勤奮刻苦的民眾加上便利的交通，使得寧國府工商業逐漸發達。良好的經濟基礎，加上勤勞好學的文化風氣，導致寧國府在清代產生了很多文化名人，如數學家梅文鼎，著名詩人施閏章，清朝經世家包世臣等。而皖南和皖中地區州府的文化風俗與寧國府相似，基本上都是崇尚文教的地區，但也有例外，與寧國府相鄰的廣德直隸州就屬皖南文風較差的地區。

與皖中和皖南地區不同，皖北是典型的崇尚武鬥的地區。皖北的大部分地區都是屬於淮河流域岸，此地自古以來都是中國農民戰爭的主要戰場，中國歷史上多次改朝換代的戰爭都使皖北地區蒙受了巨大的損失，可以說皖北地區是中國歷史上受戰爭危害最深的地方之一。而且在南宋時期由於黃河改道，導致皖北從此深受黃河泛濫的災難，再加上各種的自然災害，種種不利因素不但造成了皖北地區的經濟落後，而且還使皖北人養成了強悍好武之風，而這種強悍好武之風的人們往往不會重視教育，從而阻礙了其文教事業的發展。例如潁州府雖然地域寬廣，人數眾多，但是科舉欠發達，史載：「潁地山少水多，土脈鬆虛，士生其間，浮動易而沉潛難，周於方也，骨厭文好武，相尚無已，以至蕩析家產，棄祖父之業者比比皆是」〔註34〕，霍山縣「霍

〔註31〕倪立峰，《清代安徽進士研究》，安徽大學 2010 年碩士論文。
〔註32〕嘉慶《寧國府志》卷九《風俗》。
〔註33〕嘉慶《寧國府志》卷九《風俗》。
〔註34〕乾隆《潁州府志》《卷十‧雜誌》。

之狂野，蒙之偏嗇，穎太之樸鄙，皐亳之尚氣安愚，各有所偏」〔註35〕。

總體上說，清代安徽崇尚文教的文化風俗，大致從南往北依次減弱，與之相反的是尚武之風則從南往北依次增強，由於各地區域文化風俗的複雜性，皖南也有文教較差的廣德直隸州，皖北地區也有文風較好的定遠縣，但都是個別現象，這種情況和安徽進士的地域分佈狀況基本吻合，更加驗證了地區文化風俗對當地教育水平的巨大影響。〔註36〕

四、清代安徽武進士的地理分佈

中國古代的科舉制度除了文科進士以外，還有武科進士。武科舉作為一項正式的國家制度被確立，最早是在唐朝，後代多有發展，但是一直都沒有得到與文科舉同等的重視。清朝統治者在定鼎中原以後，在順治元年（1644年）就規定了武科舉行的時間：「武舉會試定於辰、戌、丑、未年，各直省武鄉試定於子、午、卯、酉年，凡京衛武學官生鄉試年一體赴試」〔註37〕，清代政府還規定每次的武科考試安排在文科考試之後。清政府在順治三年（1646年）舉行了第一次武科舉會試，到光緒二十四年（1898年）清政府停止武科考試，前後共舉行武科舉考試一百零九次，其中正科共有八十六次，恩科共十七次，並且加科六次，總計錄取武進士將近九千人，從中可以看出清代武科舉施行的穩定性、持久性是遠超前代的。

筆者根據光緒《安徽通志》的記載，統計出清代安徽共有武進士 433 人（參見表 6～10），其中排名前三位的分別是徽州府（74）、寧國府（46）、廬州府（42），占全省武進士總數將近 50%；後三位分別是太平府（9）、和州（6）、廣德州（2），占全省武進士總數的 5.1%。從中可以看出，各州府的武進士數量與文進士一樣，都有著非常大的差距。筆者在此發現一個比較有趣的現象——皖北地區有歷來有重武輕文的傳統，從常規推論來說清代武進士人才皖北淮河流域應該興盛過江南，不過從上文的分析可以看出，清代安徽出武進士最多的州府是皖南、皖中的徽州府、寧國府和廬州府。為什麼會出現這種情況呢？為什麼崇尚文教的皖中和皖南地區的武進士會排在前列？

〔註35〕乾隆《穎州志》卷一《與地志·風俗》。
〔註36〕倪立峰：《清代安徽進士研究》，安徽大學，2010 年碩士論文。
〔註37〕陳文新主編：《〈清實錄〉科舉史料彙編》，武漢：武漢大學出版社，2009 年，第 4 頁。

其實前面提到的崇尚文教以及尚武風氣是一個地區社會風氣的體現，這只是影響一個地區武進士數量的因素，但不是唯一以及最重要的因素，一個地區武進士數量的多少，除了受社會風氣的影響之外——與文科進士一樣，也會受當地的社會經濟以及國家政策的影響。清代考取武進士其實對其家庭經濟條件有一定要求，其考試馬步弓戰所配置的兵器等都是需要經濟後盾的，而對策論的文字要求也篩除掉了那些素質不高，無力問鼎武舉之魁，只是為了謀生的眾多剽疾勇悍的皖北民眾。

表6-10　清代安徽省各州府武進士對比表

州　　府	武學額	名　　次	武科進士數	名　　次
徽州府	178	1	74	1
寧國府	132	3	46	2
廬州府	113	5	42	3
安慶府	142	2	34	4
鳳陽府	126	4	30	5
潁州府	103	6	25	6
池州府	99	7	20	7
滁洲直隸州	43	11	18	8
六安直隸州	53	9	13	9
泗州直隸州	72	8	10	10
太平府	52	10	9	11
和州直隸州	31	12	6	12
廣德直隸州	28	13	2	13
總計	1172		433	

資料來源：光緒《安徽省志・選舉志》。

第四節　安徽戲曲人才的地理分佈——以皖籍戲曲家為例

對皖籍戲曲家的界定可以有兩類：一類是以創作戲曲劇本和品評劇本優劣而見長的皖籍戲曲劇作家或理論家，第二類是以登臺獻藝且舞臺藝術成就

能得到公認的皖籍戲曲表演人才，因清以前有傳世戲曲作品的皖籍戲曲家很多，爲更好的反映出歷史變遷的差異，所以本節皖籍戲曲劇作家的考表上限爲明初；清代「花部」地方戲興起後，戲曲的重心從文本轉向了演員，清末民初一直到解放前後，全國和安徽又湧現了不少戲曲表演家（舊稱名伶），其中尤以京劇名伶最爲世人所關注，如京劇三鼎甲〔註38〕，同光十三絕〔註39〕中不少人就是皖籍的，從京劇的開山創始人——程長庚（安徽潛山人）開始，晚清民國究竟有多少皖籍身份的京劇名伶？他們的分佈和成因又是如何？體現了怎樣的規律？這是本節所重點解決的問題。

一、皖籍戲曲劇作家考表

有雜劇、傳奇作品傳世的皖籍戲曲劇作家（含戲曲理論家）如何考證？本節茲做表 1《明清時期皖籍戲曲劇作家考表》、圖 1《明清時期皖籍戲曲劇作家籍貫分佈圖》，所用資料來源特作如下說明：

1. 本表所謂「明清時期」，上啓明洪武元年（1368 年），下至宣統三年（1912 年）。

2. 本文認定的皖籍戲曲家主要是指有傳奇／雜劇或戲曲評論等作品傳世且籍貫在安徽的戲曲劇作家和理論家，如鄭之珍、吳大震、汪道昆、吳綺等人；凡符合下列條件之一者，均給予錄入：

（1）《皖志稿傳》、《江南通志》、《安徽通志》、光緒《重修安徽通志》、《徽州府志》、《海寧州志稿》、《道光休寧縣志》、《歙縣志》等縣、州、府志著錄其人有戲曲作品傳世的。

（2）呂天成《曲品》錄有其人作品。

（3）鄧長風《明清戲曲家考略》、《明清戲曲家考略續編》錄有其作品者。

（4）《全明散曲》、《全清散曲》錄有其人作品。

（5）《清史稿》、《清史列傳》有錄入作品者。

以上 5 項條件，含有 3 類文獻資料：地方志、戲曲作品彙編、戲曲家傳記。只要符合其中任一條件者，筆者即認定其爲「戲曲家」，通過這樣的條件遴選出來的明清皖籍戲曲家，共有 100 人。茲作考表如下：

〔註38〕特指程長庚、張二奎、余三勝。

〔註39〕特指程長庚、盧勝奎、楊月樓、張勝奎、譚鑫培、徐小香、梅巧玲、時小福、劉趕三、余紫雲、郝蘭田、朱蓮芬、楊鳴玉。

表 6-11 明清時期皖籍戲曲家考表

序號	朝代	姓 名	籍 貫	生卒年	作 品	備 註
1	明	畢尚忠	歙縣	1416～1497	《七國志》、《紅箋記》	
2	明	汪宗姬	歙縣	不詳	《丹管記》、《續緣記》	
3	明	吳大震	歙縣	不詳	《廣〈豔異編〉》	
4	明	吳自俊	歙縣	不詳	《樂府遏雲編》	萬曆四十一年（1613）進士
5	明	吳德修	歙縣	不詳	《偷桃記》	今存明萬曆間廣慶堂刊本
6	明	程麗先	歙縣	不詳	《笑笑緣》、《雙麟瑞》	
7	明	程士廉	休寧	不詳	《幸上苑帝妃春遊》、《泛西湖秦蘇賞夏》、《醉學士韓陶月宴》等	今存《古名家雜劇》本
8	明	吳兆	休寧	不詳	雜劇《白練裙》	
9	明	宋讓	石臺		《客窗夜話》	《百川書志》作廣陽宋讓。《古典戲曲存目匯考》在「廣陽」下注「進今屬安徽」。按廣陽爲石臺舊治所，暫推爲石臺
10	明	朱權	鳳陽		《沖漠子獨步大羅天》、《卓文君私奔相如》	朱元璋十七子，初封大寧（今屬遼寧），後改封江西南昌
11	明	朱有燉	鳳陽		《豹子和尚自還俗》、《黑旋風仗義疏財》	朱元璋第五子朱橚的長子，襲封於河南開封
12	明	汪道昆	歙縣		《遠山戲》、《高唐夢》	曾旅居揚州。《揚州志》有傳，作「江都人，歙籍」

13	明	蘇漢英			《夢鏡記》明萬曆間古歙黃行素原刊本	《古典戲曲存目匯考》：「疑爲皖人」
14	明	吳兆	休寧		《白練裙》	與江西鄭之文合作
15	明	梅鼎祚	宣城		《玉合記》、《崑崙奴》	
16	明	龍渠翁	安慶		《藍田記》	
17	明	程土廉	休寧		《帝妃春遊》、《秦蘇夏賞》	
18	明	余翹	銅陵		《量江記》、《賜環記》	
19	明	汪廷訥	休寧		《獅吼記》、《種玉記》	
20	明	吳之俊	歙縣		《宋府遏雲編》	與吳縣楚問生合選
21	明	朱憲節	鳳陽		《玉欄干》、《誤歸期》	明宗室，原襲封於遼，隆慶二年（1568）降爲庶人，安置鳳陽
22	明	潘之恆	歙縣		《亙史》、《鸞嘯小品》	
23	明	汪宗姬	歙縣		《丹管記》、《續緣記》	
24	明	吳大震	休寧		《練囊記》、《龍劍記》	
25	明	吳德修	徽州		《偷桃記》	
26	明	鄭之珍	徽州		《目蓮救母勸善戲文》	屬縣有歙縣、祁門兩說
27	明	程立先	徽州		《笑笑緣》、《雙麟瑞》	
28	明	盛於斯	南陵		《鳴冤記》	
29	明	阮大鋮	懷寧		《春燈謎》、《燕子箋》	
30	明	龔鼎孳	合肥		《白門柳》	
31	明	阮麗珍	懷寧		《夢虎緣》、《鸞帕血》	阮大鋮之女。
32	清	龍燮	望江		《江花夢》、《芙蓉城》	
33	清	汪楫	休寧		《補天石》	
34	清	汪光被	徽州		《芙蓉樓》、《廣寒香》	一說兒劇爲浙江徐沁代作
35	清	石寵	太湖		《柳花夢》、《姻緣夢》	

36	清	汪祚	歙縣		《十賢記》	一說江都人
37	清	王墅	蕪湖		《拜針樓》、《後牡丹》	
38	清	張潮	歙縣		《柳子厚乞巧換冠裳》、《朱元璋拜石具袍笏》	
39	清	張令儀	桐城		《乾坤圈》、《夢覺關》	清康熙文華殿大學士張英之女
40	清	汪蕣	歙縣		《金杯記》、《納翠記》	
41	清	胡業宏	桐城		《珊瑚鞭》	
42	清	吳震生	休寧		《太平樂府十二種》	旅居杭州
43	清	金兆燕	全椒		《旗亭記》、《嬰兒幻》	
44	清	曹鼎	歙縣		《雙鳳箋》	與侄曹榜合編
45	清	左潢	桐城		《桂花塔》、《蘭桂仙》	
46	清	許燕珍	合肥		《保貞養》、《紅綃詠》	清乾隆龍溪知縣許其倬女
47	清	凌廷堪	歙縣		《校禮堂詩文集·論曲絕句》	
48	清	方成培	歙縣		《雷峰塔》	
49	清	周塏	歙縣		《黃鶴樓》、《滕王閣》	與方成培為友，合刻《黃山二布衣詞》
50	清	趙文楷	太湖		《菊花新夢》	
51	清	何佩珠	歙縣		《梨花夢》	何秉棠女
52	清	江周	徽州		《赤城緣》	僑寓維揚
53	清	江順詒	旌德		《鏡中淚》	
54	清	趙對澂	合肥		《酬紅記》（又名《鵑紅記》）	
55	清	李文翰	宣城		《紫荊花》、《鳳飛樓》	長期在陝西、四川為官
56	清	黃治	當塗		《雁書行》、《玉簪記》	曾在浙江為官
57	清	江宗沂	歙縣		《俊緹縈》	
58	清	楊映昶	桐城		《雙珠記》	
59	清	吳承烜	歙縣		《花蘭俠》、《綠綺琴》	

60	清	劉伯友	阜陽		《花裏鐘》	
61	清	鄭由熙	歙縣		《木樨香》、《雁鳴霜》	
62	清	宣鼎	天長		《返魂香》	
63	清	袁鐔	太湖		《一線天》、《金華夢》	
64	清	劉世珩	貴池		《暖紅室彙刻傳奇》	與吳梅有交
65	清	楊祖榮	懷遠		《佛門緣》	
66	清	張夢祺	含山		《玉指環》	
67	清	姜贊襄	懷寧		《金陵淚》	太湖李西滉曾對趙景深言，此劇「辭藻與格律似不在蔣士銓之下」。
68	清	別號邯鄲夢醒人	皖南		《夢中緣》	姓名待查
69	清	別號天中生	新安		《五代興隆傳》	姓名、籍貫待查。「新安」為徽州之古稱
70	清	吳綺	歙縣	1619～1694	傳奇《忠愍記》、《嘯秋風》、《繡平原》三種	
71	清	汪士鄈	歙縣	1632～1704	雜劇《滄浪亭》、《平津閣》、《十錦堤》、《鐵漢樓》等4種	《徽州府志》、《歙縣志》有其傳。
72	清	張潮	歙縣	1650～?	有雜劇《凱歌》、《瑤池宴》、《窮途哭》、《乞巧文》、《拜石丈》等5種	
73	清	倪蛻	歙縣	1668～?	有《情中俠》、《秦樓夢》兩種傳奇	
74	清	程鑣	休寧	不詳	傳奇《蟾宮操》	今存康熙間刻本
75	清	吳震生	歙縣	不詳	有傳奇《人難賽》、《三多全》等十三種	民國《海寧州志稿》有傳
76	清	程瓊（女）	休寧	不詳	《風月亭》、《詩仙會》	
77	清	曹鼎	歙縣	1725～?	合著《雙鳳箋》	
78	清	曹榜	歙縣	1753～?	合著《雙鳳箋》	
79	清	程聰	不詳	不詳	傳奇《月殿緣》	

80	清	吳蘭徵（女）	歙縣	不詳	傳奇《絳衡秋》	
81	清	汪應培	歙縣	1756～1818	作《鄉谷雜劇》（又名《南枝音囀》），包括《不垂楊》等8種	
82	清	汪柱	歙縣	不詳	傳奇《夢裏緣》、《詩扇記》	
83	清	吳城	歙縣	1701～1772	傳奇《迎鑾新曲》	
84	清	吳恒宜	歙縣	1727一？	作傳奇《義貞記》、《火牛陣》、《無雙記》、《玉燕釵》4種	
85	清	程金	歙縣	不詳	雜劇《拂水劇》	乾隆《歙縣志》有其小傳
86	清	程琦	徽州	不詳	傳奇《荊軻刺秦王》	
87	清	江周	新安	不詳	傳奇《赤城緣》	
88	清	周鎧	歙縣	不詳	傳奇《黃鶴樓》、《滕王閣》	
89	清	汪宗沂	歙縣	不詳	傳奇《後提縈南曲》	民國《歙縣志》有傳
90	清	鄭由熙	歙縣	不詳	傳奇《木犀香》、《雁鳴霜》、《霧中人》	民國《歙縣志》有傳
91	清	吳承煊	歙縣	不詳	傳奇《花蘭俠》、《綠綺琴》、《慧鏡智珠錄》	
92	清	饒景	歙縣	不詳	《鳳凰媒傳奇》	
93	清	曹應鍾	歙縣	不詳	《救趙記傳奇》、《指南車傳奇》	民國《歙縣志》有傳
94	清	何佩珠（女）	歙縣	不詳	雜劇《梨花夢》	
95	清	黃之雋	休寧	1668～1748	雜劇4種，爲《飲中仙》《夢揚州》、《藍橋驛》、《鬱輪袍》	道光《休寧縣志》有傳
96	清	汪楫	休寧	1636～1699	傳奇《補天石》	康熙《徽州府志》有傳
97	清	戴思望	休寧	不詳	傳奇《三俠劍》、《岳陽樓》	
98	清	朱文玉	婺源	不詳	《夢蝴蝶傳奇》	民國《婺源縣志》有傳

| 99 | 清 | 汪炳麟 | 黟縣 | 不詳 | 《鴛鴦冢》、《儷樂園集》 | |
| 100 | 清 | 王仲麒 | 歙縣 | 1830～1924 | 傳奇《血淚痕》 | |

為了更加直觀和明確的顯示出明清兩代皖籍戲曲劇作家的地緣分佈狀況，筆者製作出《明清時期皖籍戲曲劇作家籍貫分佈圖》如下：

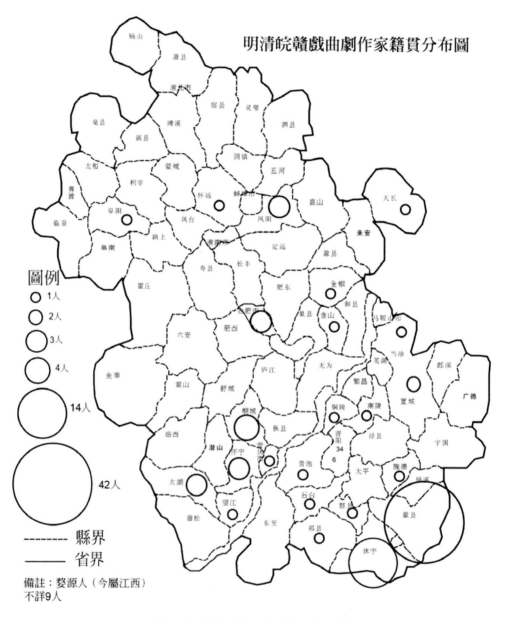

圖 6-1 明清時期皖籍戲曲劇作家籍貫分佈圖

二、皖籍戲曲劇作家的地緣分佈及身份考察

根據現有資料，考察皖籍戲曲家的地緣分佈，我們可以發現一個現象：明清兩代進行傳奇、雜劇創作的皖籍戲曲家，有名有姓者達到 100 位之多，95%以上的戲曲劇作家都是來自於皖南徽州地區，其中又以歙縣、休寧兩縣爲盛。爲什麼會有這麼多戲曲家出現在此？筆者歸納爲以下幾點原因：一、這兩地的徽商最爲富有，鹽商多，有良好的經濟條件從事戲曲創作；二是南遷至此的北方大族文化水平較高，見識廣，易於接受高雅的戲曲創作活動；三是兩地良好的戲曲文化傳統潛移默化激勵、影響著他們的創作。

從相關史料記載我們可以得知，這些戲曲劇作家或生活在安徽，或寄居在外地，卻深受鄉邦文化的薰陶，創作顯示出了較爲明顯的安徽區域文化特徵，他們以自己的創作爲安徽戲曲文化添磚加瓦，在中國戲曲史上也佔據一席之地。

明清皖籍戲曲劇作家的身份分爲兩類，一類是士大夫文人，大多是在外地做官的官僚或僑寓各地的文人雅士，有較高的政治和社會地位，休閒之餘從事戲曲創作；另一類則是生活在民間的布衣文人。第一類戲曲劇作家如汪道昆，雖然他是在襄陽知府任上開始戲曲創作，但他出生於安徽徽州，從小就受到徽州戲曲文化的薰陶，他「年十二，喜涉獵書史，父封翁禁之，乃中夜匿籌火篋誦讀，時以文爲戲，按稗官氏爲傳奇」，這樣的經歷爲他後來創作《大雅堂樂府》奠定了必然的基礎。還有一些遷居或僑寓外地的戲曲家，看起來與安徽關係不大，可是，皖江文化的因素依然播種到他們的文化心理結構中。還有一些戲曲家雖然有離開安徽的經歷，但與家鄉保持著密切的聯繫，如汪廷訥，據相關記載，他曾在寧波爲官，也經常在南京等地活動，他的創作有一部分也應該是在外地進行的。他的詩文和散曲又表明，他在家鄉安徽生活的時間很多，他的戲曲創作，當也有一部分是在休寧完成的。據《民國歙縣縣志》記載，方成培「客遊漢皋，卒於其第」，但他沒有入仕，在安徽也生活了不少的時間。

除了這些能夠確定籍貫的皖籍的戲曲家之外，據筆者推斷，籍貫爲安徽的戲曲家應該還有很多，因爲那些因經商、宗族繁衍而遷居他地的安徽戲曲創作者，他們往往早期是深受安徽地區文化影響的，只是後來他們遷居他鄉，外地方志就將他們著錄爲本地之人，卻忽略了他們是安徽的移民和戲曲家的事實。〔註40〕

〔註40〕朱萬曙《徽州戲曲》，合肥：安徽人民出版社，2004 年。

三、皖籍與非皖籍京劇名伶之比較

清至民國時期，一般稱知名的戲曲演員爲名角、名伶。本節主要考察京劇名伶的籍貫構成和角色差異。

（一）皖籍京劇名伶考表

表6-12 皖籍京劇名伶考表

姓　名	籍　貫	生　卒　年	角色行當	所屬戲班／劇團	備　註
程長庚	安徽潛山	1802～1866	老生	三慶班	
王九齡	安徽桐城	1817～1885	老生	春臺班、四喜班	
盧勝奎	安徽	1822～1889	老生	三慶班	一說江西人，劇作家
王鴻壽	安徽懷寧	1850～1925	武生、老生		「活關公」
汪桂芬	安徽	1860～1906	老生	春臺班	一說湖北漢川人
夏月珊	安徽懷寧	1868～1924	文武老生／文丑		創建我國首個用燈光布景的新式京劇舞臺
楊寶森	安徽合肥	1909～1958	老生	寶華社	同馬連良、譚富英、奚嘯伯同爲四大鬚生
李盛藻	安徽祁門	1912～1990	老生	盛字班	
李家載	安徽合肥	1915～1985	老生		言派傳人
葉盛長	安徽太湖	1922～2001		世字班	
楊月樓	安徽懷寧	1844～1890	武生	三慶班	「精忠廟」廟首
楊小樓	安徽懷寧	1878～1938	武生	崇林班	形成武生行當影響最大的楊派
程繼先	安徽潛山	1875～1944	文武小生	小榮椿班	與徐小香、王楞仙並稱小生「三仙」
葉盛蘭	安徽太湖	1914～1978	小生	富連成科班	
黃正勤	安徽安慶	1927～	小生		
黃桂秋	安徽安慶	1906～1978	旦角		「江南第一旦」
趙榮琛	安徽太湖	1916～1999	青衣		
楊畹農	安徽桐城	1917～1971	旦角		
李炳淑	安徽宿縣	1942～	旦角	蚌埠京劇團	

余玉琴	安徽潛山	1868～1939	武旦	四喜班/福壽班	
郝蘭田	安徽人	1832～1872	老旦/老生	三慶班	創建京劇老旦行當
葉盛章	安徽太湖	1912～1966	文武丑	福新社科班	武丑行當——「葉派」
朱世慧	安徽涇縣	1947～	丑角	湖北京劇團	

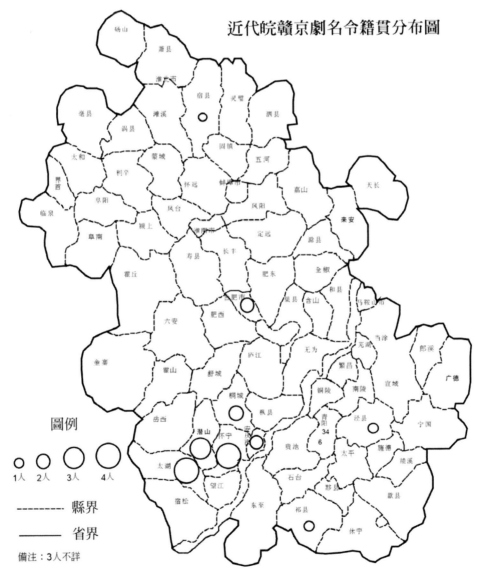

圖 6-2　近代皖籍京劇名伶籍貫分佈圖

（二）非皖籍京劇名伶考表

表 6-13　非皖籍京劇名伶考表

姓　　名	籍　貫	生　卒　年	角色行當	所屬戲班	備　　註
余三勝	湖北羅田	1802～1866	老生	春臺	
張二奎	河北橫水	1814～1860	老生	合春、四喜	曾爲工部都水司經承，後下海
孫菊仙	天津	1841～1931	老生	嵩祝成、四喜	花翎三品銜候補都司
譚鑫培	湖北江夏	1847～1917	文武老生	三慶、四喜	「伶界大王」
汪笑儂	北京（滿族）	1858～1918	老生		「儒伶」
潘月樵	江蘇甘泉	1869～1928	老生		「小連生」
譚小培	湖北江夏	1883～1953	老生		
王鳳卿	江蘇淮陰	1883～1956	老生	四喜	
李桂春	河北霸縣	1885～1962	文武老生	李吉瑞	「活包公」
高慶奎	山西榆次	1890～1942	老生		「高雜拌」
余叔岩	湖北羅田	1890～1943	老生		
言菊朋	北京（蒙古族）	1890～1942	老生		「譚派正宗鬚生」
周信芳	浙江慈谿	1895～1975	老生		
雷喜福	北京	1895～1968	武生、老生	喜連成科班	
貫大元	北京昌平	1897～1969	老生		
林樹森	福建興化	1897～1947	老生	喜連成科班	
李洪春	山東武定	1898～1990	老生	長春科班	
馬連良	北京	1901～1966	老生	喜連成科班	
高百歲	北京	1902～1969	老生	喜連成科班	
唐韻笙	瀋陽	1903～1970	老生		「南鱗北馬關外唐」
譚富英	湖北江夏	1906～1977	老生	喜連成科班	「四大鬚生」之一
孟小冬	北京	1907～1977	老生		
奚嘯伯	北京人	1910～1977	老生	承華社	「四大鬚生」之一
陳大濩	福建閩侯	1911～1988	老生		「余派三傑」之一
李如春	天津	1912～1998	老生		「狠派老生」

何玉蓉	上海	1913～	老生	南昌市京劇團	
李宗義	天津	1913～1994	老生	中南國劇社	
言少朋	北京	1915～1984	老生		
王琴生	北京	1916～2006	老生	江蘇省京劇團	
遲世恭	北京	1918～2000	老生	喜連成科班	
宋寶羅	北京	1918～	老生	北京劇團一團	
李少春	河北霸縣	1919～1975	文武老生	群藝社	
李和曾	北京	1921～2000	老生	宋德珠班	
張文涓	江蘇	1923～	老生		
張少樓	江蘇徐州	1924～	老生	青島市京劇團	
沈金波	北京	1926～1990	老生	光華社	
關正明	浙江杭州	1926～	老生	武漢市京劇團	
譚元壽	湖北武昌	1928～	老生	富連成科班	
汪正華	江蘇揚州	1928～	老生	顧正秋劇團	
馬長禮	北京	1930～	老生	榮春社科班	
梅葆玥	江蘇泰州	1930～2000	老生	梅蘭芳京劇團	
孫岳	上海	1933～2004	老生	中國京劇團四團	
周少麟	浙江慈谿	1934～	老生	上海京劇團	
童祥苓	江西南昌	1935～	老生	北京京劇團	
馮志孝	北京	1938～	老生	中國京劇團一團	
宋玉慶	天津	1941～	文武老生	祥麟社科班	
張學津	北京	1941～	老生	荀慧生京劇團	
馬少良	山東淄博	1943～	文武老生	天津京劇團	
耿其昌	不祥	1947～	文武老生	中國京劇院	
辛寶達	河北	1947～	老生	戰友京劇團	

陳少雲	湖南	1948～	老生	湖南省京劇團	
俞菊笙	蘇州	1838～1914	武生	春臺班	
黃月山	天津	1850～1905	武生	保和班／玉成班	
李春來	河北高牌店	1855～1924	武生	喜春臺梆子科班	
尚和玉	河北	1873～1957	武生	和春科班	
蓋叫天	河北高陽	1888～1971	武生	隆慶利科班	「江南活武松」
鄭法祥	河北固城	1892～1965	武生		
白玉昆	北京	1894～1971	武生	天津德勝奎科班	
張翼鵬	河北高陽	1910～1955	武生		
李萬春	河北雄縣	1911～1985	武生	鳴春社科班	
李盛斌	北京	1911～1990	武生	富連成科班	
高盛麟	山西榆次	1915～1989	武生	富連成科班	
張二鵬	河北高陽	1915～2005	武生	杭州市京劇團	
王少樓	河北保定	1918～	武生	共舞臺京劇團	
李仲林	河北雄縣	1918～2001	武生	上海京劇院	
張世麟	河北文安	1918～1999	武生	哈爾濱京劇團	
王金璐	北京	1919～	武生	如意社	
張雲溪	河北	1919～2000	武生	中國京劇院	
郭玉昆	天津	1919～	武生	中南京劇工作團	
梁慧超	北京	1920～2007	武生	江蘇省京劇團	
厲慧良	北京	1923～1994	武生	厲家班	
攸高雪樵	河北武清	1926～	武生	大舞臺劇社	
小王桂卿	河北任丘	1927～	武生	上海京劇院	

尚長春	河北南宮	1928～	武生	富連成科班	
李元春	河北河間	1929～	武生	稽古社科班	
周雲亮	上海	1933～	武生	江蘇省京劇團	
錢浩梁	上海	1934～	文武老生	中國京劇院	
李小春	河北雄縣	1938～1990	武生	北京新華京劇團	
李光	天津	1941～	武生	中國京劇院	
李浩天	北京	1942～	武生	北京京劇院	
馬玉璋	北京	1942～	武生	鞍山京劇團	
高牧坤	北京	1945～	武生	中國京劇院	
葉金援	北京	1948～	武生	北京京劇院	
徐小香	蘇州	1831～1882	小生	三慶班	
姜妙香	北京	1890～1972	小生	洪奎社	
俞振飛	江蘇蘇州	1902～1993	小生	鳴和班	
劉雪濤	河南開封	1922～	小生	北京京劇團	
葉少蘭	北京	1943～	小生	戰友京劇團	
於萬增	北京	1948～	小生	戰友京劇團	
朱蓮芬	江蘇蘇州	1863～1884	旦角		
梅巧玲	江蘇泰州	1842～1882	旦角	福盛班	
時小福	江蘇蘇州	1846～1900	旦角	四喜班	
余紫雲	湖北羅田	1855～1899	旦角		
陳德霖	北京	1862～1930	旦角	全福班	
王瑤卿	江蘇清江	1881～1954	旦角	三慶班	
梅蘭芳	江蘇泰州	1894～1961	旦角		
尚小雲	河北南宮	1900～1976	旦角	三樂社	
旬慧生	河北滄州	1900～1968	旦角	正樂社科班	
小楊月樓	浙江紹興	1900～1947	旦角		
於連泉	山東登州	1900～1967	旦角	鳴盛和科班	
徐碧雲	江蘇蘇州	1903～1967	旦角	斌慶社	
程硯秋	北京	1904～1958	旦角		

新豔秋	北京	1910～2008	旦角	坤班	
王玉蓉	上海	1913～1994	旦角	蓉菁京劇團	
梁小鸞	河北新安	1918～2001	旦角	太平京劇社	
言慧珠	北京	1919～1966	旦角	上海京劇團	
張君秋	江蘇	1920～1997	旦角	扶風社	
李世芳	不詳	1921～1947	旦角	富連成科班	
毛世來	山東掖縣	1921～1994	旦角	富連成科班	
許翰英	山東平度	1921～1971	旦角	北京鳴春社科班	
童芷苓	天津	1922～1995	旦角	公益社	
吳素秋	山東蓬萊	1922～	旦角	玉字班	
李玉茹	北京	1924～2008	旦角	上海京劇院	
李慧芳	北京	1924～	旦角	中國京劇院	
王吟秋	江蘇蘇州	1925～2001	旦角	扶風社	
雲燕銘	廣東南海	1926～	旦角	南京厲家班	
張春秋	上海	1926～	旦角	上海喜臨堂科班	
高玉倩	北京	1927～	旦角	永字班	
楊榮環	北京	1927～1999	旦角	榮春社科班	
趙曉嵐	天津	1927～1990	旦角	人民京劇團	
關肅霜	湖北荊州	1928～1992	旦角	昆明京劇團	
趙燕俠	天津	1928～	旦角	燕鳴社	
顧正秋	江蘇南京	1928～	旦角		
李薔華	湖北武漢	1929～	旦角	武漢市京劇團	
陳永玲	山東惠民	1929～2006	旦角	北京市京劇二團	
畢谷雲	上海	1931～	旦角		
杜近芳	北京	1932～	旦角		
李麗芳	北京	1932～2002	旦角	中國京劇院四團	
尚長麟	河北南宮	1932～1983	旦角	榮春社科班	
李世濟	廣東梅縣	1933～	旦角	北京京劇團	

李韻秋	河北河間	1933～	旦角	春秋京劇團	
劉秀榮	北京	1935～	旦角	北京京劇團	
宋長榮	江蘇	1935～	旦角	沭陽縣京劇團	
梅葆玖	江蘇泰安	1935～	旦角	梅蘭芳京劇團	
沈福存	四川巴縣	1935～	旦角	厲家班	
張曼玲	北京	1935～	旦角	中國京劇院	
楊秋玲	北京	1936～	旦角	中國京劇院	
沈小梅	湖南長沙	1937～	旦角	江蘇省京劇團	
胡芝風	上海	1938～	旦角	廣州京劇團	
李玉芙	北京	1938～	旦角	哈爾濱京劇團	
孫毓敏	上海	1940～	旦角	北京荀慧生京劇團	
劉長瑜	北京	1942～	旦角	中國京劇院	
楊春霞	浙江寧波	1943～	旦角	北京京劇院	
孫明珠	上海	1944～	旦角	陝西省新聲京劇團	
楊至芳	湖北	1945～	旦角	湖北松滋京劇團	
楊淑蕊	河北石家莊	1946～	旦角	北京京劇團	
薛亞平	北京	1946～	旦角	山東省京劇團	
李維康	北京	1947～	旦角	中國京劇院	
閻嵐秋	北京	1882～1939	武旦	小榮椿科班	
朱桂芳	北京	1891～1944	武旦	長春科班	
宋德珠	北京	1918～1984	武旦	穎光社	
班世超	北京	1920～	武旦	富連成科班	
白玉豔	上海	1923～	武旦	常州市京劇團	
張美娟	河北保定	1929～1996	武旦	京劇班社	
冀韻蘭	北京	1929～	武旦	富連成科班	

周雲霞	上海	1930～	武旦	江蘇省京劇團	
劉琪	不詳	1938～	武旦	中國京劇院	
宋丹菊	天津	1942～	武旦／刀馬旦	北京京劇團	
齊淑芳	河北晉縣	1943～	武旦	京昆實驗劇團	
方小亞	不祥	1945～	武旦		
王繼珠	河北蠡縣	1945～	武旦	河北省京劇團	
龔雲甫	北京	1862～1932	老旦	四喜班	
李多奎	北京	1898～1974	老旦	三樂科班	
李金泉	北京	1920～	老旦	中國京劇院	
王玉敏	北京	1923～1994	老旦	中國京劇院	
李鳴岩	北京	1934～	老旦	富連成科班	
王夢雲	北京	1938～	老旦	北京京劇團	
王晶華	遼寧	1939～	老旦	丹東詠鳳社科班	
王樹芳	北京	1947～	老旦	北京京劇院	
趙葆秀	北京	1948～	老旦	北京京劇院	
何桂山	北京	1841～1917	淨角	全慶班	
黃潤甫	北京	1845～1916	淨角	四喜班	
金秀山	北京	1855～1915	淨角	同春班	
裘桂仙	北京	1878～1933	淨角	鴻奎科班	
郝壽臣	河北香河	1886～1961	淨角	永慶社	
金少山	北京	1890～1948	淨角	松竹社	
侯喜瑞	河北衡水	18921983	淨角	喜連成科班	
錢寶森	北京	1893～1963	武淨	永勝社	
劉奎官	山東濟南	1894～1965	淨角	勞動京劇團	
王泉奎	北京	1911～1987	淨角	中國京劇院	
裘盛戎	北京	1915～1971	淨角	富連成科班	
袁世海	北京	1916～2002	淨角	富連成科班	
趙文奎	北京	1921～2007	淨角	北京實驗京劇團	

賀永華	河北文安	1922～2006	淨角	稽古社科班	
方榮翔	北京	1925～1989	淨角	山東省京劇團	
景榮慶	河南開封	1925～	淨角	永字班	
王正屏	浙江杭州	1928～1999	淨角	上海京劇院	
齊嘯雲	天津	1932～2003	淨角	雲吟國劇社	
李長春	北京	1939～	淨角	中國京劇院四團	
馬名駿	武漢	1939～	淨角	烏魯木齊京劇團	
尚長榮	河北南宮	1940～	淨角	陝西省京劇團	
張達發	上海	1947～	淨角	上海京劇院	
康萬生	不詳	1947～	淨角	天津京劇三團	
鄧沐偉	天津	1948～	淨角	天津市京劇團	
陳霖蒼	北京	1949～	淨角	江蘇省京劇院	
劉趕三	天津	1817～1894	丑角	永勝奎班	
王長林	江蘇蘇州	1857～1931	丑角	勝春魁科班	
蕭長華	北京	1878～1967	丑角	喜慶班	與慈瑞泉、郭春山並稱「丑角三大士」
馬富祿	北京	1900～1969	丑角	鳴盛和科班	
劉斌昆	上海	1902～1990	丑角	上海京劇院	「江南第一名丑」
孫盛武	上海	1913～1986	丑角	富連成科班	
艾世菊	不詳	1916～	丑角	富連成科班	
張春華	天津	1924～	武丑	稽古社科班	
孫正陽	河北玉田	1931～	丑角	上海京劇院	「漂亮小丑」
谷春章	北京	1932～	丑角	鳴春社	
寇春華	北京	1936～	丑角	中國京劇院四團	

資料來源：《中國戲曲詞典》

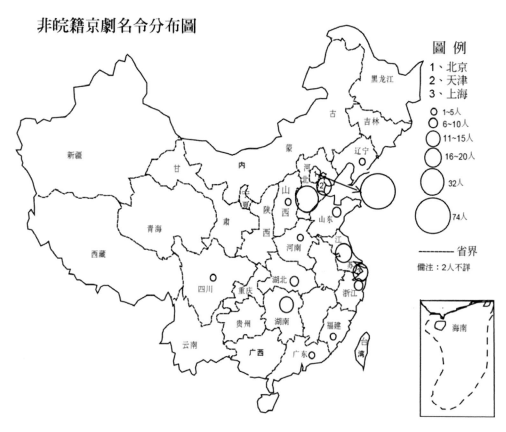

圖 6-3 近代非皖籍京劇名伶分佈圖

　　從以上圖表，並結合相關史料，我們可以發現皖籍和非皖籍京劇名伶的一些基本特徵：

　　一、據統計，晚清民國時期，從京劇創始人——程長庚（安徽潛山）開始，晚清近代共有 23 位京劇名伶是皖籍身份，多出自安慶地區，其中懷寧 4 人，太湖 4 人，潛山 3 人，桐城 2 人。非皖籍京劇名伶北京有 74 人，河北 32 人，湖北 10 人，河南 2 人，江蘇 17 人，福建 2 人，山東 7 人，廣東 1 人，山西 3 人，湖北 11 人，天津 12 人，浙江 6 人，上海 13 人，遼寧 1 人，四川 1 人，籍貫不詳者 2 人。安徽籍的京劇名伶緊次於北京、河北之後，排在第三位。

　　二、程長庚以唱老生著稱於世，所以皖籍京劇名伶的角色行當也以老生為主；而京劇武生名伶以河北人居多，如蓋叫天、俞菊笙等，京劇旦角名伶由江浙一帶領銜：如梅蘭芳、小楊月樓等，淨角、丑角以北京為盛，反映了不同地域風格對京劇角色風格的影響。

三、京劇世家的崛起。如楊月樓、楊小樓，家學淵源和底蘊深厚。

小　結

　　歷史教育文化地理可分爲兩個層面進行研究，一是學校，二是人才。清代安徽學校教育類型多樣，有私學——義學、私塾，也有官學——社學、儒學（府、州、縣學），還有官私混合型的書院。清代安徽書院從辦學形式看，有官辦、民辦、官辦民助或民辦官助等多種形式。如雍正時期遵照世宗論旨，經安徽督撫大力整頓擴建後的大梁書院，就是較爲典型的官辦書院，至於官辦民助或民辦官助的書院則不勝枚舉，清代安徽創建的書院大部分都屬於這兩種形式。

　　清代書院從設置總數上看，康熙、乾隆和道光年間是設置數目較多的三個時期，尤以乾隆朝爲最。雍正、嘉慶、咸豐是設置書院數目較少的三個時期，尤以咸豐朝爲最少，只有 1 所。清代安徽書院的一個顯著特點就是修建書院時段的集中程度比較高，這是政治、經濟、文化發展等多方面原因綜合作用的結果。從普及程度看，清代安徽的書院基本覆蓋全省。就嘉慶 20 年的區劃而言，包括各直隸州駐地在內，全省共有 60 個縣域，除池州府建平縣外，其餘各縣域均有書院分佈，普及率爲 98.3%，基本覆蓋全省。在官學化性質逐步加深的同時，清代安徽書院的發展也實現了分佈的普及化。從書院數量的角度看，徽州府是全省絕對的核心。

　　有清一代，全國開科 112 科，共產生進士 26747 名，其中安徽進士 1191 名，總體排名第 11 位。因受到取士政策、方法、考卷、環境等內外因素的影響，安徽在清代各朝所取進士人數不同，呈現波浪性的變化。清代安徽進士空間分佈也有兩個特徵：一，同一個州府下轄不同縣的進士分佈不均衡。科舉實力最強的徽州府，被稱爲科舉大縣的歙縣在清代共有進士 115 人，而同在徽州府的祁門縣則只有 7 個進士，兩者相差了 16 倍。二，少數科舉大縣的進士人數佔據了安徽省進士人數的大部分，且主要分佈在皖中和皖南地區。相反，位於淮河兩岸的鳳陽府和潁州府，土地廣袤，人口數量多，但是進士總數卻非常少，反映了傳統淮河流域文化教育的衰落。

　　影響清代安徽進士時空分佈差異的原因主要有三：（一）地區經濟的影響；（二）科舉政策的影響；（三）文化風俗的影響，總體上說，清代安徽崇

尚文教的文化風俗，大致從南往北依次減弱，與之相反的是尚武之風則從南往北依次增強，由於各地區域文化風俗的複雜性，皖南也有文教較差的廣德直隸州，皖北地區也有文風較好的定遠縣，但都是個別現象，這種情況和安徽進士的地域分佈狀況基本吻合，驗證了地區文化風俗對當地教育水平的巨大影響。

明清兩代皖籍戲曲家，有名有姓者達到 100 位之多，95%以上都是來自於皖南徽州地區，其中又以歙縣、休寧兩縣爲盛。地緣文化與徽商傳統，成就了這一盛況，徽州人喜好「搭臺唱戲」的習俗，孕育了傳奇曲家的誕生，而皖籍京劇名伶的餘音，還一直在繚繞、回響，不曾離去。

第七章　安徽綜合文化區的形成
（代結語）

　　文化區的概念最早是由 19 世紀末的文化人類學家提出的，它是文化地理學和歷史文化地理學研究的重要對象。早在 1895 年，美國人類學家奧蒂斯‧梅森就採用「文化區」這個術語進行文化研究。在我國，前輩學者李旭旦、王恩湧、陳正祥等側重於文化區概念、特徵、分類的闡釋以及文化區與文化中心的遷移、歷史時期的文化區與文化重心等內容；上個世紀末，歷史文化區域的形成與發展、中國文化的區域比較、南北文化區系的生存、具體文化區域的劃分等問題得到周振鶴、胡兆量、司徒尚紀、張偉然等知名學者的關注，一時成果斐然。進入新的時期，新的年青學人不斷借鑒、參考和創新他們的方法，分省的文化區劃以及特殊文化因子的文化區研究都出現不少新的成果，如張曉虹對陝西綜合文化區的劃分〔註1〕、趙天改對河南綜合文化區的劃分〔註2〕、柴國珍對山西戲曲劇種文化區的劃分〔註3〕、吳慧平對中國書法文化區的劃分〔註4〕等，其中吳文對書法文化區的研究，獨闢蹊徑，頗有新意。

　　由於文化現象地理分佈體現各自不同差異，為更加明確認識安徽歷史文化的特點，我們根據歷史文化現象的相似性和差異性，通過全面總結清代民國時期安徽風俗、方言、戲曲劇種、宗教、書院和進士人才等文化因子地理分佈及區域差異情況，並結合安徽各地民風、學風特徵，把安徽劃分為五大

〔註 1〕 張曉虹，《文化區域的分異與整合》，上海書店出版社，2004 年。
〔註 2〕 趙天改，《明代以來河南歷史文化道理研究（1368～1949）》，復旦大學博士論文，2011 年。
〔註 3〕 柴國珍，《山西戲曲文化地理》，陝西師範大學博士論文，2008 年。
〔註 4〕 吳慧平，《書法文化地理》，北京：榮寶齋出版社，2009。

文化區。在已有的綜合文化區劃中，多數採用主導文化因子特徵的形式文化區〔註5〕來劃分，在這個過程中，我們發現，長期以來穩定的行政區劃對形成綜合文化區起到很重要的作用，但需要明確的是文化區和行政區並不能完全劃上等號，就如筆者在緒論中所言，機能文化區和形式文化區、鄉土文化區是有一定區別的。形式文化區的劃分根據文化的特點確定，機能文化區則是以政治、經濟或社會上某種機能影響文化空間分佈而確定，鄉土文化區則是一種感覺文化區，三者依據的原則不同，本文的劃分方法還是屬於形式文化區。根據各主導文化因子特徵與差異，特繪出安徽綜合文化區的分佈如下：

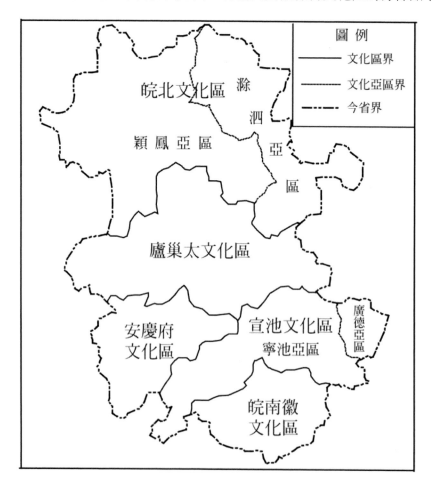

圖 7-1 安徽綜合文化區分佈示意圖

〔註5〕如司徒尚紀《廣東文化地理》、張偉然《湖南歷史文化地理》、藍勇《西南文化地理研究》、張曉虹《文化區域的分異與整合》等，均採用形式文化區。

一、安徽綜合文化區劃

根據對安徽史料尤其是清代民國時期方志中體現的各文化因子差異指標進行爬梳和分析，筆者得出了安徽分爲皖北文化區、廬巢太文化區、安慶府文化區、宣池文化區、皖南徽文化區等五大文化區劃，特將這五大文化區的基本特徵總結如下：

（一）皖北文化區

此區主要包括皖北淮河流域的潁州、鳳陽兩府和泗州直隸州和滁州直隸州，但根據各地文化因子的不同差異，還可細分爲潁鳳亞區和滁泗亞區。

皖北文化區以淮河平原爲主體，在以農爲本的皖北文化區，民間一貫是「男勤耕桑，女勤織紝」，而且安土重遷的思想較爲嚴重，如光緒《五河縣志》有云：「五民安土重遷，雖值凶荒流徙，而春必來歸，可謂知所本矣。」〔註6〕在婚俗文化上，此文化區有些地方親迎，如阜陽、亳州、蕭縣、泗縣、來安等地；另有一些地方不親迎，如渦陽、太和、宿州、五河、全椒等，有各別縣市有人親迎，亦有不親迎者，如鳳陽，總體屬於混合親迎區，且雙方的婚嫁嫁妝都是量力而行，整個地區無攀比之風。如乾隆《潁州府志》記載：「六禮之中，問名、納采猶合古儀，不論聘財，隨女家之力以備資妝。」〔註7〕，這種不事攀比之風應與此地長期天災人禍頻繁、生活貧困息息相關；在喪葬習俗上，本區喪葬不太用佛道、堪輿做法事，士人階層更是遠離佛道影響。如光緒《潁上縣志》：「惟商民富室惑浮圖陰陽之旅喪用懺禱，葬或用鎮之壽物，不惑者惟士而已。」光緒《鳳臺縣志》：「葬不拘時，無積年久停者。紳士家遵禮制，多廬墓，不作佛事，庶民間有用浮屠者。」〔註8〕無厚葬之風；在歲時節日方面，本區沒有過「社日」的習慣，以十月初一的「寒衣節」和多至這兩個節日爲主。

皖北文化區以中原官話爲主，但是潁鳳亞區流行淮北梆子（又稱沙河調），滁泗亞區則以泗洲戲爲主。同屬皖北文化區，爲什麼兩種地方戲會各自流佈，很少交集？

宗教信仰均以道教爲盛，不太重視佛教，如前所述，清代安徽各州府寺院按數量、地理密度、人口密度的綜合排名，皖北區的鳳陽、滁州、潁州、

〔註6〕光緒《五河縣志》卷三《疆域志七》。
〔註7〕（清）王斂福等纂修，《乾隆潁州府志》，第70頁。
〔註8〕（清）李師沅、葛蔭南纂修，《鳳臺縣志》，第147頁。

泗州分列後幾位，而道教的宮觀數居於前列，這與老莊出身於此或不無關係；此區普遍有重武輕文的現象，學術文化一直衰微：「皖省學術文章之事，代不乏人，其最盛者如徽歙，如桐城。至於皖北，則從來少見稱道。前清科舉時代，往往經百年或數十年，一縣中人，未嘗有中舉者，其文風蓋可想而知。惟不知詩書，不識文字者雖多，而風氣厚樸，重尚誼氣。」另有史載：「潁地山少水多，土脈鬆虛，士生其間，浮動易而沉潛難，周於方也，骨厭文好武，相尚無已，以至蕩析家產，棄祖父之業者比比皆是」〔註9〕，又如霍山縣「霍之狂野，蒙之偏嗇，潁太之樸鄙，阜亳之尚氣安愚，各有所偏」〔註10〕。從清代書院的地理分佈看，潁州府僅15所，鳳陽府淮河以北僅6所，泗州直隸州9所，書院數只占清代250所書院的12%，科舉方面，文進士少，出武將多，有清一代，潁州府的亳州、渦陽、太和、蒙城四縣沒有一名文進士，突出反映了這一文化區教育落後的特徵。

（二）廬巢太文化區

廬巢太文化區處在皖中，江淮之間，包括廬州府、太平府、和州直隸州、六安直隸州。

此文化區歷來民風儉樸，害怕犯法，無爭強訴訟之性；多重務農，較少從事商賈貿易。婚俗遵循六禮古制。如清雍正九年《廬江縣志》所載：「婚禮，爲人道之始，是故君子重之。廬俗議婚，先置酒央媒往婦家求親。既允而後下聘，銀書匣、金彩幣之屬，因貧富爲差。過此，則有送節之禮，有請期之禮。」〔註11〕喪葬習俗遵循朱熹家禮。歲時民俗重視「冬至」。此區處江淮之間，以講江淮官話爲主，廬劇（倒七戲）在此區流行，宗教信仰以佛教爲主；學術文化廬江以北重武輕文，與安慶接壤地區受其影響有崇文傾向，清代此區建書院23所，科舉產生文進士114人，又以府治合肥爲盛。

（三）安慶府文化區

安慶府文化區處在皖西南。

民風樸素剛直，天性忠義，余闕曾說過：「風俗清美，天性忠義」，又胡瓚宗「安慶人物，忠敢不愧於古」〔註12〕；無論貧富，都重視教育，以遵循

〔註9〕乾隆《潁州府志》，卷十《雜誌》。
〔註10〕乾隆《潁州志》卷一《輿地志·風俗》。
〔註11〕雍正九年《廬江縣志》卷十二。
〔註12〕康熙《安慶府志》卷六《風俗》。

古制禮教爲榮，史載：「子弟無貧富，皆教之讀通衢，曲巷書聲夜半不絕。士重衣冠，無以小帽、馬褂行於市者，雖盛暑不苟，貧者以布爲袍褂，與裘帛者並行不恥。重長幼之序，遭長著於道，垂用立，長者問則對，不問則待長者過，然後行。或隨長者長者行，毋敢逾越」。〔註13〕有通商之優勢條件，民善商賈，多富饒，但是仍然以「賤商務農」爲念。〔註14〕

婚俗重視親迎，新郎親自到娘家迎娶新娘。舉喪必有佛事和道事，信奉堪輿陰陽說；喪事之後的宴席往往過於奢靡。歲時民俗方面：端午節活動是非常隆重的，端午節的競渡活動更是熱鬧非凡；過年後「焚紙錢」；有慶祝「人日」這個節日。

方言以安慶方言和贛語爲主，黃梅戲在此文化區紮根壯大；宗教信仰以佛教爲盛，

學術文化方面，道光《續修桐城縣志》記述了本區的學術變遷：「明以來多講性理之學，近時窮究經術，多習考據，其以詩古文詞聞於藝苑者尤多。」〔註15〕又《桐城縣志略》云：「桐城西北環山，民厚而樸，代有學者；東南濱水，民秀而文，歷出聞人，風俗質素」。西北東南之城，輸今桐城極陽兩縣，綿及潛（潛山）、懷（懷寧）、太（太湖）、布古（宿松）、望（望江）、宜（安慶），風雲攏合，文脈線縷，進士及第，宰相家傳。清代此區有書院 27 所，屬書院一級區，文風鼎盛，人才輩出，共產生進士 286 名，是各州府中進士人才最爲突出的地區。

（四）宣池文化區

本區主要又分爲沿江南岸的寧池太文化亞區（含寧國府、池州府）和廣德亞區（廣德直隸州）。

1.寧池亞區民風樸素、吃苦耐勞，自食其力，重本抑末「乃若其民渾然太樸，惟土物是愛，故能臧厥，惟本業是崇，是以無末，作盡力田畝，收功錢鑄，其勤苦易足，知廉恥，罕鬥角」，又「當塗壤接金陵，界連蕪邑，二地繁華古今稱最。塗獨厚重樸實，列市肆操奇贏者殊尟，大都守恒產、習恒業、秉恒心，下至執鞭青荇之庸皆自食其力」。〔註16〕

〔註13〕道光《續修桐城縣志》卷三《營建志・風俗》。
〔註14〕康熙《安慶府志》卷六《風俗》。
〔註15〕道光《續修桐城縣志》卷三《營建志・風俗》。
〔註16〕乾隆《當塗縣志》卷七《風俗》。

婚俗重六禮，然大多缺「親迎」禮；喪葬迷信佛家和堪輿學說，即使是儒家士人也不例外，因迷信堪輿而停柩不葬的情況時有發生。歲時習俗：本區內多重視「冬至」這個節日，並在冬至祭祀祖先；而臘月祭祀灶神的活動基本上都集中在二十三和二十四這兩天。

方言爲吳語、江淮官話和客籍方言混雜；多搬演目連戲和儺戲；宗教信仰是佛道並重，

在書院與人才地理分佈上，江以南寧國府爲「風物繁華之地，舟車輻集之鄉，衣冠文物之域」，〔註17〕寧國府南接徽州府，其境內多山，但是由於水運便利，故清代以來「土地肥饒，民勤稼穡，然河通大江，商賈以貨利相尙」〔註18〕勤奮刻苦的民眾加上便利的交通，使得寧國府工商業逐漸發達。良好的經濟基礎，加上勤勞好學的文化風氣，導致寧國府書院數和進士人才數江都比巢蕪要占優，近皖南傳統學術文化重心——徽州府應是其中原因之一。

2.廣德亞區本亞區以移民爲主，民多樸素，不愛裝飾，重農抑商，史載：「力於田畝，不務商賈，民淳事簡，號江東道院」，〔註19〕又「俗務耕織，薄商販，奢儉相當，頗修禮教，而嗜鬬，喜訟，亦往往爲有司病。」〔註20〕

婚俗不遵循六禮，不親迎，無奠雁，女家常破產以備嫁妝，所以當地如若生女，則多溺死，其中廣德尤重：「吉禮若納采納征諸儀不遵家禮，率以儀文繁麗相高，男不親迎，無奠雁之文，其嫁女之家甚有破產以營奩飾者，故民間生女多不舉，雖厲禁不盡除也。」〔註21〕喪葬信佛家，有過於拘泥陰陽家說而停柩不葬者。十一月「長至日」，官民俱相賀。方言多以中原官話爲主，流行皖南花鼓戲。宗教信仰重佛教，文教較差，有清一代書院僅廣德和郎溪有8所，從乾隆到光緒朝，產生進士僅區區5人。

（五）皖南徽文化區

本文化區主要指徽州府的一府六縣（包括歙縣、休寧、黟縣、績溪、婺源、祁門）。

皖南徽州山區，人多地少，耕作條件惡劣，「地寡澤而易枯，十日不雨

〔註17〕嘉慶《寧國府志》卷九《風俗》。
〔註18〕嘉慶《寧國府志》卷九《風俗》。
〔註19〕乾隆《廣德直隸州志》卷二十二《典禮志‧風俗》。
〔註20〕光緒《宣城縣志》卷六《風俗》。
〔註21〕乾隆《廣德直隸州志》卷二十二《典禮志‧風俗》。

則仰天而呼。一驟雨過山，漲暴出其，糞壤之苗又蕩然空矣。大山之所落，多墾爲田層，層累而上指至十餘級，不盈一畝。快牛利剡，不得田其間，刀耕火種，其勤用地利。自休之西而上尤稱斗入歲收，葷不給半餉，多仰取山穀，甚至采薇葛而食。暇日火耕於山，旱種旅穀，早則俱出扳峻壁呼邪許之歌，一唱十和，庸次比耦，而汗種，以防虎狼，夜則俱入持薪樵輕重相分。」〔註22〕惡劣的環境導致徽州府裏人多出外經商貿易以補家用，所以本區經商之風盛行，然而儉樸之風盛行，即使是富賈也非常節儉：「徽之山大抵居十之五，民鮮田疇，以貨殖爲恒產。春月持餘貲出貿，什一之利爲一歲計，冬月懷歸，有數歲一歸者。上賈之所入當上家之產，中賈之所入當中家之產，小賈之所入當下家之產。善識低昂時取予，以故賈之所入，視旁郡倍厚。然多雍容雅都，善儀容有口才，而賈之名擅海內，然其家居也爲儉嗇而務畜。積貲者日再食，富者三食，食惟饘粥。客至不爲黍，家不畜乘馬，不畜鵝鶩，其奮日日以甚，不及姑蘇雲間諸郡，產相十而用相百，即池陽富人子猶不能等埒，而反富名由爲賈者，在外售虛名云。」〔註23〕

本區婚重六禮，惟缺親迎。喪葬習俗遵從朱熹所定禮制，不用佛事而信陰陽，但凡喪葬之時，必多奢靡，祭奠之儀式，貧富懸殊。「歙休喪祭遵文公儀禮不用釋氏，然祭奠頗侈，設層臺祖道飾以文繡，富者欲過，貧者欲及一祭費家中之產。親歿不即營宅，兆富者爲屋以殯，貧者僅履茅茨，至暴露不忍見者，由俗溺陰陽，擇地擇日拘忌，以故至履世不能覆土舉葬。」〔註24〕歲時方面，本區隆重慶祝「汪越國公誕辰」，場面盛大。方言爲徽語，地方戲主要爲用徽語演唱的徽調，宗教信仰，道教爲盛。理學興盛，不重科第，「宋元以來，彬彬稱爲東南鄒魯，道系相傳如世次可凝而數，海內諸郡有不能及，至今士人講學益廣云（書院講學比比而是，至今有著述等身而未嘗有夾策一應考者）」，又「江左之俗，徽爲最美，士人尚節義，自宋元之時理學大明，其名流無一人出試，吏或舉於鄉猶棄去不肯計偕。」〔註25〕徽州府共擁有書院60所，爲全省各府州之首；共有進士245人，約占安徽省進士總數的12.8%，爲安徽傳統文化的學術重心區。

〔註22〕康熙《徽州府志》卷二《風俗》。
〔註23〕康熙《徽州府志》卷二《風俗》。
〔註24〕康熙《徽州府志》卷二《風俗》。
〔註25〕康熙《徽州府志》卷二《風俗》。

為了更清晰瞭解各文化區主導文化因子的區域差異，特制訂了安徽綜合文化區主導文化因子特徵一覽表如下：

表 7-1 安徽綜合文化區主導文化因子特徵一覽

文化區	文化亞區	民　俗	民　風	方　言	地方戲	宗教	學術與人才
皖北文化區	穎鳳亞區	婚俗不親迎居多；喪葬不重佛道、堪輿；歲時無「社日」，多過「寒衣節」。	尚氣安愚，重稼穡。	中原官話	淮北梆子(沙河調)	道教	本區書院的地理分佈，穎州府僅15所，鳳陽府淮河以北僅6所，泗州直隸州9所，書院數只占清代250所書院的12%，科舉方面，文進士少，出武將多
	滁泗亞區	親迎。	今則力農多，逐末少。	中原官話局部為江淮官話	泗州戲（拉魂腔）	道教	
盧巢太文化區		嫁娶以時，喪葬循禮。	風俗淳樸，事耕桑，崇簡約，種名務學，賢才彙興。	江淮官話	盧劇(倒七戲)	佛教	清代此區建書院23所，科舉產生文進士114人。
安慶府文化區		婚禮納采、納徵、委禽、親迎多循古道；喪禮稱家有無，崇信佛事，泥於青鳥家言；歲時重「社日」	人率性真直，賤商務農；風俗清美，天性忠義。	贛語、安慶方言	黃梅戲	佛教道教	清代此區有書院27所，屬書院一級區，文風鼎盛，人才輩出，共產生進士286名，是各州府中進士人才最為突出的地區
宣池文化區	池寧亞區	婚禮親迎；喪禮迷信佛事和堪輿學說；隆重舉行昭明太子賽神會。	民習耕稼，尚貨利，士習衣冠禮樂，而民質偽相間，囂訟生焉。	江淮官話吳語客籍話	目連戲儺戲	佛教	有清一代書院僅廣德和郎溪有8所，從乾隆到光緒朝，產生進士僅區區5人。
	廣德亞區	婚禮不親迎，喪禮迷信佛事和堪輿學說。	壤地偏小，無諸物產之饒，其民自農畝外未嘗有商易於四方。	中原官話	皖南花鼓戲	佛教	有清一代書院僅廣德和郎溪有8所，從乾隆到光緒朝，產生進士僅區區5人。

| 皖南徽文化區 | 婚重六禮，惟缺親迎；士人喪禮不迷信佛道和堪輿家說；重視元宵節；歲時特點是隆重慶祝「汪越國公誕辰」。 | 士人尚節義、以貨殖爲恒產。 | 徽語 | 徽調 | 道教 | 徽州府共擁有書院 60 所，爲全省各府州之首；共有進士245 人，約占安徽省進士總數的 12.8%，爲安徽傳統文化的學術重心區。 |

二、安徽文化區的形成機制

文化區的形成機制或原因，盧雲很早就在他的《文化區：中國歷史發展的空間透視》〔註 26〕中發表了相關論述，他認爲，文化區域的生成演變受到自然環境、行政區劃、經濟類型、移民及城市發展五方面的影響與制約。由於這五個方面涉及了自然與人文地理的各個方面，因此可以說已非常全面。具體到歷史時期安徽省內文化區的形成，即沒有脫離此範圍，也有一些自己獨特的形成機制。

（一）自然地理環境——安徽歷史文化現象的分異機制

不可否認，自然地理環境是形成文化區的最基本條件之一。一般來說，文化區的形成多位於相同或相似的自然地理環境中，如皖北文化區基本上與華北平原相吻合，而皖南徽文化區則位於黃山山系區域內，無論是地形地貌，還是水文氣候，安徽南北自然地理條件均有著迥異的差別，這一點就決定了安徽內部文化南北分異的特點。

由於皖北地接中原，自古就成爲兵家必爭的戰略要地，歷史封建王朝逐鹿中原，往往都會在此反覆割據廝殺，宋以後近 700 年間，黃河經常性奪淮入海，造成了皖北人民無數的災難。也培育了此地民眾素來彪悍的民風。清道光年間，皖撫陶澍稱皖北「民情好鬥，動輒傷人，……久沿惡習」，當然，這樣的環境也孕育出了一大批雄才偉略的軍事人才：如春秋時輔佐齊桓公成爲春秋第一霸主」的管仲，楚漢爭霸時料事如神的范增；漢末三國紛爭時的梟雄——魏武帝曹操，以及周瑜、魯肅；宋代名揚天下、節照千秋的包拯；明朝開國皇帝朱元璋；清朝皖系軍事集團首領李鴻章；民國「北洋三傑」的段祺瑞；抗戰時期的國民黨人馮玉祥、張治中、衛立煌、孫立人、共產黨人

〔註 26〕載《歷史地理》第十一輯，上海人民出版社，1990 年版。

陳獨秀、王稼祥、李克農、陶勇、皮定鈞、洪學智等數十位高級軍事人才均出自此地，在歷史上留下了濃墨重彩的一筆。

而長江兩岸爲低平丘陵平原與湖泊河汊星羅棋佈之地，素爲魚米之鄉，人民勤勞質樸，崇尙文風教化。如《安慶府志》記載：「男耕女織，質樸無文。黃髮老人，有不識城市者。安土重遷，不善商賈，鮮厚藏而少巨富」。被譽爲「天下之文章，其出於桐城乎」的「桐城學派」就誕生在此。作爲清代最大的學術流派，當其盛時，「承學之士，如蓬從風，如川赴壑，尋聲企景，項領相望」〔註27〕，於是波瀾所及，幾遍海內，流風餘韻，迄於民初。

至於皖南徽州山區，歷來山多地少，土地貧瘠，素有「七山一水一分田，一分道路和莊園」之稱。惡劣的自然地理條件，迫使徽州人很早就開始背井離鄉，「以賈代耕」。徽州民謠說：「前世不修，生在徽州，十三四歲，往外一丟。」便利的新安江和長江水系，爲那些遠離家鄉外出經商的新安人創造了便利的經商之路。

對於安徽文化區主導文化因子的地域分異，自然環境和地緣優勢在地方戲流佈與書院分佈上表現得最爲突出。清代民國期間在安徽蓬勃興盛的不同地方戲曲劇種，呈現明顯的「南柔北剛」的風格特色：皖北淮河以北，以開闊的平原地形爲主，淮河又是我國南北的分界，皖西北穎鳳地區流行的是淮北梆子（秦腔流入沙河一帶，吸收了當地墜子翁、灶王戲、鼓書的唱腔而形成），皖東北滁泗地區流行的是泗州戲（由山東柳琴戲南傳演化而來），皖北開闊的自然環境造就了皖北地方戲聲調鏗鏘，唱腔高昂、粗獷、爽朗的地域特色；而皖南山明水秀，古皖山非常險峻，但蘊借渾融，俊逸秀美；水非湍急，但豐沛充溢，源遠流長。這樣的自然地理條件孕育出的就是柔和細膩，輕快活潑的諸如黃梅戲、文南詞之類的典型富有南方柔和色彩的戲曲劇種。

從書院的分佈來看，中國古代的書院一般都建在依山傍水的山林之中。淮北地區是一望無際黃淮平原，缺少風景秀麗的山林，書院也就缺少了建築的根基。而皖南主要是山區，這一地區氣溫適宜，雨量適中，風清氣爽，山清水秀，能爲士子們提供有利的學習條件，是設立書院較爲理想的地方，考量清代安徽各州府的書院總數，如前所述，以皖南、皖西南的徽州府、安慶府、太平府爲盛，皖北鳳陽、穎州、泗州的書院數均處後列，既是很好的例證。

一般來說，大的山川、河流等地理障礙往往會成爲分割文化區的天然界

〔註27〕王先謙：《續古文辭類纂》「序」。

線。淮河可以說就是這樣一條自然界線。從前面的論述中，我們可以看出安徽淮河南北明顯存在不同的文化景觀：北部是梆子戲流行區，南部是黃梅戲流行區；北部是麥作農業為主，南部為稻作農業區；北部的精靈顯怪信仰、南部的功臣信仰，北部為中原官話，南部為吳語區夾雜各「方言島」，中部江淮官話為過渡地帶等等，都顯示了淮河是皖北文化區與皖南文化區、皖西南文化區之間毋庸質疑的一條界線。

（二）行政區劃──安徽歷史文化現象的整合機制

行政區劃作為某一地區自然、人文區域的綜合體現，一旦長期穩定，就會對區劃內的各種文化因子進行整合和相互滲透，進而在區域內形成同質的文化。這是因為在同一政區內，文化接觸相對頻繁，往來密切。因此，在一個較為穩定的政區內，比較容易形成均質的文化區，而不同層次的政區，其內部聯繫的密切程度也會有所不同，自然也就會形成等級不同的文化區。

具體到歷史時期的安徽，清代建省以前的元、潁、宿、亳、滁、泗五州，屬河南江北行省，太平、池州、廣德、寧國、徽州五路，屬江浙行省；明設兩直隸，十三布政使司，安慶、徽州、寧國、池州、太平、廬州、鳳陽七府，滁、和、廣德三州，皆直隸於南京。清初置江南省，康熙六年（1667 年），才分為江蘇、安徽二省。所以在康熙六年以前，皖西南、皖南其實與皖北一直不屬同一個高層政區，因此，皖西南、皖南的文化與北部的鳳潁滁泗等地有著極大的區別，形成了不同的文化區。

自清代康熙以後，安徽高層政區建制相對穩定，皖北、皖中、皖南一直處於同一高層政區內。其內部文化現象在政區的整合下，從歧義較大發展到清代以後開始形成了相似程度日益增強的文化區。

與高層政區相比較，統縣政區內部文化現象具有更強的一致性，相似程度更高，周振鶴、游汝傑均認為，中國的行政區劃制度對全國各地的政治、經濟、文化都產生了深遠的影響：

> 這種影響使得一府（或與府相當的州、郡）或一省（或與省相當的路、州）之內的語言、風俗等文化因素趨向一體化。特別是唐宋的州和明清的府所轄的地域不大不小，對於一體化來說是最適中的。

〔註28〕

〔註28〕周振鶴、游汝傑《方言與中國文化》，北京：人民出版社，1986 年版，第 55 頁。

正是這種一體化的作用，在安徽內部文化亞區的劃分上，統縣政區就顯示出非常顯著的作用。

由於府（州）的內部文化聯繫顯然較高層政區更為密切，因此區內文化現象的一致性更強。如歲時習俗方面，我們將安慶亞區單獨劃出的根據有三個：首先，這幾個縣在地理位置上是相互連接的，安慶為統縣政區，端午節在安慶亞區的各個縣非常隆重，大部分的縣都有競渡的習俗，而到了池州亞區的端午節則沒這麼隆重並且無競渡的活動。其實不惟歲時習俗如此，即使是府內的各文化要素在密切聯繫中大都將有所趨同，如皖北的沙河調與泗州戲即嚴格按照潁州府、鳳陽府與泗州直隸州的界線為限；而倒七戲則主要流行皖中廬州府，很少越界。

概而言之，行政區劃對文化現象具有較強的整合作用，使同一政區內的文化現象有趨同的傾向。

（三）經濟方式——安徽歷史文化區發展的促進機制

生產力的發展水平在很大程度上制約著人們的思維和行為方式，區域間經濟發展狀態不同，其文化差異的差異往往較大，直接影響著文化的地理分佈。清代民國時期的安徽，這種在不同生產力狀態下產生的文化地域差異非常明顯。

首先，不同的生產方式與農業景觀會影響到區域文化基礎的形成。安徽由北至南分屬於平原、丘陵、山地三個主要不同的地形地貌區，淮河、長江兩岸為平原，自然條件差異顯著，在此基礎上形成了三個不同的經濟區，進而也影響到五大文化區的形成。如徽州山區由於山地多耕地少再加上人口繁密，導致徽州府的人們不得不尋找其他的謀生途徑，所以徽州人一直都以「貨殖為恒產」，徽州府因此也形成了歷史悠久的商貿傳統。而廬州府地區由於具有降水豐富、土地肥沃以及良好的水利設施的建設，這些條件都讓廬州府的人們可以通過農業耕作而得到生活的來源，因此廬州府一直都是重農抑商的地區，甚至歷史上有地方官指出廬州府地區良好的耕作條件導致了當地人形成了「賴於安逸」的社會風氣。

其次，經濟發展水平也能夠影響當地社會習俗的形成，經濟水平不同的地區，社會習俗也會相差很大。例如位於長江沿岸的太平府，處於重要的地理位置，史稱「扼三江之襟要，潰江淮志腹心」，〔註29〕在進入清代以後太平

〔註29〕康熙《太平府志》卷四《疆域》。

府的工商業都非常發達，導致當地形成了「尙奢」的社會風氣，其中又以蕪湖縣爲最——「蕪湖民淳，而習尙頗侈，由當諸省之中，商賈輻湊，故市井之氓，未免有逐末嗜利游手不事之弊」，〔註30〕正是有了這樣的經濟條件，所以太平府無論是在婚禮還是喪葬禮上都非常注重繁文縟節，並且會爲此花費大量的金錢。但與此不同的是，由於皖北地區常年遭受自然災害以及戰爭的影響，在再加上皖北的很多州縣都是以農業耕作爲主的，常年累月的災害導致皖北的人們沒有太多的積蓄。所以在婚禮習俗上，皖北地區都沒有太講究金錢，婚禮的聘金都是視男女的家庭情況而定，而且很多可有可無的禮節都遭到擯棄，即使是皖南地區的人們願意爲之傾盡家財的喪葬禮節，皖北地區都是視具體情況而定，並且一般都會簡單爲之。再如歲時習俗方面，關於「賽神會」的定位安徽南北都是不同的，從前文的介紹我們知道，皖南地區是安徽省舉行賽神會最爲頻繁的地區，這些賽神會規模都非常大，除了有祭祀活動以外，還有盛大的戲劇表演，總體上來說皖南地區的賽神會就是一次盛大的慶典。但是貧困的皖北地區的情況則比較不同，皖北地區基本上沒有可以與皖南規模比肩的賽神會，也沒有盛大的表演節目，皖北的賽神會更多的是作爲「集會」、「廟會」而存在，人們往往是利用「賽神會」的地方作爲商品貿易的場所。

再次，經濟的發展水平也是影響一個地區教育文化事業發展的一個最重要因素。其實無論是官學教育還是私學教育，學宮的修建、學生的廩食以及採買書籍都需要大量的資金投入，而一個士子從「十年寒窗」的苦讀到參加各級的考試也要一個家庭的經濟支持。而在經濟方面，安徽省的南北差異還是非常大的，所以一般來說經濟發達以及富裕的皖南和皖中地區無論是書院的數量、地理密度、人口比率，還是進士的數量、地理密度、人口比率都比皖北地區要高，而且經濟最爲發達的徽州府、太平府以及安慶府與皖北經濟比較落後的泗州、潁州的差距則更加大。這就最終造成了，皖南以及皖中整體的文化教育水平都比皖北地區要高得多。

（四）外來移民——安徽歷史文化特徵的突變機制

當具有某種特定文化的人群在遷移是，他們往往也會將原來的文化帶到新的地區，這些文化特質不僅爲移民所繼承下來，而且還會被當地土著居民

〔註30〕乾隆《太平府志》卷五《地理志・風俗》。

所接受，形成新的分佈區，這就是文化地理學上所說的遷移傳播。這是文化傳播中的一種重要方式，往往在大規模的移民運動中產生。

移民對安徽文化區的形成無異具有很大的影響，尤其是長江以南區域的作用，具體表現在兩個方面，一是文化區的形成；二是文化區內文化現象的嬗變。史上多次移民浪潮對安徽省內文化區的形成影響非常大。按照周振鶴先生的研究，在西晉末年以前江南是清一色的吳語區。永嘉之亂後渡江南下的士族和百姓據不完全統計多達 90 萬人，東晉南朝設立僑州郡縣以安置南遷的漢人，在建康以南的姑熟（今安徽當塗）僑置豫州州治。南下漢人帶來的北方話和皖南原有的吳語差異很大，以致影響到當時的政治生活，據史料記載，北來的士族之間必須說洛陽話。東晉的宰相王導爲了聯絡南方士族，常常說吳語，卻遭到北方士族的嘲笑。這說明在當時北方移民的語言與本地的吳語已經產生了較大衝突，競爭的結果當然是以王室和眾多的北方人的方言取勝了。今皖南地區的銅太方言雖然還保留全濁音，徽州方言全濁音已經消失，但是其他特徵很接近吳語（浙江的嚴州方言類此），在現代方言地理區劃上歸屬未定。所以我們認爲整個皖南地區方言的底子雖然還是古吳語，但是很多地方受到官話的侵蝕，即有南朝在這一帶曾僑置南豫安頓的北來漢人，又因爲太平天國戰爭之後，官話更是一湧而入。在南宋時代整個皖南地區（除西北角的當塗之外）應該是屬於吳語區的，移民的因素卻逐漸將方言文化特徵改變，形成了清代民國時期吳語、贛語夾雜客籍話、江淮官話「方言島」並存的局面。此外，從歷史角度來看，移民遷徙的影響還是造成安徽省內少數漢語方言點與地理地形分佈無法相互重合的主要原因。安徽東南面約有四個縣市（廣德縣、郎溪縣、宣城市、寧國市）是講中原官話，若按地理地形分佈與方言的對應關係，該地區的方言不應含有中原官話，南下的皖北人來到這裡墾荒，並帶來了當地戲曲文化的突變，清末民初，當地流行鳳陽花鼓戲的姊妹劇種──皖南花鼓戲，這也是大規模移民造成的結果。而桐城市、樅陽縣、安慶市所講的江淮官話屬於黃孝片，但此三地的江淮官話與湖北省黃孝片的江淮官話在地理上並不相連，兩地之間還隔著講贛語的懷寧縣、岳西縣等縣市，安徽省的黃孝片與湖北省的黃孝片在地理上被贛語分離開，形成了安慶府文化區獨特的語言藝術。在語言上，此區受江西移民的影響很大。

總之，在自然地理分異與政區整合作用下形成的有規律的文化現象，往往被移民這一突變的情況所擾亂，使得安徽文化區域或多或少的呈現出一些

不規則的特徵。

（五）交通條件——安徽歷史文化因子的傳播機制

文化區只是某一時段文化現象分佈狀況的反映，因此它不是固定不變的系統。作為一個流動開放的系統，文化區在不斷接受本區內文化中心所施加影響的同時，也受到毗鄰地區文化現象的浸染。文化區在接受異質文化或傳播本區中心主導文化時，主要的制約因素就是交通條件的優越與否，安徽文化區的發展明顯的反映了這一特徵。

以皖南為例。對明清時期皖南的徽州商人來說，他們籍貫所在地的東邊，就是當時全國經濟、文化最為發達、人口最為稠密的一個大市場——長江三角州。在當時的條件下，水運是最便利的運輸手段。從徽州出發的交通路線非常方便，沿新安江而下，經富春江、錢塘江，即可到達杭州，進入浙江最富庶的杭嘉湖地區。通過內河航道，還可連接江蘇的蘇、松、常、太各府州。另一條路線，經青弋江等水路進入長江，順流而下就可至南京、鎮江、揚州，經京杭大運河溝通各地。由於都是順流而下，便於將徽州的土產如竹、木、石料、藥材、紙、茶葉等外運，回程則可運輸絲綢、百貨等相對價高質輕的商品。由於這個市場人口眾多，生活富裕，木料、石料等建築材料有穩定的需求。在一個文化發達、讀書成風的區域，以竹、木為主要原料生產的紙、墨、以石材加工的硯，都有很大的需要量。茶葉和藥材更是日常生活的必需品。有了這樣一個穩定的大市場，徽商的生存和發展就不再受到徽州本地的制約。隨著本身商業地位的穩定，徽商的經營已不限於經營藥材、茶葉、紙墨、竹木等故鄉的產品，而是以從事「兩頭在外」的商業為主，即從外地採購商品，在外地銷售。或者完全在外地經營。在這個過程中，南戲的四大聲腔「余姚腔、海鹽腔、弋陽腔、崑山腔」作為異質戲曲文化，隨著便捷的水系交通流傳、浸染皖南諸地，也就是很自然之事。徐渭在其《南詞敘錄》中記載：「稱余姚腔者，出於會稽，常、潤、池、太、揚、徐用之。」〔註31〕其中的「太平府」、「池州府」緊靠長江，又與徽州府比鄰，余姚腔流傳到徽州是完全可能之事。而南方，江西興起的弋陽腔、樂平腔，因「江以西曰弋陽者」與安徽江北的懷寧、望江僅僅一江之隔，順江而下去安慶一帶，弋陽腔傳入皖南、皖西南便是水到渠成之事。

〔註31〕徐渭：《南詞敘錄》。

愛好「搭臺唱戲」的徽商充分利用水道交通便捷的優勢，又將以石牌爲班底的「色藝最優」的徽班帶入了揚州，並最終將安徽的戲曲文化從揚州送入京城形成了名動天下的京劇藝術。

總之，文化區的形成受到多方面的原因制約和影響。一般來說，自然地理環境從宏觀上制約了文化區的分異，大的山川河流界限往往形成文化區的邊界；府州縣各種不同層次的行政區劃則對文化區具有整合作用，會讓內部的文化現象逐漸趨同，並形成均質的文化區；移民因素則是文化區各影響因素中最爲活躍的因子，隨著移民群體的遷移，常常能夠迅速而有效的形成一個文化區或改變一個文化區的原有特點。而交通條件能在一定程度上改變文化區內的區域特色，對文化區的形成也有輔助作用。〔註32〕

其實，我們研究歷史時期的文化地理現象，探尋各主導文化因子的內在特徵與差異，闡釋文化區的形成，目的都是希望讓優秀的文化遺產得到更好的保護、傳承與發展，但近些年來，隨著社會的發展，文化遺產生存的環境發生了很大改變，其生活的基礎已經一步步在喪失，生存危機日益明顯。隨著人們在意識上越來越背離傳統和生活上越來越最求現代化，傳統的生活方式漸次退場。傳統的觀念逐漸淡化，儀式活動沒有了，民俗習慣改變了，節慶歡會少見了。隨著人們情趣的變化和對傳統文化感情的日漸衰減，傳統生活中爲祭祀等需要而舉行的虔誠藝術活動，如今已是可有可無的遊戲，沒有什麼力量來制約人們去認眞的進行傳承。安徽清代以來曾經風光無限的近 40 個地方戲曲劇種，作爲獨特的民間藝術，正面臨著前所未有的危機：老藝人不斷去世、演員青黃不接、劇團不斷減少、劇目和技藝大量失傳，多數小劇種已經消亡或瀕臨滅絕。而以地方戲曲劇種爲重要因子的歷史文化遺產，在經濟高速發展的當下，應該受到大力的保護和傳承，這是毋庸置疑的，這對於保護文化的多樣性、維護文化生態平衡、促進社會經濟、文化全面發展都具有重要的現實意義。

〔註32〕主要參考：張曉虹：《文化區域的分異與整合》，上海書店出版社，2004 年。

參考文獻

一、古籍類

1. （晉）陳壽撰：（南朝宋）裴松之注，《三國志》，北京：中華書局，2011年。
2. （梁）宗懍：《荊楚歲時記》，哈爾濱：黑龍江人民出版社，2003年。
3. （唐）釋智昇：《開元釋教錄》，文淵閣四庫全書本，北京：商務印書館，2005年。
4. （宋）張君房.《雲笈箋》，四部叢刊景明正統道藏本。
5. （宋）釋志磐：《佛祖統記》，續修四庫全書.上海：上海古籍出版社，2002年。
6. （宋）陳元靚：《歲時廣記》，據十萬卷樓叢書本排印.北京：中華書局，1985年。
7. （元）熊夢祥：《析津志輯佚》，北京：北京古籍出版社，1983年。
8. （明）汪道昆：《太函集》，萬曆十九年金陵刊本。
9. （清）潘榮陛：《帝京歲時紀勝》，清乾隆刻本。
10. （清）顧祿：《清嘉錄》，北京：中華書局，2006年。
11. （清）顧祖禹：《讀史方輿紀要》，中華書局點校本，2005年。
12. （清）劉錦藻：《清續文獻通考》，民國景十通本。
13. （清）趙翼：《陔餘叢考》，清乾隆五十五年湛貽堂刻本。
14. （清）顧炎武：《天下郡國利病書》，稿本。
15. （清）顧炎武：《肇域志》，上海古籍出版社，2004年。
16. （清）官修：《清文獻通考》，清文淵閣四庫全書本。

17. （清）戴震：《戴震全集》，北京：清華大學出版社1991年。

18. （清）焦循：《花部農譚》 揚州 ：廣陵書社，2008年

19. （清）托津等奉敕纂：《欽定大清會典事例》，臺北：文海出版社，1992年。

20. 趙爾巽等修：《清史稿》·北京：中華書局，1955年。

二、方志類

1. （明）汪尚寧等纂修：《徽州府志》，據明嘉靖四十五年刊本影印，臺北：成文出版社，2001年。

2. （明）曾惟誠撰：《帝鄉紀略》，據明萬曆二十七年刊本影印，臺北：成文出版社，2001年。

3. （明）李之茂等纂修：《滁陽志》，據明萬曆四十二年刊本影印，臺北：成文出版社，2001年。

4. （明）周之冕等纂修：《來安縣志》，據明天啓元年刊本影印，臺北：成文出版社，2001年。

5. （清）余誼密等纂修：《南陵縣志》，據民國鉛印本影印，臺北：成文出版社，2001年。

6. （清）蔣綬等修：《東流縣志》，據乾隆二十三年刊本影印，臺北：成文出版社，2001年。

7. （清）李載陽等修：《潛山縣志》，據乾隆四十六年刊本影印，臺北：成文出版社，2001年。

8. （清）吳易峰等修：《太湖縣志》，據乾隆二十六年刊本影印，臺北：成文出版社，2001年。

9. （清）劉枟等修：《懷寧縣志》，據康熙二十五年刊本影印，臺北：成文出版社，2001年。

10. （清）李愈昌修：《貴池縣志》，據康熙三十一年刊本影印，臺北：成文出版社，2001年。

11. （清）符兆鵬等修：《太湖縣志》，據同治十一年年刊本影印，臺北：成文出版社，2001年。

12. （清）鄭交泰等纂修：《望江縣志》，據乾隆三十三年刊本影印，臺北：成文出版社，2001年。

13. （清）姚子莊等纂修：《石埭縣志》，據民國二十四年鉛印本影印，臺北：成文出版社，2001年。

14. （清）劉權之等纂修：《池州府志》，據清乾隆四十三年刊本影印，臺北：成文出版社，2001年。

15. （清）鄭交泰等纂修：《亳州志》，據清乾隆三十九年刊本影印，臺北：成文出版社，2001年。

16. （清）許晉等纂修：《潁上縣志》，據清乾隆十八年刊本影印，臺北：成文出版社，2001年。

17. （清）潘世仁等纂輯：《亳州志》，據清乾隆二十年刊本影印，臺北：成文出版社，2001年。

18. （清）黃佩蘭等纂修：《渦陽縣志》，據民國十四年鉛印本影印，臺北：成文出版社，2001年。

19. （清）黃佩蘭等纂修：《全椒縣志》，據清民國九年刊本影印，臺北：成文出版社，2001年。

20. （清）賴同宴等纂修：《五河縣志》，據清光緒二十年刊本影印，臺北：成文出版社，2001年。

21. （清）李師沆等纂修：《鳳臺縣志》，據清光緒十九年刊本影印，臺北：成文出版社，2001年。

22. （清）余國槢等纂修：《滁州志》，據清康熙十二年刊本影印，臺北：成文出版社，2001年。

23. （清）李敏迪等纂修：《太平府志》，據清康熙四十六年刊本影印，臺北：成文出版社，2001年。

24. （清）閔燮等纂修：《繁昌縣志》，據清康熙十四年刊本影印，臺北：成文出版社，2001年。

25. （清）余誼密等纂修：《蕪湖縣志》，據民國八年石印本影印，臺北：成文出版社，2001年。

26. （清）李德淦等纂修：《涇縣志》，據清光緒十二年重刊本影印，臺北：成文出版社，2001年。

27. （清）王讓等纂修：《祁門縣志》，據清道光七年刊本影印，臺北：成文出版社，2001年。

28. （清）舒夢齡纂修：《巢縣志》，據道光八年刊本影印，臺北：成文出版社，2001年。

29. （清）梁啓讓等纂修：《蕪湖縣志》，據民國二年重印本影印，臺北：成文出版社，2001年。

30. （清）高照等纂.《直隸和州志》，據光緒二十七年刊本影印，臺北：成文出版社，2001年。

31. （清）金弘勳等纂修：《六安州志》，據乾隆十六年刊本影印，臺北：成文出版社，2001年。

32. （清）俞慶瀾等纂修：《宿松縣志》，據民國十年刊本影印，臺北：成文出版社，2001年。

33. （清）王斂福等纂修：《乾隆潁州府志》，蘇州：鳳凰出版社，2010年。

34. （清）丁炳烺等纂修：《太和縣志》，據民國十四年刊本影印，臺北：成文出版社，2001年。

35. （清）廖大聞等纂修：《道光續修桐城縣志》，蘇州：鳳凰出版社，2010年。

36. （清）王毓芳等纂修：《懷寧縣志》，據清道光五年刊本影印，臺北：成文出版社，2001年。

37. （清）潘世仁等纂修：《阜陽縣志》，據清乾隆二十年刊本影印，臺北：成文出版社，2001年。

38. （清）廖騰煃等纂修：《休寧縣志》，據清康熙三十二年刊本影印，臺北：成文出版社，2001年。

39. （清）胡文銓等纂修：《廣德州志》，據清乾隆五十九年刊本影印，臺北：成文出版社，2001年。

40. （清）朱成阿等纂修：《乾隆銅陵縣志》，蘇州：鳳凰出版社，2010年。

41. （清）劉耀椿等纂修：《廣德州志》，據清道光六年刊本影印，臺北：成文出版社，2001年。

42. （清）王寅清等纂修：《同治銅陵縣志》，蘇州：鳳凰出版社，2010年。

43. （清）蔣綬等纂修：《東流縣志》，據清乾隆二十三年刊本影印，臺北：成文出版社，2001年。

44. （清）鄭交泰纂修：《乾隆望江縣志》，蘇州：鳳凰出版社，2010年。

45. （清）易季和修：《鳳陽縣志略》，據民國二十五年鉛印本影印，臺北：成文出版社，2001年。

46. （清）張楷等纂修：《安慶府志》，據清康熙六十年刊本影印，臺北：成文出版社，2001年。

47. （清）李師沆等纂修：《鳳臺縣志》，據清光緒十九年刊本影印，臺北：成文出版社，2001年。

48. （清）潘鎔等纂修：《蕭縣志》，據清嘉慶十九年刊本影印，臺北：成文出版社，2001年。

49. （清）胡有誠等纂修：《廣德州志》，據清光緒七年刊本影印，臺北：成文出版社，2001年。

50. 徐錦等修：《英山縣志》，據民國九年刊本影印，臺北：成文出版社，2001年。

51. 釋印光監修：《九華山志》，中國宗教曆史文獻集成，第二十冊.合肥：黃山書社，2005年。

三、今人著述

（一）專著

1. 中國地方戲曲集成‧安徽省卷，北京：中國戲劇出版社，1959 年。

2. 周貽白：《中國戲劇史長編》，北京：人民文學出版社，1960 年。

3. 葉德均：《戲曲小說叢考》，北京：中華書局，1979 年。

4. 蔣星煜：《中國戲曲史鈎沈》，鄭州：中州書畫社，1982 年。

5. 譚其驤：《中國歷史地圖集》（1～8 冊），北京：地圖出版社，1982～1987 年。

6. 陳正祥：《中國文化地理》，北京：生活‧讀書‧新知三聯書店，1983 年。

7. 唐文標：《中國古代戲劇史》，北京：中國戲劇出版社，1985 年。

8. 周振鶴、游汝傑著：《方言與中國文化》，上海：上海人民出版社，1986。

9. 李漢飛：《中國戲曲劇種手冊》，中國戲劇出版社，1987 年。

10. 馬正林主編：《中國歷史地理簡論》，西安：陝西人民出版社，1987 年。

11. 史念海：《河山集》，北京：人民出版社，1988 年。

12. 吳傳鈞：《人文地理研究》，南京：江蘇教育出版社，1989 年。

13. 饒芃子：《中西戲劇比較教程》，廣州：廣東高等教育出版社，1989 年。

14. 余從：《戲曲聲腔劇種研究》，北京：人民音樂出版社，1990 年。

15. 葉大兵主編：《中國風俗辭典‧歲時節日類》，上海：上海辭書出版社，1990 年。

16. 盧云：《漢晉文化地理》，西安：陝西人民教育出版社，1991 年。

17. 王會昌：《中國文化地理》，武漢：華中師範大學出版社，1992 年。

18. 朱世良等編：《徽商史話》，合肥：黃山書社，1992 年。

19. 游汝傑：《漢語方言學導論》，上海教育出版社，1992 年。

20. 陳抱成：《中國的戲曲文化》，中國戲劇出版社，1995 年。

21. 趙山林：《中國戲劇學通論》，合肥：安徽教育出版社，1995 年。

22. 曾大興：《中國歷代文學家地理分佈》，武漢：湖北教育出版社，1995 年。

23. 侯甫堅：《區域歷史地理的空間發展過程》，陝西人民出版社，1995 年。

24. 周育德：《中國戲曲文化》，北京：中國友誼出版公司，1996 年。

25. 張步天：《中國歷史文化地理》，長沙：湖南教育出版社，1997 年。

26. 周振鶴：《中國歷史文化區域研究》，上海：復旦大學出版社，1997 年。

27. 葛劍雄：《中國移民史‧清民國時期》，福州：福建人民出版社，1997 年。

28. 周振鶴：《中華文化通志一地方行政制度史》，上海：上海人民出版社，

1998 年。

29. 王國維：《宋元戲曲史》，上海：上海古籍出版社，1998 年。

30. 康保成：《儺戲藝術源流》，廣州：廣東高等教育出版社，1999 年。

31. 蔣中崎：《中國戲曲演進與變革史》，北京：中國戲劇出版社，1999 年。

32. 鄒逸麟：《中國歷史地理概述》，福州：福建人民出版社，1999 年。

33. 任美鍔：《中國自然地理綱要》，北京：商務印書館，1999 年。

34. 安徽省地方志編纂委員會：《安徽省志》，北京：方志出版社，1999 年。

35. 中國戲曲志編輯委員會：《中國戲曲志·安徽卷》，北京：文化藝術出版社，1999 年。

36. （法）涂爾幹：《宗教生活的基本形式》，上海：上海人民出版社，1999 年。

37. 鄧洪波、彭愛學主編：《中國書院攬勝》，長沙：湖南大學出版社，2000 年。

38. 廖奔：《中國戲曲發展史》，太原：山西教育出版社，2000 年。

39. 劉文峰：《中國戲曲文化圖典》，浙江教育出版社，2001 年。

40. 胡兆量、阿爾斯朗等：《中國文化地理概述》，北京：北京大學出版社，2001 年。

41. 胡阿祥：《魏晉本土文學地理研究》，南京：南京大學出版社，2001 年。

42. 曹樹基：《中國人口史》，上海：復旦大學出版社，2001 年。

43. 陳琪、張小平：《徽州古戲臺》，遼寧：遼寧人民出版社，2002 年。

44. 施沛生編：《中國民事習慣大全》，上海：上海書店出版社，2002。

45. 吳康主編：《中華神秘文化辭典》，海口：海南出版社.2002 年。

46. 賀巍：《官話方言研究》，方志出版社，2002 年。

47. 余從：《中國戲劇史圖鑒》，北京：人民音樂出版社，2003 年。

48. 陳慧琳：《人文地理學》，北京：科學出版社，2003 年。

49. 廖奔、劉彥君：《中國戲曲發展史》，太原：山西教育出版社，2003 年。

50. 海震：《戲曲音樂史》，北京：文化藝術出版社，2003 年。

51. 林拓：《文化的地理過程分析》，上海書店出版社，2004 年。

52. 周尚意：《文化地理學》，北京：高等教育出版社，2004 年。

53. 趙華富：《徽州宗族研究》，合肥：安徽大學出版社，2004 年。

54. 鄧洪波：《中國書院史》，上海：東方出版中心，2004 年。

55. 倪彩霞：《道教儀式與戲劇表演形態研究》，廣東高教出版社，2005 年。

56. 吳宏岐：《社會與環境歷史地理》，廣州：暨南大學出版社，2005 年。

57. 朱萬曙：《徽州戲曲》，合肥：安徽人民出版社，2005 年。

58. 欒冠樺：《角色符號——中國戲曲臉譜》，北京：三聯書店，2005 年。

59. （日）青木正兒：《中華名物考：外一種》，北京：中華書局，2005 年。

60. 李琳琦：《徽州教育》，合肥：安徽人民出版社，2005 年。

61. 楊惠玲：《戲曲班社研究：明清家班》，廈門：廈門大學出版社，2006 年。

62. 金登才：《清代花部戲研究》，北京：中國戲劇出版社，2006 年。

63. 游汝傑：《地方戲曲音韻研究》，北京，商務印書館，2006 年。

64. 陳申：《戲衣》，北京：人民美術出版社，2006 年。

65. （日）中川忠英著，方克譯，《清俗紀聞》，北京：中華書局，2006 年。

66. 朱琳：《崑曲與江南社會生活》，桂林：廣西師範大學出版社，2007 年。

67. 王稼句：《胡適論宗教》，合肥：安徽教育出版社，2007 年。

68. 王元化：《清園談藝錄》，上海：上海書店出版社，2007 年。

69. 胡樸安著：《中國風俗》，北京：九州出版社，2007 年。

70. 徐雁平：《清代東南書院與學術及文學》，合肥：安徽教育出版社，2007 年。

71. 蔣維喬：《中國佛教史》，上海：上海古籍出版社，2007 年。

72. 劉春江、陳建軍：《湖口青陽腔》，南昌：江西人民出版社，2008 年。

73. 陳躍紅等：《中國儺文化》，北京：中央編譯出版社，2008 年。

74. 楊果：《安徽省非物質文化遺產名錄圖典》，合肥：黃山書社，2008 年。

75. 鍾敬文主編：《中國民俗史》，北京：人民出版社，2008 年。

76. 陳業新：《明至民國時期皖北地區災害環境與社會應對研究》，上海：上海人民出版社，2008 年。

77. 康保成：《中國戲劇史研究入門》，上海：復旦大學出版社，2009 年。

78. 馬華祥：《明代弋陽腔傳奇考》，北京：中國社會科學出版社，2009 年。

79. 蘇育生：《中國秦腔》，上海：上海百家出版社，2009 年。

80. 曾永義：《戲曲腔調新探》，北京：文化藝術出版社，2009 年。

81. 陳學恂主編：《中國教育史研究》，上海：華東師範大學出版社，2009 年。

82. 陳文新主編：《〈清實錄〉科舉史料彙編》，武漢：武漢大學出版社，2009 年。

83. 王平：《安慶戲曲文化》，安徽：合肥工業大學出版社，2010 年。

84. 王長安：《安徽戲曲通史》，安徽：安徽教育出版社，2010 年。

85. 丁永祥：《懷梆文化生態研究》，北京：中國社會科學出版社，2011 年。

86. 左鵬軍：《近代傳奇雜劇研究》，廣州：廣東高等教育出版社，2011 年。

87. 徐元勇：《中國古代音樂史研究備覽》，合肥：安徽文藝出版社，2012 年。

88. 張亮采：《中國風俗史：外一種》，北京：中國社會科學出版社，2012 年。

89. 白新良：《明清書院研究》，北京：故宮出版社，2012 年。

90. 郭朋：《中國佛教簡史》，北京：社會科學文獻出版社，2012 年。

（二）論文

1. 朱建明：《清代徽班史料的重大發現》，《黃梅戲藝術》，1983（1）。

2. 譚其驤：《中國文化的時代差異和地區差異》，《復旦學報》社科版，1986（2）。

3. 譚其驤：《中國文化的時代差異與地區差異》，《復旦大學學報》，1986 年 2）。

4. 盧云：《東漢時期的文化區與文化重心》，《中國文化研究集刊》，1987（4）。

5. 陳利珍：《農村戲曲文化活動初探》，《黃梅戲藝術》，1989（4）。

6. 單鵬飛、王偉：《地理環境與藝術格局》，《寧夏大學學報》（社會科學版），1991（3）。

7. 王越勇：《文化發展中的空間因素》，《中國圖書評論》，1992（1）。

8. 李慕寒：《試論中國地域文化的地理特徵》，《人文地理》，1996（1）。

9. 竇文章：《文化傳播的空間基礎及模式分析》，《人文地理》，1996（1）。

10. 吳述席：《河南戲曲的地理分佈》，《平原大學學報》，1998（2）。

11. 朱竑、司徒尚紀：《近年我國文化地理學研究的新進展》，《地理科學》，1999（4）。

12. 胡兆量：《中國戲曲地理特徵》，《經濟地理》，2000（1）。

13. 藍勇：《對中國歷史文化地理研究的思考》，《學術研究》，2002（1）。

14. 毛曦：《歷史文化地理學的理論與方法》，《陝西師大學學報（社科版）》，2002（3）。

15. 孫冬虎：《北京城區教育、書肆、戲曲的文化地理特徵》，《北聯大學學報》2002（1）。

16. 王耀華：《中國傳統音樂文化區劃研究綜述》，《音樂研究》，2003（4）。

17. 王偉康：《揚州畫舫錄中的戲曲文化試探》，《東南文化》，2003（11）。

18. 鄭志良：《論乾隆時期揚州鹽商與崑曲的發展》，《北京大學學報）》，2003（6）。

19. 鄭傳寅：《日民俗與古代戲曲文化的傳播》，《東南大學學報）》，2004（1）。

20. 王世華：《徽商研究：回眸與前瞻》，《安徽師範大學學報）》，2004（6）。

21. 李明：《明清徽州區域風俗雙重特性成因初探》，《安徽史學》，2005（6）。

22. 蔡際洲：《文化地理學視野中的中國音樂家研究》，《中國音樂學》，2005（1）。

23. 劉宏曰：《淺議地方戲曲文化資源的開發利用》，《江西社會科學》，2006（4）。

24. 南帆：《地方戲劇與傳播環境》，《福建藝術》，2006（4）。

25. 平穎：《吳梅與王國維戲曲史觀之比較》，《楚雄師範學院學報》2006（11）。

26. 廖明旗：《中國民歌的地理背景與地域特色淺析》，《文史博覽》，2006（1）。

27. 鄭虹：《媒介地理學觀照下的中國戲曲地理景象》，《今日中國論壇》，2007（3）。

28. 霍詩雅、肖玲：《中國藝術地理研究的回顧與展望》，《雲南地理環境研究》，2008（2）。

29. 王元林：《東海神的崇拜與祭祀》，《煙臺大學學報》2008年（2）。

30. 陳國華：《論明代中後期吳越地區的戲曲文化特徵》，《戲劇文學》，2008（7）。

31. 易荊：《機關布景，一個被遺忘的中國戲曲文化傳統》，《上海戲劇》，2008（10）。

32. 李春沐：《「上黨梆子」的名實之辨與戲曲文化生態》，《晉陽學刊》，2008（6）。

33. 陳海波等：《戲劇引致旅遊的市場開發研究》，《雲南地理環境研究》，2009（5）。

34. 閆采麗：《晉商徽商興起原因之比較研究》，《內蒙古農業大學學報)》，2010（1）。

附　錄

附錄一：全國戲曲劇種空間分佈狀況一覽表

省　份	劇種數	百分比	排　名
山西	53	11%	1
河北	40	8%	2
安徽	37	7%	3
湖北	34	7%	4
陝西	32	6%	5
河南	30	6%	5
福建	29	6%	6
江西	29	6%	7
浙江	24	5%	8
江蘇	24	5%	9
山東	24	5%	10
湖南	18	4%	11
廣東	17	4%	12
貴州	13	3%	13
雲南	12	3%	14
廣西	12	3%	15
內蒙古	12	3%	16
遼寧	8	2%	17
吉林	8	2%	18

黑龍江	7	2%	19
四川	7	2%	20
甘肅	4	1%	21
青海	1	0.2%	22
新疆	1	0.2%	23
寧夏	1	0.2%	24
西藏	1	0.2%	25
臺灣	1	0.2%	26

附錄二：安徽目連戲戲劇臉譜

長標目連戲中無常鬼

長標目連戲中聞太師

長標目連戲中靈官

貴池儺戲《花關索》中花關索

貴池儺戲《孟姜女》中范杞良

貴池儺戲中尚氏女

南陵目連戲中馬頭鬼

祁門目連戲中魁星

南陸目連戲中公道鬼

附錄三：安徽徽劇臉譜

徽劇《新包勉》中包拯

徽劇《單刀會》中關羽

徽劇《探母》中李逵

徽據《水淹七軍》中周倉

徽劇《臨江會》中張飛

徽劇《水淹七軍》中龐德

徽劇《龍虎斗》中呼延贊

徽劇《宇宙鋒》中趙高

徽劇《快活林》中蔣門神

附錄四：安徽戲曲劇種劇目（部分）

含弓戲《李二姑吵架》
（許萍〔右三〕飾李二姑，馬正德〔左三〕飾劉百賢）

左上　推劇《送香茶》
（韓華林飾陳秀英，岳文英飾張寶童）
左中　儺戲《孟姜女・抓丁》
左下　儺戲《劉文龍・趕考》

祁門縣栗木目連戲《受審》

泗州戲《楊八姐救兄》
（李寶琴〔右〕飾楊八姐，陳金鳳飾韓翠屏）

淮北梆子《寇准背靴》（顧錫軒飾冠准）

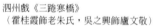

泗州戲《三跪寒橋》
（霍桂霞飾老朱氏，吳之興飾廬文敬）

墜子戲《小包公》
（張高彥飾小包公，朱月梅飾張桂花）

泗州戲《走娘家》
（蘇婉琴飾王桂花，容愛坡飾張三）

泗州戲《王二英思盼》（周鳳雲飾王二英）

京劇《還我河山》（徐鴻培飾岳飛）

淮北梆子《孟姜女》
（張福蘭飾孟姜女，魏秀珍飾老婦）

淮北花鼓戲《王小趕腳》
（呂金鈴飾二姑娘，賀孝懷飾王小）

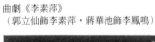

曲劇《李素萍》
（郭立仙飾李素萍，蔣華池飾李鳳鳴）

黃梅戲《天仙配》
（嚴鳳英飾七仙女，王少舫飾董永）

黃梅戲《春暖花開》
（田玉蓮〔左〕飾余桂香，張谷芳飾秦惠芝）

黃梅戲《夫妻觀燈》
（丁同飾小六妻，馬自俊飾王小六）

黃梅戲《龍女情》
（馬蘭飾龍女，黃新德飾姜文舉）

黃梅戲《女駙馬》
（麻彩樓〔右〕飾公主，韓再芬飾馮素珍）